AF483898

* 9 7 9 8 8 6 9 1 9 9 9 3 5 *

ספר
עֵץ חַיִּים
לרבינו
חיים ויטאל ז"ל
שֶׁקִיבֵּל מִמָרָן הָאֲרִ"י זלה"ה
שַׁעַר מְטֵי וְלֹא מְטֵי
שַׁעַר ז' פרק א'
ד"ל ע"א – דל"א ע"א
תשע"פ
SimchatChaim.com

בהוצאת
שִׂמְחַת חַיִּים

בס"ד

הקדמה

ירפא **ה**מאציל **ו**יושיע **ה**בורא את כל חולי בני ישראל, וישלח להם רפואה שלימה, רפואת הנפש ורפואת הגוף, בכל אבריהם ובכל גידיהם לעבודתו יתברך.

בי"ב במנחם אב תשס"ה, הובהלתי לבית החולים, הרופאים לא נתנו לי סיכוי לחיות יותר מכמה שעות בגלל מספר תסבוכות. עם כל זאת בזכות התפילות של בני ישראל הקדושים, ברחמיו הרבים, ריחם עלי הקדוש ברוך הוא, ונשארתי בחיים.

עם כל זאת, הובחנה אצלי מחלה קשה בכליות, ונאמר לי שהצטרך למכונת דיאליזה. בשבילי זה היה שוק!!! אף פעם לא הייתי אצל רופא, או בבית חולים. כך בעל כרחי התחברתי למכונת דיאליזה, ומכונה זאת הייתה[1] קשורה בי ככלב במשך שמונים חודשים בדיוק, כמניין **יסוד**, במשך 10-12 שעות ביום.

בשבת פרשת **ויחי יעקב** י"ב טבת תשע"ב, בזכות בני ישראל, שכולם אהובים כולם ברורים כולם גיבורים כולם קדושים... וכולם פותחים את פיהם באהבה שלוש פעמים ביום, ואומרים - **ברוך אתה... רופא חולי עמו ישראל**, וכללותם כל האברכים, תלמידי הישיבות, רבנים וחכמים, חסידים, מקובלים עם תינוקות של בית רבן, זקנים עם נערים, בחורים וגם בתולות, בארץ הקודש ובעולם. ומצד שני בנות ישראל היקרות מפז, שהתפללו וקבלו עליהם כל מיני קבלות, מהפרשת חלה עד צניעות וכיסוי הראש, עם הרבנים, המנהלים, המורים, המורות **והתלמידות של בית יעקב דטורונטו** שכל יום התפללו, וכללו בתפילתם שבקעה את כל הרקיעים אותי, ונושעתי אני הקטן. הושתלה בי כליה. והתנתקתי ממכונת הדיאליזה.

אמר המלך דוד - לולי[2] תורתך שעשעי אז אבדתי בעניי. מה שנתן לי חיות היא התורה הקדושה, בשעות הרבות שהייתי מחובר למכונת הדיאליזה)כ12 שעות ביום(, ערכתי סדרתי וכתבתי במחשב את הקונטרסים שלמדתי במשך שנים. וקונטרסים אלו הפכו לחיבור, ואחרי התלבטויות ובקשות מבני גילי, החלטתי בעזרתו יתברך להדפיס קונטרסים אלו.

ידוע הוא כי כל דברי האר"י זלל"ה ותלמידו נאמן ביתו, רבינו חיים ויטאל הם סתומים וחתומים באלפי שרשראות ומנעולים, והרב ז"ל גלֶה טפח וכיסה אלפים אמה, וכלל דבריהם הוא משלים, עם כל זאת העוסק במשל פועל בעלמות העליונים בנמשל. לכן צריך זהירות גדולה לא להגשים את המשלים, בסוד המבואר בספר הזוהר הקדוש **ועלייהו אתמר** ועליהם נאמר - **ארור האיש אשר יעשה פסל ומסכה וגומר, ושם בסתר, מאי בסתר** מהו בסתר - **בסתרו דעלמא** בסתר העולם. **ובגין דא אמר קודשא בריך הוא לא תעשון אתי** ומפני זה אמר הקדוש ברוך הוא לא תעשון אתי **אלה"י כסף ואלה"י זהב, והכי אוקמוה חבריא לא תעשון אתי כדמות שמשי שמשמשין אותי** וכך העמידוהו החברים לא תעשון אתי כדמות שמשי שמשמשים אותי במרום, **לצַייָרא בסתר דילי שום ציור או דמיון** לצייר בסתר שלי שום ציור או דמיון, **דכל מאן דצייר לעיל לקודשא בריך הוא** שכל מי שמצייר למעלה לקדוש ברוך הוא, **בסתר**)דאיהי שכינתיה, כלילא מעשר ספיראן** שהיא שכינתו, כלולה מעשר ספירות(, **שום ציור, וצלם, ודמות, כגוונא דמצ<יירין בשמשין דיליה** שמציירים בשמשים שלו, **נשמתיה אתלבשא בההוא צלמא** נשמתו מתלבשת באותו צלם....

____

[1]

גמרא סוטה ד"ג ע"ב - גמרא סוטה ד"ג ע"ב – רבי אלעזר אומר, **קשורה בו ככלב**, שנאמר - ולא שמע אליה לשכב אצלה להיות. עמה לשכב אצלה בעולם הזה. להיות עמה לעולם הבא.

[2]

תהלים קי"ט צ"ב

וכן הוא בסוף ענף ד' דשער א' בספר עץ חיים שער ההקדמות, וז"ל הטהור - ואמנם דבר גלוי הוא כי אין למעלה גוף ולא כח גוף חלילה. וכל הדמיונות והציורים אלו לא מפני שהם כך חס ושלום. אמנם **לשכך את האוזן** לכשיוכל האדם להבין הדברים העליונים, הרוחניים. בלתי נתפסים. ונרשמים בשכל האנושי. לכן ניתן רשות לדבר בבחינת ציורים ודמיונים, כאשר הוא פשוט בכל ספרי הזוהר. וגם בפסוקי התורה עצמה כולם כאחד עונים ואומרים בדבר הזה, כמו שאמר הכתוב עיני הוי"ה המה משוטטים בכל הארץ. עיני הוי"ה אל צדיקים. וישמע הוי"ה. וירח הוי"ה. וידבר הוי"ה. וכאלה רבות. וגדולה מכולם מה שאמר הכתוב - ויברא אלהי"ם את האדם בצלמו בצלם אלהי"ם ברא אותו זכר ונקבה וגו'. **ואם התורה עצמה דברה כך** גם אנחנו נוכל לדבר כלשון הזה, עם היות שפשוטו הוא למעלה שאין שם למעלה אלא אורות דקים בתכלית הרוחניות, בלתי נתפשים שם כלל, וכמו שאמר הכתוב - כי לא ראיתם כל תמונה, וכאלה רבות. ואמנם יש עוד דרך אחרת כדי להמשיך ולצייר בה הדברים העליונים, והם בחינת כתיבת צורת אותיות, כי כל אות ואות מורה על אור פרטי עליון, וגם תמונת זו דבר פשוט הוא כי אין למעלה לא אות ולא נקודה, **וגם זה דרך משל וציור לשכך את האוזן** כנזכר.....

ולכן כל המבואר כאן בחיבור זה הוא כדי **לשכך את האוזן**. והתרשימים שבסוף החיבור הם כדי **לשבר את העין**, לכן אין שום ביאור והסבר שלם, ואין שום תרשים שלם בתכלית השלמות.

ידוע כי[3] דברי תורה עניים במקומן ועשירים במקום אחר, **ועל אחת כמה וכמה** בדברי הרב ז"ל, שכל סוגיה חסרה[4] במקומה, וחלקיה מפוזרים במקומות אחרים. **זאת ועוד** הרב ז"ל מערבב בדרוש אחד כמה וכמה סוגיות, כאשר בפשטות דבריו נראה שכל הדרוש הוא דרוש אחד, ולא מחולק לסוגיות שונות, ושמועות שונות, **ביאור** דברי הרב ז"ל כאן הם **בעומק, והוא בעצם ליקוט** עד איפה שידי הקצרה הגיעה, מכל חלקי ספר עץ חיים, ושמונה השערים המצויינים לרב ז"ל, מבוא שערים ושאר ספרי הרב ז"ל, והוא גם על פי הקדמת רחובות הנהר למרן הרש"ש, דרושי פנימיות וחיצוניות, דרוש הדעת, סוגיות ערכין, סוגיות דכללות והתכללות, פרטות וכללות, וסוגיות עובי ואורך, ועל פי ביאור גדולי רבותינו חכמי המקובלים לדורותם זלה"ה זי"ע.

ידוע כי[5] אין בר בלי תבן, כך אין ספר בלי טעויות, ועוד יודע אני כי ועני אני, **ואין**[6] **עני אלא בדעה**. לכן מבקש אני בכל לשון של בקשה אם יש לכל אחד שאלות, הערות, הארות, תיקונים, נא לשלוח ל - book@simchatchaim.com והשתדל לענות, ולתקן את הצריך תיקון.

בברכה והצלחה בלימוד התורה הקדושה

ובעיקר בפנימיות התורה, תורת האר"י הח"י.

ורפואה שלימה לכל חולי ישראל.

אח"י

<u>ב"ה</u>

---

[3]

גמרא ירושלמי, ראש השנה פ"ג הלכה ה' די"ז ע"א – דברי תורה עניים במקומן, ועשירים במקום אחר.

[4]

תורת חכם דע"ב ע"ב – חסר לשון הוא, כמו שיראה המעיין.

[5]

גמרא ברכות נ"ה א' - מה לתבן את הבר נאם ה', וכי מה ענין בר ותבן אצל חלום, אלא אמר ר' יוחנן משום ר' שמעון בן יוחאי ,כשם שאי אפשר לבר בלא תבן, כך אי אפשר לחלום בלא דברים בטלים.

[6]

גמרא נדרים מ"א ע"א – אין עני אלא בדעה .

הקדמה קצרה לחיוב לימוד תורת הקבלה

ישמחו **ה**שמים **ו**תגל **ה**ארץ ירעם הים ומלאו. שזכינו בדור שלנו שפנימיות התורה, שהיא היא תורת הקבלה, מתפשטת לכל, וכל מקום בעולם היום לומדים בתורת הח"ן. הדור שלנו יש הרבה התעוררות ללמוד סתרי התורה הקדושה, הנקראת חכמת הקבלה. בירושלים של המאה ה18 בישיבת **בית אל** היו בקושי מנין של מקובלים, והיום תורת הקבלה מופצת בכל מקום בארץ ובעולם. לעניות דעתי אחת הסיבות העיקריות לשינוי זה הוא רצונם של בני התורה, החוזרים בתשובה ועמך לדעת את סוד החיים, למה ברא הקדוש ברוך הוא את העולם, ואת טעמי המצות, ר"ל אי אפשר היום בדור שלנו, להסביר על פי הפשט את הסיבה מדוע אסור לאכול בשר וחלב, מדוע צריך להניח תפילין, למה לשמור דווקא שבת ולא יום שלישי, אי אפשר להגיד כל הזמן **זאת גזרת הכתוב, כך רוצה הקדוש ברוך הוא**, האנשים מחפשים הסברים למצות, לסיפורי התנ"ך, לגלגולי נשמות, ועוד. ורק על ידי עסק בפנימיות התורה, אדם מסיג את ההסברים לקושיות שיש לו. **זאת ועוד** חיים אנחנו בדור של חומריות, והאנשים מחפשים את הרוחניות שבחיים, אז מה עושים, נוסעים למזרח, להודו, סין, תאילנד למצוא רוחניות, ולא יודעים **ששורש כל הרוחניות בעולם נמצאת בתורה הקדושה**, עם כל זאת כאשר הלומד את פשט התורה, **הוא לא מכיר** את הקדוש ברוך הוא, והוא בלי יראת שמים ושמחה אמתית. כותב הרב המקובל האלוה"י רבינו יהודה פתייה בפרושו הנפלא על עץ חיים - כי לימוד עץ חיים הוא עמוק מאד מאד, כי הוא **מים שאין להם סוף**, והוא קשה מאד גם לחכמים ההוגים בו תמיד, וכל שכן למתחילים. כי הוא חזק מצור, וקשה מברזל, שאי אפשר לחצוב ממנו מאומה, אם לא על ידי כלי מחצב חזקים כציפורן שמיר. וכל המתחיל בלימוד עץ חיים, אם לא יהיה לו רב, או לפחות איזה מפרש המפרש לו כוונת הפרק ההוא לפי פשוטו, נבול יבול, ואינו יכול לעמוד על הפרק כי אם לאחר יגיעה רבה, ושקידה עצומה, וכולי האי ואולי. כי הרבה פעמים יסבור המעיין שהבין הענין ההוא כראוי, ואחר שילמוד עוד איזה פרקים אחרים, ירגיש כעצמו שלא הבין את פרקים הקודמים, והניסיון יעיד על זה, עד כאן דברי קודשו. עם כל זאת חייב כל אדם לעסוק בתורת ה**חיים**.

צדיק אתה הוי"ה וישר משפטיך. כתב הרב רבינו חיים ויטאל ז"ל בהקדמה לשער ההקדמות - והנה מה שכתב בתחילת דבריו, ואפילו כל אינון דמשתדלי באורייתא כל חסד דעבדי לגרמייהו וכו', עם היות שפשטו מבואר ובפרט בזמנינו זה, בעונותינו היום אשר התורה נעשית קרדום לחתוך בה אצל קצת בעלי תורה, אשר עסקם בתורה על מנת לקבל פרס, והספקות יתירות, וגם להיותם מכלל ראשי ישיבות, ודיני סנהדראות, להיות שמם וריחם נודף בכל הארץ, **ודומים במעשיהם לאנשי דור הפלגה הבונים מגדל וראשו בשמים**, ועיקר סיבת מעשיהם היא מה שאמר אחר כך הכתוב - **ונעשה לנו שם**... והנה על הכת הזאת אמרו בגמרא כל העוסק בתורה שלא לשמה, נוח לו שנהפכה שלייתו על פניו, ולא יצא לאויר העולם. ואמנם האנשים האלה מראים תימה וענוה באמרם כי כל עסקם בתורה הוא לשמה. והנה החכם הגדול התנא רבי מאיר ע"ה העיד עליהם שלא כך הוא, באומרו לשון כללות - כל העוסק בתורה לשמה זוכה לדברים הרבה וכו', **ומגלים לו רזי תורה, ונעשה כנהר שאינו פוסק**, והולך וכמעיין המתגבר מאליו, בלתי הצטרכו לטרוח ולעיין בה, ולהוציא טיפין טיפין של מימי התורה מן הסלע, הנה זה יורה שאינו עוסק בתורה לשמה כהלכתה, ומי זה האיש אשר לא יזלו

עיניו דמעות בראותו המשנה הזאת, **ורואה חסרונו ופחיתותו**, עד כאן לשונו. לכן כל אחד צריך לטעום מעץ החיים.

חצות לילה אקום להודות לך על משפטי צדקך. כתב רבינו אליהו מני זצ"ל רבו של הרי"ח הטוב, בספרו הקדוש כסא אליהו שער ד' וז"ל - ואם זיכך הוי"ה ללמוד בחכמת האמת, הנה עצה היעוצה היא שכל סדר הלימוד בנגלה תתנהג בו ביום דווקא. **אבל בלילה תלמוד בחכמת האמת, והעיקר הלימוד אחר חצות,** כי זה הלימוד צריך ישוב דעת הרבה, וכשיקוץ האדם אז דעתו מיושבת עליו יותר. גם גה הלימוד צריך הסתר והצנע, **וכל דבר שיהיה בלילה ובפרט אחר חצות יהיה נסתר יותר מן היום.** ותעשה ועד עם החברים בבית המדרש אם הוא צנוע, **או בביתך ותלמדו בכל לילה,** עד כאן לשונו. וישב ללמוד האדם בלילה תחת עץ החיים.

קראתי בכל לב ענני הוי"ה חקיך אצרה. בהקדמה[7] לשער ההקדמות מבאר הרב ז"ל - ואמנם אל יאמר אדם אלכה לי ואעסוק בחכמת הקבלה, מקודם שיעסוק בתורה במשנה ובתלמוד, כי כבר אמרו רבינו ז"ל - אל יכנס אדם לפרדס **אלא אם כן מלא כריסו בבשר ויין,** והרי זה דומה לנשמה בלתי גוף, שאין לה שכר ומעשה וחשבון, עד היותה מתקשרת בתוך הגוף, בהיותו שלם מתוקן במצות התורה בתרי"ג מצות. **וכן בהפך** בהיותו עוסק בחכמת המשנה והתלמוד בבלי, ולא ייתן חלק גם אל סודות התורה וסתריה, כי **הרי זה דומה לגוף היושב בחושך,** בלתי נשמת אדם נר הוי"ה המאירה בתוכה, **באופן שהגוף יבש בלתי שואף ממקור חיים,** אשר זהו ענין אומרו במקום אחר ההוא הנזכר לעיל וז"ל - דאילין אינון דעבדי לאורייתא יבשה, ולא בעאן לאשתדלא בחכמת הקבלה וכו'. באופן כי התלמידי חכמים העוסקים בתורה לשמה, ולא לשמו, לעשות לו שם. צריך שיעסוק בתחילה בחכמת המקרא, והמשנה, והתלמוד, כפי מה שיוכל שכלו לסבול. ואחר כך יעסוק לדעת את קונו בחכמת האמת, וכמו שציוה דוד המלך ע"ה את שלמה בנו - דע את אלה"י אביך ועבדהו. ואם האיש הזה יהיה כבד וקשה בענין העיון בתלמוד, מוטב לו שיניח את ידו ממנו, אחר שבחן מזלו בחכמה זאת, ויעסוק בחכמת האמת. וזה שמבואר כל תלמיד חכם שאינו רואה סימן יפה בתלמוד בחמשה שנים, שוב אינו רואה, עד כאן דברי קודשו. ומזה כל אחד ואחד חייב להדבק במקור החיים.

חסדך הוי"ה מלאה הארץ חקיך למדני. בשער הגלגולים, בקדמה ט"ז כתב הרב ז"ל - עוד צריך שתדע, כי האדם צריך לקיים כל התרי"ג מצות, במעשה, ובדבור, ובמחשבה. וכמו שאמרו ז"ל על פסוק - זאת התורה לעולה ולמנחה וכו', כל העוסק בפרשת עולה, כאלו הקריב עולה וכו'. וכוונו בזה שהאדם מחוייב לקיים כל התרי"ג מצות בדבור, וכן על דרך זה במחשבה. ואם לא קיים כל התרי"ג בשלשה בחינות הנזכרות, מחוייב להתגלגל עד שישלים אותם. **עוד דע,** כי האדם מחויב לעסוק בתורה בארבעה מדרגות, **שסימנם פרד"ס,** והם, פשט, רמז, דרוש, סוד וצריך שיתגלגל עד שישלים אותם. ובהקדמה י' כותב הרב ז"ל, וז"ל - שהאדם **מחוייב לעסוק בתורה בארבעה מדרגות שבה,** והיא זאת, דע, כי כללות כל הנשמות הם שישים רבוא ולא יותר. והנה התורה היא שרש נשמות ישראל, כי ממנה חוצבו, ובה נשרשו. ולכן יש בתורה שישים רבוא פירושים, וכלם כפי הפשט. וששים רבוא ברמז. וששים

רבוא בדרש. **וששים רבוא בסוד.** ונמצא, כי מכל פירוש מן הששים רבוא פרושים, ממנו נתהווה נשמה אחת של ישראל, ולעתיד לבא כל אחד ואחד מישראל, ישיג לדעת כל התורה כפי אותו הפירוש המכוון עם שרש נשמתו, אשר על ידי הפירוש ההוא נברא ונתהווה כנזכר. וכן בגן עדן אחר פטירת האדם, ישיג כל זה. וכן בכל לילה כאשר האדם ישן, ומפקיד נשמתו ויוצאה ועולה למעלה, הנה מי שזוכה לעלות למעלה, מלמדים לו שם אותו הפירוש, שבו תלוי שרש נשמתו. ואמנם הכל כפי מעשיו ביום ההוא, כך באותה הלילה ילמדוהו, פסוק אחד, או פרשה פלונית, כי אז מאיר בו יותר פסוק ההוא משאר הימים. ובלילה האחרת יאיר בנשמתו פסוק אחר, כפי מעשיו של אותו היום, וכולם על דרך הפירוש ההוא אשר תלויה בו שרש נשמתו כנזכר, עד כאן דברי קודשו. ור"ל שכל יהודי ויהודי חייב להשיג את שורש נשמתו, וללמוד את סוד החיים.

יבאוני רחמיך ואחיה כי תורתך שעשעי. מבואר במדרש משלי - אמר רבי ישמעאל, בוא וראה כמה קשה יום הדין שעתיד הקדוש ברוך הוא לדון את כל העולם כולו בעמק יהושפט. בזמן שתלמידי חכמים באים לפניו, אומר לכל אחד מהם - כלום עסקת בתורה, אמר לו הן, אומר לו הקדוש ברוך הוא הואיל והודית, אמור לפני מה שקרית, ומה ששנית בישיבה, ומה ששמעת בישיבה. מכאן אמרו - כל מה שקרא אדם יהא תפוש בידו, שלא תשיגהו בושה ליום הדין. מכאן היה רבי ישמעאל אומר - אוי הלה לאותה בושה, אוי לה לאותה כלימה, ועל זה ביקש דוד מלך ישראל בתפילה ובתחנונים לפני המקום ואמר - הוי"ה בוקר תשמע קולי בוקר אערך לך ואצפה. בא לפניו מי שיש בידו מקרא ואין בידו משנה, הקדוש ברוך הוא הופך את פניו ממנו, ושרי גיהנם מתגברים בו כזאבי ערב, ונוטלין אותו ומשליכין אותו לתוכה. בא לפניו מי שיש בידו שני סדרים או שלושה, אז הקדוש ברוך הוא אומר לו - בני, כל ההלכות למה לא שנית אותם, ואם אומר הקדוש ברוך הוא הניחוהו, מוטב, ואם לאו עושין לו כמידת הראשון. בא לפניו מי שיש בידו הלכות, הקדוש ברוך הוא אומר לו - בני, תורת כהנים למה לא שנית, שיש בה טומאה וטהרה, וטומאת שרצים וטהרת שרצים, טומאת נגעים וטהרת נגעים, טומאת נתקים ובתים וטהרת נתקים ובתים, טומאת זבים ולידה וטהרת זבים ולידה, טומאת מצורע וטהרתו, סדר ווידוי יום הכיפורים, וגזירות שוות, ודיני ערכים, וכל דין שדנו ישראל לא דנו אלא מתוכו. בא לפניו מי שיש בידו תורת כהנים, אומר לו הקדוש ברוך הוא - בני, חמישה חומשי תורה למה לא שנית, שיש בהם קריאת שמע, ותפילין, ומזוזה. בא לפניו מי שיש בידו חמישה חומשי תורה, אומר לו - בני, למה לא למדת הגדה, ולא שנית, שבשעה שחכם יושב ודורש, אני מוחל ומכפר עוונותיהם של ישראל, ולא עוד אלא בשעה שעונין אמן יהא שמיה רבה מברך, אפילו נחתם גזר דינם אני מוחל ומכפר להם עוונותיהם. בא לפניו מי שיש בידו הגדה, אומר לו הקדוש ברוך הוא - בני, תלמוד למה לא שנית, שנאמר - כל הנחלים הולכים אל הים והים איננו מלא, זה התלמוד, שיש בו חכמות הרבה. בא מי שיש בידו תלמוד, הקדוש ברוך הוא אומר לו - בני, הואיל ונתעסקת בתלמוד, **צפית במרכבה, צפית בגאוה,** שאין הנייה בעולמי, אלא בשעה שתלמידי חכמים יושבים ועוסקים בתורה, מציצין ומביטין ורואין והוגין המון התלמוד הזה - **כסא כבודי היאך הוא עומד. רגל הראשונה במה היא משמשת, שנייה במה היא משמשת, שלישית במה היא משמשת, רביעית במה היא משמשת, חשמל היאך הוא עומד, ובכמה פנים הוא מתהפך בשעה אחת, לאי זה רוח הוא משמש, הברק היאך הוא עומד, כמה פנים של זוהר נראין בין כתפיו, לאיזה רוח הוא משמש, כרוב היאך הוא עומד, לאי זה רוח הוא משמש. גדולה מכולם**

עיון כיסא הכבוד, היאך הוא עומד, עגול הוא כמין מלבן, ומתוקן הוא, כמה גשרים יש בו, כמה הפסק בין גשר לגשר, וכשאני עובר באיזה גשר אני עובר, ובאי זה גשר האופנים עוברים, ובאיזה גשר הגלגלים עוברים. גדולה מכולם מצפורני ועד קודקודי, היאך אני עומד, כמה שיעור בפיסת ידי, וכמה שיעור אצבעות רגלי. גדולה מכולם כיסא כבודי, היאך הוא עומד, לאיזה רוח הוא משמש, באחד בשבת לאיזה רוח הוא משמש, בשני בשבת לאיזה רוח הוא משמש, בשלישי בשבת לאיזה רוח הוא משמש, ברביעי בשבת, בחמישי בשבת, בששי בשבת לאיזה רוח משמשין, וכי לא זהו הדרי, זהו גדולתי, זהו הדר יופי, שבניי מכירין את כבודי **במידה הזאת.** ועליו אמר דוד - מה רבו מעשיך הוי"ה, כולם בחכמה עשית, מלאה הארץ קנייניך. עד כאן לשון המדרש. ממדרש זה לומדים על חובת כל אחד ואחד מישראל את לימוד כל חלקי הפרד"ס, ובעיקר את בחינת הסוד שבתורה, הנקרא[8] מעשה מרכבה, ובמעשה בראשית. ומבאר הרב בית לחם יהודה על השינוי שיש בפסוקים במעמד הר סיני, בפסוק אחד כתוב - ויחן שם **ישראל** תחת ההר. ומספר פסוקים יותר מאוחר כתוב וירא **העם** וינועו מרחק. וידוע כי כאשר כתוב בתורה **ישראל,** מדובר **בבני ישראל,** וכאשר כתוב **העם,** מדובר על **הערב רב.** וז"ל הרב בית לחם יהודה - ובזוהר בהעלותך דף קנ"ב ע"א קרי להעוסקים בחכמת האמת, אינון דהוי קיימי בטורא דסיני. וז"ל - חכימין עבדי דמלכא עלאה אינון דקיימו בטורא דסיני, לא מסתכלי אלא בנשמתא, דאיהי עיקרא דכלא אורייתא ממש וכו'. ונראה בעיני אם מותר, משמע אותן שאינן יודעים סודות התורה לא עמדו על הר סיני, עד כאן לשונו. ונראה לי בביאור כוונתו כי בתחילה כשיצאו ישראל לקראת האלהי"ם, היו מתייצבים בתחתית ההר, ואחר כך נאמר וירא העם וינועו ויעמדו מרחוק, כי היו יראים פן תאכלם האש הגדולה הזאת וימיתו. והיה מקצת מהעם שהיו ששים ושמחים לקראת השכינה, ולא רצו לזוז ממקומם הראשון, ולעמוד מרחוק, אפילו אם ימיתו ממש. ועליהם הוא מה שכתב בזוהר הנזכר - אינון דקיימו בטורא דסיני, כלומר ולא נעו ועמדו מרחוק, אלא עמדו בטורא דסיני מתחלה ועד סוף, ולכן הם זוכים לחכמת האמת. ואותם הנשמות אשר נעו עם העם ועמדו מרחוק, כן הם עושים גם עתה, שנסים ועומדים מרחוק לחכמת האמת מיראתם, פן תאכלם האש הגדולה הזאת. ולכן על כל אחד ואחד מבני ישראל הקדושים מחויב לעמוד תחת עץ החיים.

יראיך יראוני וישמחו כי לדברך יחלתי. בספר הזוהר הקדוש מבואר מדוע התפילות של בני ישראל לא נענות, וז"ל תיקוני הזוהר תיקון מ"ג - **בראשית תמן את"ר יב"ש** במלת בראשית יש אותיות את"ר יב"ש, **ודא איהו ונהר יחרב ויבש** היסוד הנקרא נהר יחרב ויבש ממי השפע, ואין לו מה להשפיע למלכות, **בההוא זמנא דאיהו יבש** באותו הזמן שהיסוד הוא יבש, **ואיהי יבשה** המלכות הנקראת יבשה, היא יבשה כי לא מקבלת שפע מהיסוד, אז כאשר **צוויתין בניך לתתא** מתפללים וצועקים בני ישראל, **ביחודא ואמרין** וביחוד שאומרים בני ישראל **שמע ישראל** שיבא ז"א הנקרא ישראל להתיחד עם נוקבא בשעת התפילה דעמידה, עם כל זאת **ואין קול** של התפילה או הקריאת שמע שעוזרים לזיווג דזו"ן **ואין עונה** ואין מי שיענה וימלא את הבקשות בתפילתם. **הדא הוא דכתיב** וזהו שכתוב - **אז בני ישראל יקראוני** בני ישראל בעת צרתם בקריאת שמע ובתפילה, **ולא אענה** ואני לא אענה אותם בתפלתם, מפני שלא לומדים ומתעסקים בפנימיות התורה. **והכי מאן דגרים דאסתלק** וכל מי שגורם הסלקות

---

8 גמרא חגיגה די"א ע"ב

פנימיות תורת **הקבלה וחכמתא מאורייתא דבעל פה ומאורייתא דבכתב** מהתורה שבעל פה והתורה שבכתב, **וגרים דלא ישתדלון בהון** וגורמים גם לאחרים שלא יתעסקו וילמדו את חכמת הקבלה, **ואמרין דלא אית אלא פשט באורייתא ובתלמודא** ואומרים שאין בתורה ובתלמוד אלא פשט התורה, בלי פנימיות הסוד, **בודאי כאלו הוא יסלק נביעו מההוא נהר** בודאי נחשב לו כאילו הוא מסתלק את נביעת שפע החכמה והבינה מן היסוד, **ומההוא גן** ומן הנוקבא הנקראת גן, **ווי ליה** לאותו יהודי **טב ליה דלא אתברי בעלמא** טוב לו שלא היה נברא, **ולא יוליף ההיא אורייתא דבכתב ואורייתא דבעל פה** ולא היה לומד תורה שבכתב ותורה שבעל פה, כי דינו כעם הארץ שלא למד כלל, ועוד **דאתחשב ליה כאלו אחזר עלמא לתהו ובהו** שנחשב לו כאילו החזיר את העולם לתהו ובהו, ר"ל לסוד שבירת הכלים לפי שמגביר הקליפות כאשר הנהר והגן יבשים, **וגרים עניותא בעלמא ואורך גלותא** וגורם עניות בעולם ומאריך את הגלות השכינה וביאת המשיח. עד כאן דברי הזוהר הקדוש. וכותב רב חיים ויטאל זלה"ה בהקדמה וז"ל - אמנם שעשועות של הקדוש ברוך הוא בתורה, והיותו בורא בה את העולמו, היתה בהיותו עוסק בתורה בבחינת הנשמה הפנימית שבה, הנקרא - רזי תורה, הנקרא מעשה מרכבה, **היא חכמת הקבלה** כנודע אל היודעים, וטעם הדבר הוא להיותו עולם האצילות העליון מאד, טוב ולא רע, דלא יכיל להתערבא עמיה קליפה, ועליה אתמר - וכבודי לאחר לא אתן, כנזכר בספר התיקונין דף ס"ו תיקון י"ח, וכן בספר הזוהר בפרשת בראשית דף כ"ח ע"א עיין שם. ולכן גם התורה אשר שם]**אח**"**י** - בעולם האצילות[איננה רק מופשטת מכל לבושי הגופנים, מה שאין כן למטה בעולם היצירה, עולם דמטטרו"ן, הנקרא עבד טוב, והוא הנקרא עץ הדעת טוב מסטרא, ומסטרא דסמא"ל שהוא קליפין דיליה, **נקרא עבד רע**, כי התורה אשר שם, הם שית סדרי משנה **הנקראים שפחה** כנזכר לעיל, וכנזכר בפרשת בראשית שם דף כ"ז ע"ב. ולכן נקראת משנה, לפי ששם יש שינויים הפוכים **טוב מסטרא דעבד טוב**, היתר, כשר, טהור. **רע מסטרא דעבד רע**, איסור, טמא, פסול. גם הוא מלשון כי מרדכי היהודי משנה למלך, שהיה שפחה הנקרא עבד מלך, מלך גם נקרא מלשון שינה, כנזכר בפרשת פינחס דף רמ"ד ע"ב - קם זמנא תנינא ואמר, מארי מתניתין בשמתין ורוחין ונפשין דילכון אתערו כען ואעברו שינתא מניכון דאיהו, ודאי משנה אורח פשט, דהאי עלמא ואנא לא אתערנא בכו, אלא ברזין עילאין דעלמא דאתי דאתון בהון, לא ינום ולא ישן. וזה יובן במה שמבואר יותר למעלה שם - **ורבנן דמתניתין ואמוראי, כל תלמודא דלהון על רזין דאורייתא סדרו ליה**. ונמצא כי המשנה והש"ס הם הנקרא גופי תורה. והנה דבריהם כחלום בלי פתרון, **ורזיה וסתריה הפנימים הנקרא בנשמת התורה, הם הם פתרון החלום הנפתר בהקיץ**, בסוד - אני ישנה ולבי ער, וכמו[9] - **במחשכים הושיבני כמתי עולם, זה תלמוד בבלי**, אשר איננו מאיר אלא על ידי ספר הזוהר, **הם הם רזי תורה וסתריה** אשר עליהם נאמר - ותורה אור. ואין ספק כי כמו שהיצר נקראת עבד ושפחה בערך האצילות, ונקרא קליפין ולבושין דחול, כנזכר בהקדמת ספר התיקונין ד"ג ע"ל וז"ל - וביומי דחול לביש עשר כתות דמלאכיא דמשמשי לעשר ספירות דבריאה. ואם כן אין לתמוה כי התורה אשר שם שהיא המשנה, תהיה נקרא שפחה וקליפין דתורה דאצילות, וזה סוד כל הבשר חציר הנזכר לעיל במאמר הראשון, כי כמו שהחטה שהיא בגימטריא כמנין כ"ב אותיות התורה, הגנוזה תוך כמה קליפין ולבושין שהם הסובין והמורסן והתבן והקש והעשב, הנקרא חציר, כן המשנה אצל

סנהדרין דכ"ד ע"א.

סודות התורה נקרא חציר, וזה נרמז בספר הזוהר פרשת כי תצא ברעיא מהמנא דף רע"ה ע"ב - **אצל רבנן ווי לאינון דאכלין תבן דאורייתא, ולא ידעי בסתרי אורייתא, אלא קלין וחמורין דאורייתא, קלין אינון תבן דאורייתא, וחמורין אינון חטה דאורייתא, ח"ט ה' אלנא דטוב ורע וכו'.** ואלו באתי להרחיב דרוש זה לא יספיקו מאה קונטרסין בלי ספק בלי שום גוזמא, האמנם החכם עיניו בראשו כי דברי אמת אני אומר, ואל יתמה האדם בראותו ספר הזוהר איך קורא אל המשנה שפחה וקליפין, כי עסק המשנה כפי פשטיה, **אין ספק שהם לבושין וקליפין חיצונים בתכלית אצל סודות התורה הנגנזים,** ונרמזים בפנימיותה כי כל פשטיה הם בעלם הזה בדברים חומרים תחתונים..... על כן על כל בני ישראל לאכול מעץ החיים.

מה אהבתי תורתך כל היום היא שיחתי. ומבאר הרב ז"ל בהקדמה לשער המצות, כי עסק לימוד פנימיות התורה הוא חלק בלתי נפרד מתלמוד תורה, וז"ל - גם בענין עסק התורה שהיא אחת מרמ"ח מצות עשה, אם לא השלים אותה, **שהוא ענין עסקו בפרד"ס התורה,** שהוא ראשי תיבות **פ**שט **ר**מז **ד**רש **ס**וד, בכל בחינה מהם כפי אשר יוכל להסיג, **עד מקום שידו מגעת,** לטרוח ולעשות לו רב שילמדנו. ואם לא עשה כן, הרי חסר מצוה אחת של תלמוד תורה, שהיא גדולה ושקולה ככל המצות, וצריך **להתגלגל** עד שיטרח הארבעה בחינות של פרד"ס כנזכר. וכן מבאר הרב בית יהודה בהקדמתו הקדושה, וז"ל - ומה מאד נמלצו [**אח**"י - מלשון מליצה] בזה דברי הנביא ירמיה)סימן כ"ב(באומרו - אל תבכו למת וכו'. שהוא מדבר עם הציבור המתקבצים להספיד על איזה צדיק הנפטר רח"ל, על שנחסר צדיק אחד מהמהדור שהיה מנין בזכותו עליהם. וקאמר להו הנביא אל תבכו וכו', **לפי שרובם של צדיקים אינם זוכים לעסוק בכל ארבעה חלקי הפרד"ס, ואם כן מוכרחים הם לחזור ולבוא בגלגול כדי להשלים לימודם בארבעה חלקים,** כי אפילו הוא עסק בשלוש חלקי הפרד"ס, לא יצא ידי חובתו, ועליו נאמר הן כל אלה יפעל א"ל פעמים שלש עם גבר, להחזירו בגלגול. ואם כן הויא פסידא דהדרא. ואפשר שבו ביום שנפטר הוא חוזר ומתגלגל, כנזכר בזוהר ריש פרשת אמור, יעו"ש. ואם כן אין לכם פסידא כל כך. אמנם בכו בכו להלך, לאותו צדיק שכבר עסק בארבעה חלקי הפרד"ס. כי תיבת להלך היא חסר ו', ואם תחשוב תיבת להלך ארבעה פעמים עם ארבעה הכוללים, שהם כנגד ארבעה חלקי הפרד"ס, הם בגימטריא פרד"ס. **שזה הצדיק לא ישוב עוד וראה את ארץ מולדתו, כי על ארבעה לא אשיבנו.** שזהו פסידא דלא הדרא באמת, ונחסר לגמרי מן העולם הזה, עד כאן לשונו. ולכן חובה על כל אדם לעסוק בכל חלקי הפרד"ס, ובפרט בחלק הסוד, הנקרא פנימיות התורה, כמבואר בזוהר הקדוש כמובא בזוהר הקדוש פרשת נשא דף קכ"ד - **בהאי חבורא דילך דאיהו ספר הזוהר יפקון ביה מן גלותא ברחמי,** בזכות הלימוד בספר הזוהר הקדוש, יצאו בני ישראל מהגלות **ברחמים.** ועוד כל מי שחשקה נפשו ללמוד, אסור למנוע זאת ממנו, בסוד הפסוק[10] - אל תמנע טוב מבעליו, ועל כל אדם להיכנס לפרד"ס החיים.

אשרי האיש אשר לא הלך בעצת רשעים ובדרך חטאים לא עמד ובמושב לצים לא ישב. דע כי יהיו הרבה אנשים רשעים, שינסו למנוע מבני ישראל הקדושים ללמוד בכללות תורה, ובפרט את תורת הקבלה, מכל מיני סיבות ומניעות, והשטן מדבר מגרונם של אלו הרשעים. ואלו

משלי ג' כ"ז – אל תמנע טוב מבעליו בהיות לאל ידך לעשות.

דברי קודשו של בעל שבט מוסר רבינו אליהו הכהן האתמרי זצלה"ה - ובהביטך בן אדם מה שעבר על אחרים למה תרדוף אתה אחר כל אלה הדברים הזרים, להשביע נפש מרורים ולמוסרה ביד צרים המה המקטרגים הצוררים, ולמה לא תחמול על נפשך ועל נועם תבנית צלם גופך למוסרו בידן ולהשליכו בתוך גחלי רתמים בטיט היון של גיהנם, להשחירם ולהתיכו כאשר ניתך הזפת בפני האש, אשר על כן תן עצה אתה בנפשך **לברור בדרך החיים בעסק התורה והמצות,** וגם להצטער עצמך זמן קצוב הם חיי עולם הזה, כדי שתתענג זמן רב בלתי סוף ותכלית, ואל יעלה על דעתך כאשר עלה בדעת הרבה שנאבדו בידם באומרם כיון שמכיר אני בעצמי שאין בדעתי להבין ולהשכיל, איני עוסק בתורה, טועה הוא בדבר, שהרי הוא מחוייב לעשות מה שנצטוה לעשות, ואם יבין יבין, **שהרי והגית בו יומם ולילה כתיב** ולא כתיב ותבין בו, וכן תמצא בדברי התנא אם למדת תורה הרבה נותנין לך שכר הרבה, ואינו אומר אם הבנת הרבה, אלא למדת אמרו, ותשתדל להבין ואם תבין תבין, ואם לא שכר לימודך בידך, וכמאמר התנא לפום צערא אגרא, ומה גם שאמרו האדם איני לומד מפני שאיני מבין, **הוא פיתוי היצר,** יתמיד בלימודו וסוף הבינה לבא, שבראות קדוש ברוך הוא **חשקו בתורתו ודבקותו בה, פותח לו מעייני החכמה,** דכתיב - כי הוי"ה יתן חכמה מפיו דעת ותבונה. והנני מוסר לך דבר אשר תרדוף אחריה, ויהיה חיים לנפשך וענקים לגרגרותיך, **לעולם יהיה עיקר לימודך בדבר של תורה שליבך חפץ יותר,** אם בגמרא גמרא, ואם בדרוש דרוש, ואם ברמז רמז, **ואם בקבלה קבלה,** ורמז לדבר כי אם בתורת הוי"ה חפצו, כלומר תורת הוי"ה תלויה בדבר שלבו חפץ לעסוק, וכמו שמבאר האר"י זלה"ה בספר דרושי הנשמות והגלגולים פרק שלישי, וז"ל - יש בני אדם שכל חפצם ועסקם בפשטי התורה, ויש שעסקם בדרוש, ויש ברמז, ויש גם כן בגימטריות, **ויש בדרך האמת,** הכל כפי מה שעליו נתגלגל בפעם ההוא, כיון שהשלים פעם אחרת בשאר העניינים, אין צורך לו שבכל גלגול יעסוק בכולם, עד כאן לשונו. **ואל תביט ותשגיח לדברי המתנגדים על מה שחשקת לעסוק בתורה** בגמרא או בפשט או בדרוש וכו', באומרם לך למה אתה מוציא כל ימיך בפרט זה של תורה ולא בפרט זה, משום שעל מה שחשקת ללמוד, על דבר זה באת לעולם, ואם תשים דעתך לדבריהם, יכריחוך להתגלגל בזה העולם פעם אחרת ולעבור נפשך בחרב חדה של מלאך המות ולטעום טעם מיתה, ולכן לא תשמע לדברי המשחית נפשך, **כי דע שהשטן מתלבש באלו האנשים לדאוג ולהצטער ולהכאיב נפש הלומד ועוסק בתורה,** בחלק שאָנְתָה נפשו לעסוק, כדי להבדילו משם שלא ישלים נפשו, על מה שבא להשלימה, ולהכריחו גלגולים אחרים, וכשם שהמחשק יותר האדם ללמוד, משם יבין שעל דבר זה נתגלגל להשלים, כך צריך האדם שידע שורש נשמתו ומהיכן נמשך ועל מה בא לתקן ולהשלים, כמו שאמר בזוהר שיר השירים על הגידה לי את שאהבה נפשי וכו'. **וכדי שיבין יראה באיזה מצוה תקיף יצרו יותר לבטלה יתחזק בה לקיימה, כי בוודאי על מצוה זו נתגלגל,** וכדי שלא ישלים חוקו מנגדו יצרו לבטלה להוציאו מן העולם בידים ריקניות... ולכן לא תשמע לדברי רשעים אלו, אלא תשמע לדברי חיים.

חבר אני לכל אשר יראוך ולשמרי פקודיך. בסוף[11] עץ חיים מובא מספר כללים למהרח"ו, וז"ל - להאר"י זלה"ה. הרמב"ן וחביריו ודברי ראשונים כמו רבי נחוניא בן הקנה לא הזכירו רק עשר ספירות, ולא גילו עניני פרצוף כלל. **ודע שהרמב"ן והראשונים היו יודעים**

11

ע"ח ח"ב דקי"ט ע"א.

בפרצוף, אלא שדברו בהעלם גדול, לרוב הגלות שלא ניתן רשות לגלות, ולהתפשט האורות הגדולות, מאחר שגברו הקליפות, וכל זר לא יאכל קדש. **אמנם בעקבות משיחא כמו בדורינו זה התחילו האורות להתפשט להיות כבראשונה**, כמו שהיה בזמן העולם מתוקן ולהתתקן מעט. ומתחלה היו האורות סתומים, היה העולם מקולקל, וכל מה שנתקלקל נסתם בגלות, ולא היו משיגין אלא עשר ספירות בסתום, בסוד הנקודות, כל אחד כלול מעשר, ובענין הפרצופים לא נתגלה להם כלל, לפי שמצאו בדברי הראשונים סתומים, ולא ידעו עומק הדברים, וחשבו שכך הוא ודברו בעשר ספירות כל אחד כלול מעשר ובבחינות הרבה, ולפי שראיתי מי שחולק על דברים אלו לאמור שלא מצינו אלא עשר ספירות, ומהיכן יש לשלוט כח לאמור כמה פרצופים שנמצא יותר מעשר ספירות, ומספר רב והלא הראשונים כתבו בספר יצירה - עשר ולא תשע, עשר ולא י"א, לזה באתי לפתוח לך כחודא דמחטא, אולי תזכה להבין מקצת, וכולו לא תשורנו עין, וזהו. ובהקדמתו[12] הקדושה כותב הרב ז"ל - והנה אין בכל דור ודור שלא נמצאו בו אנשים יחידי סגולה ששרתה עליהם רוח הקודש, והיה אליהו הנביא ז"ל נגלה עליהם, **ומלמד אותם סתרי החכמה הזאת**, וכמו שנמצא כתוב בספרי המקובלים, גם בעל ספר הרקנטי כתב בפרשת נשא בפרשת ברכת כהנים..... ואנשי לבב שמעו לי, אל יהרסו אל הוי"ה, **לראות בספרי האחרונים הבנויים על פי השכל האנושי**, ושומע לי ישכון בטח ושאנן מפחד רעה. ולכן אני הכותב הצעיר חיים וויטאל, רציתי לזכות את הרבים **בהעלם נמרץ והמשכילים יבינו**, וקראתי שם החבור הזה על שמי **ספר עץ חיים**, וגם על שם החכמה הזאת העצומה, חכמת הזוהר, הנקרא עץ חיים, ולא עץ הדעת כנזכר לעיל, בעבור כי בחכמה הזאת טועמיה חיים זכו, ויזכו לארצות החיים הנצחיים, **ומעץ החיים הזה ממנו תאכל, ואכל וחי לעולם**. ואשכילך ואורך דרך זו תלך דע מן היום אשר מורי זלה"ה החל לגלות זאת החכמה, **לא זזה ידי מתוך ידו אפילו רגע אחד**, וכל אשר תמצא כתוב באיזה קונטריסים על שמו ז"ל, ויהיה מנגד מה שכתבתי בספר הזה, **טעות גמור הוא, כי לא הבינו דבריו, ואם יש בהם איזה תוספות שאינו חולק עם ספרינו זה, אל תשית לבך בקבע אליו, כי שום אחד מהשומעים את דברי קדשו, לא ירדו לעומק דבריו וכוונתו, ולא הבינום**, בלי שום ספק. ואם יעלה בדעתך לחשוב שתוכל לברור הטוב ולהניח הרע, אל בינתך אל תשען, כי אין הדברים האלו מסורים אל לב האדם כפי שכל אנושי, והסברא בהם סכנה עצומה, ויחשב בכלל קוצץ בנטיעות חס ושלום, לכן הזהרתיך ואל תסתכל בשום קונטרסים הנכתבים בשם מורי זלה"ה, זולתי במה שכתבנו לך בספר הזה, **ודי לך בהתראה זאת**, אלו הם דברי קודשו. ועלינו ללמוד

אך ורק בתורת מורינו חיים.

אני קראתיך כי תעניני אל הט אזנך לי שמע אמרתי. עוד כתב הרב ז"ל בהקדמתו תנאים כדי לזכות לחכמה הקדושה הזאת, וז"ל - אני הכותב משביע בשמו הגדול יתברך, לכל מי שיפלו הקונרטסים אלו לידו, שיקרא הקדמה זאת, ואם אותה נפשו לבוא בחדרת החכמה זאת, יקבל עליו לגמור ולקיים כל מה שאכתוב ויעיד עליו יוצר בראשית, שלא יבוא אליו היזק בגופו ונפשו, ובכל אשר לו, ולא לאחרים. תחת רודפו טוב והבא לטהר ולקרב. **ראשית הכל יראת הוי"ה, להשיג יראת העונש, כי יראת הרוממות, שהוא יראה הפנימית, לא ישיגוהו רק מתוך גדלות החכמה**, ועיקר מגמתו בידיעה הזה יהיה לבער קוצים מן הכרם, כי לכן נקראים

ע"ח ד"ד ע"ב.

העוסקים בחכמה הזאת מחצדי חקלא. **ובודאי שיתעוררו הקליפות נגדו לפתותו ולהחטיאו, לכן יזהר שלא לבוא לידי חטא אפילו שוגג**, שלא יהיה להם שייכות בו, לכן צריך ליזהר מהקלות, כי הקדוש ברוך הוא מדרדק עם הצדיקים כחוט השערה, לכן צריך לפרוש עצמו מבשר ויין כל ימות השבוע, **וצריך הזהרת סור מרע ועשה טוב**, ובקש שלום. בקש שלום צריך להיות רודף שלום, ולא להקפיד בביתו על דבר קטן וגדול, וכל שכן שלא יכעוס ח"ו.

וצריך להתרחק בתכלית הריחוק סור מרע.

א. ליזהר בכל דקדוקי מצות, ואפילו בדברי חכמים, שהם בכלל לא תסור.

ב. לתקן המעוות קודם שיבא לעולם הבא.

ג. יזהר מהכעס, אפילו בשעה שמוכיח את בניו, לא יכעוס כלל ועיקר.

ד. גם צריך ליזהר מהגאוה, ובפרט בענין הלכה, כי גדול כחה והגאוה, בזה עון פלילי.

ה. בכל צער שיבא לו, יפשפש במעשיו וישוב אל הוי"ה.

ו. גם יטבול בעת הצורך לו.

ז. גם יקדש את עצמו בתשמיש המטה שלא יהנה.

ח. שלא יעבור כל לילה ויחשוב בכל לילה מה שעשה ביום, ויתודה.

ט. גם ימעט בעסקיו ואם אין לו פרנסה כי אם על ידי משא ומתן, יכין יום שלישי ויום רביעי, מחצי היום ואילך, ובכוונה שהוא לעבודת קונו.

י. כל דבור שאינו של מצוה והכרחי, יהיה זהיר ממנו, ואפילו דבר מצוה ימנע בשעת התפלה.

ועשה טוב

א. לקום בחצי הלילה, ולעשות הסדר בשק ואפר ובכי גדול, ובכוונה כל אשר יוציא בשפתיו. ואחר כך יעסוק בתורה כל זמן שיוכל להיות בלי שינה, ובלבד שחצי שעה קודם עלות השחר יתעורר לעסוק בתורה.

ב. ילך לבית הכנסת קודם עלות השחר, קודם חיוב טלית ותפילין, להיזהר שיהיה מעשרה ראשונים.

ג. קודם שיכנס, ישים אל לבו מצות עשה ואהבת לרעך כמוך, ואחר כך יכנס.

ד. להשלים רמז צדיק בכל יום. שהוא צ' אמנים, ד' קדושות, י' קדישים, ק' ברכות.

ה. שלא להסיח דעתו מהתפילין בעת התפילה, זולת בעת העמידה ועסק התורה.

ו. צריך שיהיה עוסק בתורה, מעוטף בטלית ותפילין.

ז. לכוין בתפלה הכוונות, כמו שנבאר בע"ה.

ח. שישים תמיד נגד עיניו שם בן ארבעה אותיות הוי"ה, ויזדעזע ממנו, כמו שכתוב - שויתי הוי"ה לנגדי תמיד.

ט. שיכוין בכל הברכות, בפרט בברכת הנהנין.

י. צריך שיהיה עמל בתורה פרד"ס, שנאמר או יחזיק במעוזי, ואל יחשוב שיגלו לו רזי התורה בהיותו ריק, כדכתיב - יהב חכמתא לחכימין, וצריך ליזהר שלא יוציא בשפתיו בחכמה זו, מה שלא שמע מאדם שראוי לסמוך עליו, וכאזהרת רשב"י וחבריו. השגת החכמה תנאי הראשון, צריך למעט דבורו, ולשתוק, כל מה שיוכל כדי שלא להוציא שיחה בטילה, כמאמר רז"ל - סייג לחכמה שתיקה. גם תנאי אחר, על כל דבר תורה שלא תבינהו, תבכה עליו כל מה שתוכל. גם עלית הנשמה בלילה לעולם העליון, שלא תשוט בהבלי העולם, תלוי שתישן בבכיה. ומרת

עצבות מגונה עד מאוד, ובפרט להשיג חכמה, והשגה אין לך דבר מונע השגה יותר מזה. גם בענין השגת האדם, אין לך דבר שמועיל כמו הטהרה והטבילה, שיהיה האדם טהור, בכל עת ומורי זלה"ה עם היות שהיה לו חולי השבר שהקור מזיק לו, עם כל זה לא היה מונע מלטבול בכל עת, עד כאן דבריו קודשו. ועלינו לקיים את בקשת הרב ז"ל את הבחינות של[13] סור מרע ועשה טוב, כדי לטפס בעץ החיים.

מרן הרש"ש מעיד[14] על עצמו, וז"ל - וראיתי מה שכתבו מעלת כבוד תורתם, על ענין עבודת הוי"ה שקצרתי במקום שהיה ראוי להרחיב מעט הדיבור, אמת הוא כי לכתחילה קצרתי בו, **יען ראיתי כמה מהנזק יצא ממה שכתבו בזה המקובלים שקדמו, כי רבים חללים הפילו, וחלול כבוד הוי"ה, וכבוד התורה. הוי"ה יכפר בעדם, כי כל דבריהם לא על פי התורה הם, ואינם מיוסדים על האמת, ומהם יצאו אבות, ומאבות תולדות הריסת יסודי התורה ח"ו**, הוי"ה יכפר. **וכל זה לא שלמדתי בדבריהם ח"ו**, אלא שפעם אחת הוכרחתי בעל כרחי לעיין בדף אחד שכתוב בו קצור מה שכתבו בענין זה, **וכמעט שקרעתי בגדי לראות דברים אשר לא כן על הוי"ה.** הוי"ה יכפר, וכבר מילתי אמורה להם, **כי עידי בשמים כי כל עסקי ולמודי, אינו רק בדברי האר"י זלה"ה, ותלמידו מהרח"ו ז"ל לבדם, ובלעדם אין לי עסק בשום ספר מספרי המקובלים ראשונים ואחרונים, ואפילו בדברי שאר תלמידי האר"י ז"ל לא למדתי, וכשיזדמן לפני דבר מדבריהם, אני מדלגו.** כי על כן איני כמזהיר, אלא כמזכיר, למען הוי"ה אל יהי לכם מגע יד בדבריהם, ובפרט בענין זה, השמרו לכם פן יפתה לבבכם, **אלא כל לימודם לא יהיה אלא בעץ חיים ובספר מבוא שערים ובשמונה שערים המפורסמים**, שכולם דברי אלהי"ם חיים. ואני קצרתי בענין זה כל מה שאפשר, כי יראתי פן יפלו דפים אלו ביד מי שעדיין לא למד דברי האר"י ז"ל כראוי, **ויחשידני שלמדתי בספרים אחרים, ולא כן הוא כאמור**, ולכן קצרתי בו, ופיזרתי בהקדמה, עד כאן דברי קודשו של מרן הרש"ש. ואנחנו תפילה שיתגלה משיח צדיקנו במהרה בימינו, ומלאה[15] הארץ דעה את הוי"ה כמים לים מכסים, דעת תורת החיים.

כתב רבינו גאון הקבלה רבי אליהו מני, רבו של הרי"ח הטוב, רבי יוסף חיים בעל הספר "בן איש חי", בספרו הקדוש **כסא אליהו** כי על הלומד ללמוד כל מאמר ומאמר ארבעה חמשה פעמים בלי המפרשים, וינסה להבין את המאמר בעצמו. ואחר כך ילך לראות אם כיוון לדעת המפרשים.

13

תהלים ל"ד ט"ו – סור מרע ועשה טוב בקש שלום ורדפהו.

14

נהר שלום דף ל"ד ע"א.

15

ישעיהו י"א ט' – לא ירעו ולא ישחיתו בכל הר קדשי כי מלאה הארץ דעה את הוי"ה כמים לים מכסים.

וכן אני הקטן מבקש בכל לשון של בקשה, ללמוד את הדרוש כמו שהוא מובא בספר עץ חיים, ארבעה חמישה פעמים, כדי לנסות להבין את הדרוש. וכל דרוש מובא בתחילת הספר במלואו.

אחר כך יכנס ללמוד את הדרוש עם ביאור הדברים, עוד ארבעה חמישה פעמים, ואחר כך יראה את המקורות להגהות, ודברי רבותינו הקדושים, עם התרשימים וטבלאות.

ואז יעלה ויצליח בלימוד תורת האר"י הח"י.

כתב רבינו **השד"ה** רבי שאול דווייק הכהן, בהקדמת ספרו איפה שלימה, על אוצרות חיים וז"ל - וכדי שיוכל לעלות לימודו למעלה, ריח ניחוח לה'. קודם כל לימוד ימסור עצמו על קדושת ה', כי זה מועיל מאוד, כמו שכתוב בשער הכוונות דף כ"ד ע"ב, כי עתה בזמנינו בעונותינו הרבים אין יכולת לעשות זווג כתיקונו למעלה, ולסיבה זו הקץ מתארך וכו'. אמנם עם כל זה יש קצת תיקון במה שנמסור נפשינו על קידוש ה' בכל הלב, כי על ידי כן אפילו אין בנו שום מעשים טובים, והרשענו עד להפליא. הנה על ידי מסירת נפשינו להריגה, מתכפרים עונותינו כולם, ויש בנו יכולת לעלות עד אימא עילאה, כמו שאמרו חז"ל - גדולה תשובה שמגעת עד כסא הכבוד, שנאמר - שובה ישראל עד ה' וכו', עד כאן דבריו.

וזה הסדר

יקבל עליו ארבע מיתות בית דין, מארבעה אותיות הוי"ה וארבעה אותיות אדנ"י, וליחדם על ידי ארבעה אותיות אהי"ה ועל ידי עסמ"ב

סקילה י **א** וליחדם על ידי **א**	יוד ה֗י ויו ה֗י
שרפה ה **ד** וליחדם על ידי ה	יוד ה֗י ואו ה֗י
הרג ו **נ֗** וליחדם על ידי י	יוד ה֗א ואו ה֗א
וחנק ה **י** וליחדם על ידי ה	יוד ה֗ה וו ה֗ה

לְשֵׁם יִחוּד
קֻדְשָׁא בְּרִיךְ הוּא וּשְׁכִינְתֵּה

יאהדונהי

בִּדְחִילוּ וּרְחִימוּ   וּרְחִימוּ וּדְחִילוּ

יאההויהה   איההיוהה

לְיַחֲדָא אוֹתִיּוֹת י"ה בְּו"ה, בְּיִחוּדָא שְׁלִים

יְהֹו"ה

בְּשֵׁם כָּל יִשְׂרָאֵל, לְאַקָמָא שְׁכִינְתָּא מֵעַפְרָא, הָרֵינִי לוֹמֵד בַּסֵּפֶר קַבָּלָה פְּלוֹנִי שֶׁהוּא כְּנֶגֶד תִּפְאֶרֶת דז"א בְּעוֹלָם הָאֲצִילוּת שֶׁבּוֹ שֵׁם מ"ה כָּזֶה יוֹ"ד ה"א וָא"ו ה"א לַעֲשׂוֹת מֶרְכָּבָה. וִיהִי רָצוֹן מִלְּפָנֶיךָ ה' אֱלֹהֵינוּ וֵאלֹהֵי אֲבוֹתֵינוּ שֶׁתְּזַכֵּךְ רוּחֵנוּ וְנַפְשֵׁינוּ שֶׁיִּהְיוּ רְאוּיִם לְעוֹרֵר מַיִן תַּתָּאִין עַל יְדֵי קְרִיאַת סֵפֶר הַקַּבָּלָה הַזֹּאת. וִיהִי נֹעַם יְהוָה אֱלֹהֵינוּ עָלֵינוּ וּמַעֲשֵׂה יָדֵינוּ כּוֹנְנָה עָלֵינוּ וּמַעֲשֵׂה יָדֵינוּ כּוֹנְנֵהוּ.

בָּרוּךְ ה' לְעוֹלָם אָמֵן וְאָמֵן, נֶצַח, סֶלָה, וָעֶד.

שער ז' פרק א'

כבר בארנו באורך בכ"מ כי האצילות העליון התחיל להיות עקודים נקודים ברודים ועתה נחזור לבאר הענין באורך ונבאר מציאות העקודים מה ענינם.

הנה קודם מציאות העקודים לא היה האור העליון יכול להתלבש בשום כלי כי לא היה יכולת בכלים לסובלו ושם היה האור בלתי מתלבש בכלי עד שהגיע התפשטות האור הגדול ההוא אל בחי' העקודים ושם נעשה מציאות כלי א' אל האור הגדול ההוא ואז התחיל האצילות להיות בו איזה מציאות הגבלת האור מה שלא היה יכול להיות הדבר עד עתה. אמנם תחלה היה האור כולו של החלקים המגיעים לאצילות כולם נעלמים תוך כלי א' לבד ואותו הכלי היה בו בחי' כלי של כתר העליון אח"כ נתפשט האור יותר למטה מבחי' הנ"ל הנקרא עקודים ואז נעשית י' כלים אך כולם עדיין בסוד בחי' כלים דכתר. פי' שידוע הוא כי כל ספי' מהי"ס היא נכללת מי"ס ויש בכל א' בחי' כתר ואותו)נ"א אמנם(חלק של הכלים שנוגעין למציאת הי' כתרים של הי"ס היה בהם יכולת להעשות בהם כלים ושם היו נגנזים כל הי"ס כולם כי שאר חלקי הספי' לא היו יכולים להעשות בהם כלים כי הכלים שלהם לא יכלו לסבול האור ההוא עדיין וזה המציאות הנק' נקודים והוא מה שאנו קורין יו"ד נקודות קודם האצי'. ובחי' העקודי')נ"א לי' נקודו' אצי' בבחי' העקודי'(בראשונ' נקרא נקודה א' לבדה ואח"כ נעשה סוד האצי' כמ"ש בע"ה.

ונתחיל לבאר מציאות העקודים מה ענינו. דע כי האור העליון אשר הוא חלק הראוי להתלבש באצי'. אשר יש בו כח הי"ס אע"פ שעדיין לא ניכר היותם י' אורות רק אחר גמר העקודים וכמ"ש בע"ה. אמנם ודאי שהכח של י' אורות אלו היה בהם תחלה רק לפי שלא היה האור נגבל תוך הכלי לא היה ניכר עדיין מציאת היותן י'. והנה כאשר רצה המאציל העליון להוציא בחי' הכלי ההוא הנקרא עקודים מה עשה המשיך האור שלו למטה עד מציאות סיום שיעור הראוי להיות נעשה ממנו בחי' עקודים שהוא עד הטבור ואחר שהמשיכו חזר ונסתלק האור ההוא למעלה במקורו בפה ונודע הוא כי האור העליון כשהוא מתפשט וחוזר ונעלם מניח רושם חותם למטה בהכרח. והנה אותו האור שהוא הרשימו הנשאר למטה כאשר נסתלק אור עליון ונעלם במקורו אז נשאר אור רשימו ההוא למטה בלתי אור עליון ההוא)הנסתלק(ואז ע"י התרחקו ממנו אור עליון אז נעשה אותו)נ"א באותו(אור הנשאר ונתהווה בחינת כלי כי כי סיבת התפשטות האור והסתלקותו אח"כ גרם להעשות מציאות כלי ולפי שכאשר האור הא' חזר ונסתלק היה מסתלק בבת אחת וברגע א' לכן כל מציאות אור הנשאר)מהם(נעשה)רק(מציאות כלי א' והוא נקרא בחי' כלי הנקרא כתר כי עדיין האור עליון לא היה נבדל בי"ס כי עדיין לא היה ניכר היותן י"ס ומה שנקרא כתר ולא ספירה אחרת הטעם הוא כי לעולם הכתר קרוב אל המאציל.

והנה הכלי הראשון אשר האציל המאציל נקרא כתר בודאי אך מה שהאציל אח"ז הכלי הנקרא כתר אז יקראו חו"ב כו'. אך עתה עדיין כולם בסוד י' כתרים ואחר התפשטות הב' אז נעשה שאר חלקי הספי'. סוף דבר הכלי שהאציל המאציל העליון לא יקרא אלא בחי' כתר לבד. ונבאר עתה מציאות זה ההסתלקות של האור העליון כי הנה כאשר נעריך שמציאות זה הכל שכולל כל האור הנה בהכרח הוא כאשר מסתלק האור ממנו יהיה בו חלקים הראויין להביט אל האור ההוא [המסתלק מהם] ובהתרחקו מהם יתרחק מהם הבטת פנים אל פנים כפי שיעור התרחקו. והמשל בזה כי כאשר האור מסתלק מהחלק הי' של הכלי הזה אשר יקרא אח"כ בשם בחינת מלכות כמ"ש הנה אותו החלק הי' מן הכלי ההוא אשר ממנו נסתלק מהם האור ההוא שעי"כ נעשה כלי כנ"ל ואז הכלי הפך פניו למטה כי כיון שנעשה עתה בחי' כלי בהפרדו מן שורש האור שלו אין בו יכולת להסתכל בו פב"פ ואז הופך פניו אחר שנעשה בחי' כלי ואז אינו מסתכל באור עליון שנתרחק ממנו אלא דרך אחור. והנה גם האור העליון יקרא עתה אחור בעת הסתלקותו ויהיה הכלי עם האור ההוא אב"א ואחרי אשר נסתלק האור ההוא ג"כ עוד שיעור חלק א' אשר יקרא אח"כ בחי' היסוד ונסתלק מכולו אז גם החלק הזה יהפוך פניו מן האור העליון כי לא יוכל לקבלו ואז גם בחי' [כלין] ראשונה הנקרא מלכות כיון שהאור נתרחק ממנה תוכל להפוך פניה למעלה ואז יהיה המלכות ויסוד פב"פ רק היסוד יהיה עם אור עליון אב"א. וכן כאשר יסתלק בחי' אור של ההוד אז ההוד יהיה אב"א עם האור העליון ואז היסוד הפך פניו אל ההוד ויהיה ההוד ויסוד פב"פ ומלכות תהיה פנים באחור פני המלכות באחורי יסוד כי תאוות וחשק הספי' להחזיר פניהם אל האור אך הספי' הקרובה אל האור [אשר מסתלק ממנו] לא תוכל להחזיר עדיין פניו אליו עד שיתרחק מהאור שיעור ספירה אחת. וכן כאשר יסתלק האור מבחי' הנצח אז הנצח יהיה אב"א עם אור העליון ופב"פ עם ההוד ויסוד יהיה פנים באחור עם ההוד ומלכות ג"כ פנים באחור עם היסוד וכן עד"ז עד שתסתלק האור מכל י' חלקי הכלי ואז יהיו כל הספירות פנים באחור פני תחתונה באחור עליונה אך הכתר עם החכמה יהיו פב"פ כי הכתר עם האור [העליון] הם אחור באחור לטעם הנ"ל ובזה מוכרח שכתר וחכמה יהיו פב"פ.

הרי ביארנו סוד הסתלקות ואיך נתהוו הכלים עי"ז. אמנם אע"פ שביארנו היות בכלי זה מציאות כלי מלכות ויסוד וכו' לא מפני זה יקראו י' כלים כיון שעדיין לא יש היכר להיותן י"ס וג"כ כי האור נסתלק ביחד רק העניין הוא כדמיון כלי ארוך אחד אשר חלקים שלו אינם שום כפי התרחקות של החלקים ההם מקצתם אל קצתם והרי ביארנו מציאות האור והתפשטותו והסתלקותו והם ב' בחי' כמ"ש בעזרת האל ועתה יש התפשטות והסתלקות אחר כאשר יתבאר בע"ה ואז ישלימו ד' בחי'. והעניין הוא שכאשר נשלם בחי' הכלי הזה ונעשה כלי עי"י הסתלקות האור אז כאשר יחזור האור להתפשט בו אז ישאר בחי' אורות וכלים. אמנם כאשר נתפשט האור בכלי זה פעם ב' אינו מתפשט כסדר הא' אך נגלה ונעלם וז"ש בזוהר מטי ולא מטי ואלו הב' בחי' נקראו התפשטות והסתלקות)בנ"א בחי' שניים יקראו הסתלקות והתפשטות(הנ"ל שבהם יושלמו הד' בחי'. והעניין כי תחלה מטי האור תוך הכלי של הכתר ואח"כ מסתלק ממנו

ואח"כ מטי האור בכלי של חכמה וחזר אח"כ להסתלק וכן עשה בכל י' כלים וזה)נ"א ואז(
נקרא מטי ולא מטי הנזכר בזוהר תמיד ולעולם יש בטבע האור ההוא לבא)נ"א להביא(
ולהאיר ואח"כ מסתלק כמו שיש בטבע שלהבת הנר שהיא מתנועעת וכן נשאר תמיד האור
ההוא להיות מול"מ בכלים האלו הנקרא עקודים כי לסבת היותן בכלי א' אין כח בכלי הזה
לסבול האור אם לא בהיותו מטי ולא מטי והרי בארנו בזה ד' בחי' שהם התפשטות הא'
והסתלקותו והתפשטותו והסתלקותו הב' והסתלקותו. וגם בארנו שזה התפשטות והסתלקות הב' נקרא מטי
ולא מטי ולכן נקרא הכלי ההוא עקודים לפי שהוא כלי א' והוא מקשר ועוקד י' אורות בתוכו.
ובזה ג"כ נתבאר איך הכלי נקרא כלי א' לבדו והאורות נקרא י' לפי שכשנסתלק האור)יש
סילוק א' לעשות הכלי כנ"ל)נ"א הסתלקות ההוא נעשה כלים כנ"ל(ואז נסתלק האור בבת
אחת(ולכן הכל נקרא כלי א' לבד ולא י' כלים משא"כ באורות שבתוכם שכאשר יחזרו
להתפשט התפשטות האמיתי שהוא התפשטות הב' הנה אינו מתפשט בפעם א' בתוך הכלי כמו
שנסתלק אלא נכנס ויוצא י' יציאות וי' הכנסות נכנס ויוצא י' פעמים א' בכתר וא' בחכמה וכן
בכולם ולסיבה זו נקרא י' אורות אבל הכלי בבת א' נעשה ע"י הסתלקות א' שנסתלק בפעם
אחת ולכן יקרא כלי א'. והנה ד' בחי' אלו הם מציאות ד' אותיות הוי"ה כי י"ו הם ב' בחי'
התפשטות וה' ה' הם ב' בחי' הסתלקות וכבר ידעת כי שם הוי"ה אינו מתחיל אלא מחכמה
ולמטה. והטעם לפי שד' בחי' אלו לא שייכים אלא מחכמה ולמטה אבל בכתר לא יש בו רק ב'
בחי' בלבד וכנגדן נקרא י"ה יהו"ה וז"ס כי ביה ה' צור עולמים לפי שבהם התחיל לצייר
ולברוא את העולם שהוא סוד עקודים אשר הם סוד י"ה הוי"ה כי י"ה בכתר והוי"ה
בשאר פרצופים כולם. והטעם כי הנה למטה בט"ס יש בהם ד' חסרונות)האור אשר זה עצמו
יגרום כינוי]נ"א שינוי[השם באור העליון לשיוכל לקרות בשם הוי"ה לד' חסרונות אלו
אשר(ואלו הם הא' הוא התפשטות האור פ"א כי אז התחיל האור להתפשט בכתר ראשון
מכולם ואז כל הט' שלמטה ממנו היו חסרים מאותו אור באופן זה כי בעת שנתהווה האור
במציאות הכתר עדיין כל השאר היו חסרים והרי זה חסרון א' בהתפשטות הא' בט' כלים ואין
חסרון זה נוהג בכתר. גם בהתפשטות הב' יהיה חסרון זה פ"ב בט"ס ולא בכתר הרי שיש ב'
חסרונות בט"ס ולא בכתר כי כאשר לא נאצל שום אור לא יקרא זה חסרון אך אחר שהתחיל
כבר זה האור להתפשט ונתפשט בכתר תחלה אז ט"ס יקראו חסרי האור ההוא לפי שקדם אור
הכתר אליהם. אך הב' חסרונות אחרים)היו נוהגים(הם בין בכתר בין בט"ס והוא ב' בחי'
הסתלקות כי זה נקרא חסרון אמיתי בין אל הט"ס ובין אל הכתר עצמו. ונבאר ענין זה מ"ש כי
בחי' אלו נקראו כי בי"ה ה' צור עולמים והענין כי ז"ס הפ' סולו לרוכב בערבות בי"ה שמו ויש
לדקדק בפסוק דהול"ל י"ה שמו מאי בי"ה שמו אך הענין הוא כי כל השם כלול בי"ה וזהו
בי"ה שמו כי י"ה במילואו הוא יו"ד ה"א גימטריא כ"ו שהוא הוי"ה הרי כי בי"ה הוא שם
הוי"ה ממש ושם י"ה בכתר לרמז איך ממנו יצא שם הוי"ה ובו כלולין כל ד' אותיות הוי"ה.

שער השביעי

שער מטי ולא מטי ובוא חמשה פרקים [16]

פרק א'

דרוש זה מקורו מספר הדרושים וצריך לכתוב מ"ק בראש הדרוש.

שער[17] מטי ולא מטי הוא המשך לדרושי עולם העקודים, דרושים אלו הם יותר עמוקים מדרושי עולם העקודים, אפילו שהם חלק ממהדורה קמא, הרי ידוע שאין מוקדם ומאוחר בתורה, וכל שכן בתורת האר"י הקדוש. בפרק זה הרב ז"ל עושה חזרה כללית על שער העקודים, עם מספר חידושים, ופתיחה כללית לשער מטי ולא מטי.

כבר[18] הרב ז"ל מביא הקדמה כללית ביותר על עולם העקודים ועל עולם האצילות קודם התיקון ואחרי התיקון.

בארנו באורך בכמה מקומות[19] ובעיקר בשער א', ו' פרק א', **כי**[20] אחרי שיצאו אורות האזן דא"ק,

---

¹⁶

הגהות וביאורים)ד(– א"ה אם הרצה להבין הפרקים הללו על נכון, תלמוד מקורם בשער הקדמות בדף ט"ו החמשה פרקים. כל מטי ולא מטי, וגם תעיין בשער הקדמות דף י"ד, והוא דרוש ב' בעולם העקודים, ושם מבואר יותר, ומהם תבין ראש פרק זה.

¹⁷

מטי ולא מטי פירושו מגיע ולא מגיע, נכנס ולא נכנס, נגלה ונעלם.
מאיר עינים ח"ב אות מ' דק"ו ע"א – מטי ולא מטי, פירושו נגלה ונעלם.

¹⁸

בית לחם יהודה ש"ז פ"א – כבר ביארנו באורך בכמה מקומות. הוא בריש פרק א' דעקודים, בסוד פסוק וארא בחלום.

¹⁹

ע"ח ש"ו פ"א מ"ב דכ"ד ע"ב – אחר כך באו הטעמים התחתונים שמתחת האותיות, והם בחינת אורות היוצאים דרך הפה של א"ק, משם ולחוץ, והנה בכאן נתחברו האורות חיבור גמור, כי הרי הם יוצאים דרך צינור אחד לבד. והטעם כי כל מה שהאורות מתרחקים ומתפשטין למטה, כך יש יכולת להשיגם ולקבלם, לכן אין חשש אם נתחברו המקיפים עם הפנימים יחד. והנה כיון שכבר נתחברו האורות המקיפים ופנימים יחד, לכן מכאן התחיל להתהוות בחינת כלים, אלא שהם זכים בתכלית הזכות כמו שנכתוב, לפיכך עדיין לא נתגלה כאן רק בחינת כלי אחד לבד. אבל האורות הם נחלקים לעשר, ואלו האורות נקראו עקודים. ופירוש הענין, כי הנה כתיב - וארא בחלום והנה העתודים העולים על הצאן, **עקודים, נקודים, וברודים**. וגם כתיב - כי ראיתי את כל אשר לבן עושה לך, ובפסוק זה רמוז כל בחינות אלו שאנו מדברים בכאן, **כי לבן הוא סוד לובן העליון, אשר הוא קודם כל האצילות הזה, והוא)היה(העושה כל אלו הבחינות שהם עקודים, נקודים, ברודים, לצורך האצילות שיאציל אחריהם**, אשר הוא נקרא בשם יעקב. והתחיל בעקודים כי הם האור היוצאים מפה דא"ק, אשר בהם התחיל גילוי הויות הכלים. להיות עשרה אורות פנימים ומקיפים, מקושרים ומחוברים יחד בתוך כלי אחד, אשר לסבה זו נקרא עקודים, מלשון ויעקד את יצחק, ר"ל ויקשור.

²⁰

שהם ס"ג דע"ב דס"ג, ועמדו מהאזנים דא"ק עד שיבולת הזקן. ואורות החוטם דא"ק שהם מ"ה דע"ב דס"ג, ועמדו מחוטם דא"ק עד החזה דליה. א"ק שהוא בעצם **האצילות העליון**[21] הנקרא הלובן העליון, האציל את עולם העקודים ועולם האצילות, **והתחיל להיות** עולם **העקודים** אשר נאצל מפה דא"ק, והם אורות ב"ן דע"ב דס"ג, העומדים מפ"ה דא"ק עד טבורו, ובעולם העקודים התחילו הוויית כלים, ואחרי אצילות עולם העקודים נאצל עולם **הנקודים** שהוא עולם האצילות לפני התיקון, ובו היה מקרה המלכים דימיתו וירדתם לבי"ע, והם אורות סמ"ב דס"ג וב"ן דעסמ"ב דב"ן, שהם בחינת המלכויות דב"ן שיצאו **דרך** העינים דא"ק, ואחרי שבירת הכלים דעולם הנקודים, התחיל תיקון עולם הנקודים ונקרא עתה עולם הברודים, ותיקון זה נעשה על ידי העלאת הברורים דכלים ורפ"ח הניצוצין מבי"ע לאצילות בסוד מ"ן, שהם בחינת המלכות דב"ן וחיבורם עם תשלום עשר הספירות דב"ן שיוצאים **דרך** העינים דא"ק, ועשר ספירות דמ"ה החדש היוצאים ממצח דא"ק, ועולם זה נקרא עתה עולם התיקון, ונקרא עולם **הברודים** והוא בעצם עולם האצילות, ועולמות הנקודים והברודים שהם בעצם עולם האצילות, עומדים מטבור דא"ק ולמטה עד סיום רגליו[22]. **ועתה נחזור לבאר הענין** מציאות עולם העקודים **באורך** ואחר כך נבאר את מציאות עולם הנקודים והברודים, **ונבאר** עתה **מציאות** עולם **העקודים מה ענינם.**

הנה[23] [24]**קודם מציאות** עולם **העקודים** היה מציאות של כמה וכמה אלפי רבבות עולמות שקדמו לעולם העקודים, והם עולמות[25] האין סוף שקדמו לא"ק, ועולמות[26] שנאצלו מהשערות ומגולגלתא דא"ק, שהם

בית לחם יהודה ש"ז פ"א — כי אצילות העליון. כל העולמות היוצאים מא"ק נקראים אצילות, לפי שהם אצולים ממנו, והוא מלשון ואצלתי מן הרוח אשר עליך.
21

כרם שלמה ש"ז פ"א אות א' — אצילות העליון אינו ר"ל עולם האצילות, אלא ר"ל התחלת בריאת העולמות ואצילותם היו בסדר מדרגות, ולא בבת אחת, ולא כולם שווים, ולא בפעם אחת, עד שהגיעו למדרגת העולם שאנחנו קוראים עכשיו עולם האצילות. אלא התחלת הוויית שהתחילו להיותם נקראים בשם עולם שיש בו מעט רשות השגה לדבר בו, מן עולם העקודים, להיות שמשם התחילו אצילות הוויות הכלים, ואחר כך אחריהם יצאו עולם הנקודים, שהוא עולם האצילות קודם תיקונם, שהם מלכי דב"ן, ואחר כך יצאו שם מ"ה החדש מחובר עם ט' ספירות דב"ן שלא יצאו, ונתחברו עם מלכי דב"ן הנקרא עולם הנקודים. ובהתחברותם יחד נקרא עולם הברודים. ולזה נקט קרא כסדרם **עקודים, נקודים, ברודים.** ולזה הרב ז"ל גם כן התחיל לבאר בתחילה עולם העקודים, ואחר כך עולמות של אחריהם, שהם הנקודים וברודים. ולזה כתב כאן ונבאר מציאות העקודים מה ענינם.
22

תרשים א – א.
23

כרם שלמה ש"ז פ"א אות ב' — הנה קודם מציאות העקודים, מה שכתב **קודם** מציאות העקודים וכו', פירוש הוא כנזכר לעייל כי כמה עולמות שקדמו אל זה העולם העקודים, שהם שערות של א"ק **ולמעלה ממנו,** שהם עתיק דא"ק כנזכר בשער ט' פרק ו', ועולמות א"א דא"ק, ואורות העין, והאוזן, והחוטם של א"ק, בסוד ראיה שמיעה ריחה. ואחר כך יצאו עולם העקודים, שהם מן הפה של א"ק ולחוץ. וכולם מן החיצוניות של א"ק, וקודם להם יש עולמות כנגדם, שהם מן הפנימיות של א"ק, אשר מרוב העלמם אין בהם השגה. ובכל אלו העולמות, האור של המאציל העליון שירד והאיר בהם, לא היה אפשר להתלבש בכלים ממש מושגים, כמו שנתלבש בכלים של עולם העקודים מצד מה.

בית לחם יהודה ש"ז פ"א – הנה קודם מציאות העקודים. הכוונה על עולמות אזן וחוטם

חסדי דוד דמ"ט ע"ב אות ט' - א"ק יש בו עסמ"ב, והם טנת"א, וכל אחד כלול מכולם. עסמ"ב דע"ה הם מתפשטים מראשו ועד רגליו, דהיינו ע"ב דע"ב עד האזן, ס"ג דע"ב מהאזן עד הטיבור, ומ"ה וב"ן דע"ב מהטיבור עד רגליו. ועסמ"ב דס"ג מלבישים לסמ"ב דע"ב, דהיינו מהאזן ועד רגליו. ועסמ"ב דמ"ה וב"ן מלבישין לסמ"ב דס"ג, ולמ"ה וב"ן דע"ב. דהיינו מאזן דס"ג ומטיבור דע"ב זהו פנימיות דא"ק. וכולם הוציאו אורם לחוץ להלבישו. **כי מע"ב דע"ב המגולה יצאו שערות הראש, שבהם תלויים כמה וכמה מיני עולמות הקודמים אל אבי"ע, ואין רשות לדבר בהם, אפילו בדרך משל, רק מהאזן ולמטה,** וזה סוד לשכך את האזן. ואלו הלבישו מהקרקפתא עד האזנים דא"ק. ומע"ב דס"ג המגולה יצאו אורות אח"פ, ושערות הזקן, והלבישו מהאזן עד הטיבור. וחיצוניות עסמ"ב דמ"ה וב"ן יצאו מהם נקודים וברודים, דרך עינים ומצח דא"ק, והלבישו לא"ק מטיבור עד סוף רגליו. ועם חיצוניות עסמ"ב דב"ן יצאו חיצוניות סמ"ב שהם נקודין תגין אותיות דס"ג, ולכן נקרא נקודים, יען שורשו נקודות דס"ג הנקרא נקודות דנקודות, ולכן הנקודות נקרא פעמים ב"ן ופעמים ס"ג. ועם חיצוניות עסמ"ב דמ"ה, יצאו חיצוניות סמ"ב דע"ב. וטעם קריאת המ"ה ברודים, יען ב"ן הכולל הוא תולדות מלכות דא"ק, וממנו הז' מלכים דמיתו, ולכן שם ב"ן נקרא נקודות, כי נקודות היא במלכות. ושם מ"ה הכולל הוא תולדות הז"א דא"ק, שהשתחלתו מהיסוד הנקרא הדר, כי הוא סוד הדרת פנים זקן, דהסריס אין לו זקן, והוא מלך הדר המחייה את המלכים, וזהו ברודים כמו הדר.

חסדי דוד דנ"ב ע"א אות ע"ו – ז"א יש בו נפש רוח שלמה, כל בחינה כלולה מכ"ה בחינות, דכן צריך להיות בכל בחינה כדי שתהיה שלימה. בכל בחינה צריך שיהיה בה ה' בחינות נרנח"י, וכל אחד מהחמש כלולה מנרנח"י, הרי ה' פעמים ה' הם כ"ה בחינות. וחסר לז"א כל הכ"ה בחינות דנשמה, וכ"ה דחיה, וכ"ה דיחידה. וכשמקבל המוחין מישסו"ת הנקרא נשמה דכללות האצילות, ונכנסים בכלי הבינה דז"א, אז יש לו הכ"ה בחינות דנשמה שלימה, וכשמקבל המוחין מא"א עילאין, הנקרא חיה דכללות האצילות, ונכנסים בכלי החכמה דז"א, אז יש לו כ"ה בחינת דחיה שלימותא. וכשמקבל המוחין מא"א הנקרא יחידה דכללות האצילות, ונכנסים בכלי הכתר דז"א, אז יש לו כ"ה בחינות דיחידה שלים. אמנם כל זה הוא בערך הכללות. **כי ישסו"ת גם כן נקרא זו"ן בערך או"א עילאין,** ואין בהם רק נפש ורוח, וצריכים עיבור, יניקה, מוחין כדי להשלים להם נשמה, חיה, יחידה, וכשמקבלים מוחין מא"א עילאין, הנקרא בערכם נשמה, אז יש להם נשמה שלימה לישסו"ת. וכשמקבלים המוחין מא"א הנקרא בערכם חיה, אז יש להם לישסו"ת חיה שלימה. וכשמקבלים המוחין מאח"פ דא"ק, הנקרא בערכם יחידה, אז יש להם לישסו"ת יחידה שלמה. כי מה שכתב דישסו"ת הם נקראים נשמה, והם ממשיך מוחין דגדלות לזו"ן, הוא בערך זו"ן, אמנם בערך מה שלמעלה מהם נקרא זו"ן, וחסרים נשמה, חיה, יחידה, וצריכים לקבלם מג' מקומות שלמעלה מהם, דהיינו מא"א עילאין, ומא"א, ומאח"פ דא"ק, כי אלו נקראים נשמה, חיה, יחידה בערך ישסו"ת. וכן או"א עילאין נקרא חיה בערך זו"ן, ונשמה בערך ישסו"ת. וזו"ן בערך מה שלמעלה מהם, וחסרים נשמה חיה, יחידה, וצריכים עיבור, יניקה, מוחין כדי להשלימם, ומקבלים אותם מג' מקומות שלמעלה מהם, הנקרא בערכם נשמה, חיה, יחידה, מא"א נשמה, ומאח"פ חיה, ומשערות הראש ע"ב דא"ק יחידה. וכן א"א נקרא יחידה בערך זו"ן, וחיה בערך ישסו"ת, ונשמה בערך או"א עילאין, אמנם בערך א"ק נקרא זו"ן, ואין בו רק נפש ורוח, וחסר נשמה, חיה, יחידה, וצריך עיבור, יניקה, מוחין כדי להשלימו, ומקבלם מג' מקומות שלמעלה ממנו, הנקרא בערכו נשמה, חיה, יחידה, דהיינו מאח"פ דא"ק נשמה, ומשערות דהיינו ע"ב דא"ק, דהוא חכמה דא"ק חיה, ומקוץ היו"ד א"א דא"ק יחידה, כי אח"פ הם מס"ג, ושערות הראש מע"ב ממוחין דא"ק, והם ישסו"ת ואו"א עילאין דא"ק. נמצא כי א"א כשמקבל מישסו"ת דא"ק, אז יש לו נשמה, וכשמקבל מא"א עילאין דא"ק, אז יש לו חיה, וכשמקבל מא"א דא"ק אז יש לו יחידה. כי כמו שזו"ן דאצילות שהם נפש רוח דכללות האצילות, כן א"א דאצילות שהם זו"ן דכללות א"ק, ואין בו רק נפש רוח בערך כללות א"ק, נשלמו בו הנשמה, חיה, יחידה מישסו"ת, ואו"א, וא"א דא"ק, שהם נשמה, חיה, יחידה דכללות א"ק. וכן א"ק עצמו נקרא יחידה בערך האצילות, **אמנם בערך שלמעלה הימנו נקרא גם הוא זו"ן,** ואין בו רק נפש רוח, וחסר לו נשמה, חיה, יחידה, **כי הרי כל כללות א"ק עומד במקום חצי מלבוש התחתון כנודע, כי כללות המלבוש הוא סוד עסמ"ב, וכשנחלק המלבוש ונקפל חצי התחתון שהוא סוד מ"ה וב"ן, והלביש לחצי העליון שהוא ע"ב**

כדוגמות פרצופי עתיק, א"א ואבא דאצילות, ובעולמות אלו שמעל עולם העקודים **לא** הָיָה הָאוֹר הָעֶלְיוֹן[27] **יָכוֹל לְהִתְלַבֵּשׁ בְּשׁוּם כְּלִי** מוּשָׂג, כמו שהאור העליון מתלבש בכלים דעולם העקודים, עם כל זאת גם בעולמות שמעל עולם העקודים יש כלים בערך האור שמתלבש בתוכם, וכלים אלו נקראים[28] שרשי כלים, **כי לא**

ס"ג, **המקום הפנוי הנ"ל שהוא במקום שהיה חצי מלבוש התחתון נקרא אויר קדמון,** והכדור הנעשה בתוכו שבתוכו עומדים י' ספירות דא"ק נקרא טהירו, ועל גבי הטהירו בין אויר קדמון למלבוש עומדים י' ספירות דא"ק עילאה סתימאה. הרי כי א"ק עומד במקום מ"ה וב"ן, **שהוא סוד חצי המלבוש התחתון, ולכן נקרא זו"ן בערך מה שלמעלה ממנו,** וצריך עיבור, יניקה, מוחין להשלימו, ומקבלם מג' מקומות שלמעלה ממנו, דהיינו מא"ק סתימאה עילאה נשמה, ומאויר קדמון חיה, ומהמלבוש יחידה. **והמבין יבין כי אי אפשר לדבר יותר.** וכן נוקבא דז"א דאצילות נקרא זו"ן בערך ז"א, וחסרה נשמה, חיה, יחידה, וצריכא עיבור יניקה, מוחין להשלימה, ומקבלת אותם מג' מקומות שלמעלה הנקראים בערכה נשמה, חיה, יחידה, מז"א נשמה, מישסו"ת חיה, מאו"א עילאין יחידה. וכן בריאה אין בה רק נפש ורוח בערך נוקבא דז"א דאצילות, ומקבלת נשמה, חיה, יחידה מג' מקומות שלמעלה ממנה, הקרא בערכה נשמה, הקרא בערכה נשמה, חיה, יחידה, דהיינו מנוקבא דז"א דאצילות נשמה, ומז"א חיה, ומישסו"ת יחידה. וכן יצירה נקרא זו"ן בערך בריאה, ומקבלת נשמה, חיה, יחידה מג' מקומות שלמעלה ממנו, הנקרא בערכו נשמה, חיה, יחידה, דהיינו מהבריאה נשמה, ומנוקבא דז"א דאצילות חיה, ומז"א דאצילות יחידה. וכן עשיה נקרא זו"ן בערך יצירה, ומקבלת נשמה, חיה, יחידה מג' מקומות, הנקרא בערכה נשמה, חיה, יחידה, דהיינו מיצירה נשמה, ומבריאה חיה, ומנוקבא דז"א דאצילות יחידה. **באופן שאין פרצוף בעולם נשלם בכל בחינותו עד שיעלה ג' מדריגות למעלה ממדרגתו.** ולכן במנחת שבת שאז נשלמים כל העולמות, עולה א"א דא"ק, ואו"א עילאין, לאו"א דא"ק. וישסו"ת, לישסו"ת דא"ק. וז"א, לא"א דאצילות. ונוקבא דז"א, לאו"א עילאין דאצילות. ובריאה, לישסו"ת דאצילות, הנקרא בריאה דאצילות. ויצירה, לז"א דאצילות, הנקרא יצירה דאצילות. ועשיה, לנוקבא דז"א דאצילות, הנקרא עשיה דאצילות. ואז נשלמו כולם בבחינת נרנח"י, וזו היא מדרגתן האמיתי.
26

ע"ח ש"ט פ"ו מ"ב דמ"ב ע"ב – א"ק כולל ע"ב ס"ג מ"ה ב"ן בעצמותו, וכל אחד מאלו הד' נכללו מארבעתן, ויוצאין ממנו גם כן אורות לחוץ, שהם ענפיו, **והע"ב הוא במוחין דיליה נגד א"א ואבא דאצילות, ולעילא מגלגלתא דיליה יש בו דוגמא בחינת עתיק דאצילות,** וס"ג דיליה מאוזן ולמטה עד טבורו, והוא כנגד בינה דאצילות, ומ"ה וב"ן דיליה מטבורא ולמטה, כנגד זו"ן דאצילות.
27

בית לחם יהודה ש"ז פ"א – לא היה אור העליון יכול להתלבש בשום כלי. ומה שכתב בפרק א' ובפרק ג' דאח"ף שהיה יו"ד כלים לאורות האזן, ויו"ד כלים לאורות החוטם, היא לסברת רבינו גדליה ז"ל.
28

ע"ח ש"ד פ"א די"א ע"ז דרוש לרבי גדליה הלוי – דרוש שכתבתי מעניין **שרשי אצילות של עצמות וכלים שנתהוו מאח"פ ועינים,** בסוד ראיה שמיעה ריחא דיבור. כאשר האורות נתפשטו מאוזן וחוטם עד נגד הפה ששם התחברות כל ההבלים, ואז במקום שמתחברים יש לכולם בחינת נפש, לפי שאין הבל האזן יכול להתחבר להבל פה אלא בריחוק מקום, וכן הבל החוטם. אלא שאין צריך ריחוק מקום כל כך כמו הבל האזן, כדי להתחבר להבל הפה. ועל ידי הסתכלות העינים, ובהכאה שהכה בהבל הזה, **נעשה הכלים.** ובהסתכלות זה יש בו פנימי וחיצון, כי יש בכל איברים פנימיות וחיצוניות, ונעשה כללות כליהם. ולפי שאין בראית עינים הבל היוצא, אלא הסתכלות לבד, אינו נעשה אלא הכלים, והסתכלות ההוא גדול מכל הג' הבלים הנ"ל, כי הראיה היא י', שמיעה ה', ריחא ו', דיבור ה', הרי ד' אותיות הוי"ה, שהם חב"ד שהם נר"ן]נ"א נרנח"ן[, הראייה היא חיה, י' של השם, הנקרא חכמה, כי חכמה עליונה מאירה דרך עינים, אלא שאם היה יוצא הבל ממש דרך העינים לא היה אפשר למטה לקבלה. לכן לא נמשך ממנו אלא הסתכלות לבד, **והיה בו כח לעשות כלים לג' בחינות אלו.** אשר דנשמה בהבל אזן. אשר דרוח בהבל חוטם. אשר דנפש בהבל הפה. וזה סוד מרחוק הוי"ה נראה לי, ומשאר הבלים אם היה יוצא מהם הסתכלות לבד דרך מסך כמו העינים, לא היה כח בהם לעשות כלים.

22

הָיָה יכולת בכלים לסובלו, **וְשָׁם** בעולמות שמעל עולם העקודים **הָיָה הָאוֹר**[29] זך ובהיר ומבִּלְתִּי מִתְלַבֵּשׁ בְּשום דבר הנקרא **כְּלִי** מצד מה, בשום צד מה של כלי, אלא רק בשרשי הכלים, אחרי־[30] שהאור העליון התלבש בהרבה לבושים, ונתעבה עיבוי אחר עיבוי, **עַד שֶׁהִגִּיעַ הִתְפַּשְׁטוּת הָאוֹר הַגָּדוֹל הַהוּא אֶל בְּחִינַת** עולם **הָעֲקֻדִים, וְשָׁם** בהתפשטות השניה **נַעֲשָׂה מְצִיאוּת כְּלִי אֶזוֹר**[31] בעל עשר שנתות[32] **אֶל הָאוֹר הַגָּדוֹל הַהוּא**[33] היוצא מפה דא"ק, כאשר כל כלי הוא

עֵ"ח שַׁ"ד פֵּ"ד דִּי"ח דִּי"ח עֵ"ח עַ"ד מָ"ק – הנה אחר שדברנו בפרק העבר איך נאצל מציאות נר"ן מאח"פ, הנה עתה נבאר **מציאות הכלים שלהם**, שהם בחינת גוף אליהם. אמנם כבר בארנו כי מבחינת הראיה עצמה נעשה נשמה לנשמה, אך אין הראייה סוד ההבל הנמשך למטה כמו אח"פ. והטעם כי נר"ן שהם אורות אח"פ, הם מתפשטים למטה, אבל הנשמה לנשמה שהוא הסתכלות העין אינה מתפשטת, רק נשארת במקומה בסוד אור מקיף כנ"ל, ואין בה זולתי הסתכלות דק מאד, והוא סוד הראייה והסתכלות, אכן אינו דומה כמו ההבל אח"פ אשר עצמותו נמשך למטה. לכן מסוד ראייה זו **נעשה ל' כלים**, שהוא הגוף, עשר כלים להבל האזן, הנקרא נשמה. ועשר כלים להבל החוטם, הנקרא רוח. ועשר כלים להבל הפה, הנקרא נפש. אבל ההבל עצמו שהוא האור הפנימי, אי אפשר להתפשט למטה, לפי שבחינת הראייה נמשך מהעניים שהם יותר עליונים מכולם, לכן בראייה זו לבדה יצאו הכלים, מה שאין כן מאח"פ, כי לא היה אפשר להאציל מהם שום מציאות אם לא מההבל היוצא מהם ממש. ואמנם הסתכלות זו הוא כך כי נמשכה הראייה זו בנר"ן הנ"ל, **ומחמת הסתכלות הזה בהם נעשה שרשי הכלים.**
29

כרם שלמה שׁ"ז פּ"א אות ב' – והטעם שלא היה יכול להתלבש, **מפני רוב זכותו**, שעדיין היה הרבה זך, ואי אפשר לו להתלבש בשום דבר הנקרא כלי, בשום צד מה של כלי.
30

כרם שלמה שׁ"ז פּ"א אות ב' – ואף על פי שהאור הוא כלו אחד, והיה ראוי שאפילו למטה לא היה אפשר להתלבש, כי עדיין הוא זך ובהיר, על כל פנים כבר כתבנו לעיל שהאור כל מה שיורד למטה הוא מתלבש בלבוש יותר מן האור העליון ממנו, ולזה כשהגיע האור לכאן לעולם העקודים, **האור שלה נתלבש בכל כך לבושים עד שנתעבה קצת מרוב הלבושים שלו**, ושהיה יכולת בו להתלבש בכלי שהוא עולם העקודים.
31

כרם שלמה שׁ"ז פּ"א אות ב' – לאו דווקא כלי אחד שכל חלקיו שווים, אלא כמו שכתוב לקמן בשער ההקדמות די"ז ע"א וז"ל - אבל כלי שכולו נעשה בבת אחת בעת ההסתלקות כנזכר, אינו נקרא רק כלי אחד, ואף על פי שלמעלה קראנו אותם עשרה כלים, אינם עשרה כלים מחולקים. אמנם כדמיון כלי אחד ארוך, וחלק העליון שבו אשר בו מתלבש אור הכתר, אנו קוראים אותו כלי הכתר. וחלק השני שבו נקרא כלי החכמה, באופן שכולם כלי אחד כולל עשרה חלקים, ובהם עשרה אורות מחולקים. הרי שמה שכתב כאן נעשה כלי אחד, החלקים של **העשרה אורות שמונהים בו**, ניכרים שזה חלק הכלי של הכתר, וזה חלק הכלי של חכמה, וכו'.
32

אילן הרמ"ח"ל פּ"א אות ד' – יצאו ראשונה, מלכות בתחילה, וז"א אחריה, וכן כולם וכח הכלי בלוע בהם. הדק שבהם חזר ונכנס, כתר בתחילה וכולם אחריו. נתעבה הנשאר, ונעשה כלי מניצוצות שנפלו בו מהכאת אור חזרתו של עליון ורשימו של תחתון. בראשונה היו כולם נפשות. הרויחהו זה מזה ביציאתם וכן בחזרתם, כל אחד כראוי לו, עד מקיף שני. נשאר הכתר בפה דא"ק, ושאר התשעה יצאו, עד שנמצאת מלכות כלי בלי אור. **כל הכלים כלי אחד, אלא שעשר שנתות יש לו**, זה עקודים.
גמרא מנחות דפ"ז ע"ב – שבע מדות של לח היו במקדש, הין, וחצי הין, ושלישית ההין, ורביעית ההין, לוג, וחצי לוג, ורביעית לוג. רבי אליעזר בר רבי צדוק אומר, **שנתות היו בהין**, עד כאן לפר, ועד כאן לאיל, עד כאן לכבש.
33

סוד[34] כ"ב אתוון, והוא בחינת גילוי מידת הדין[35]. **וְאָז[36] הִתְחִיל הָאֲצִילוּת**[37] שהוא עולם העקודים, **לִהְיוֹת בּוֹ אֵיזֶה מְצִיאוּת** של **הַגְבָּלַת הָאוֹר** על ידי הכלים, שהוא גילוי בחינת הדין, **מַה**

הגהות וביאורים)ה(– נ"ב הרמ"פ פירוש, הפה שהוא הכ"ב אתוון בתוכו, והרי נתגלו מציאות האותיות שהם הכלים.

34

בכל מקום בסוגיות דטנת"א בחינת הכלים הם האותיות, כאשר יש כ"ז אותיות בתורה הקדושה, כ"ב אותיות, וחמישה אותיות מנצפ"ך, וכל ג' אותיות בונות כלי אחד.
תרשים א – ב.
וכן הוא בסידור הטהור למרן הרש"ש.
תרשים א – ג.
ע"ח ש"ו פ"א מ"ד דכ"ד ע"ג – והנה בהתחברות האורות פנימים עם האורות מקיפים, מחוברים תוך הפה, לכן בצאתם יחד לפה חוץ לפה קשורים יחד הם מכים זה בזה, ומבטשים זה בזה, ומהכאת שלהם אתיילידו הויות בחינת כלים, לכן נקרא המקום הזה פה כי פה גימטריא ס"ג וכ"ב אתוון. **והנה בחינת אותיות הם הכלים כנודע**, לכן נרמז בפה שם ס"ג ועוד כ"ב אותיות, לרמוז על מה שכתוב שנתחדש במקום הזה **ענין גילוי הויות הכלים, שנתגלה בכאן על ידי הכ"ב אותיות.**
ע"ח ח"א ש"ו דרוש ב' מ"ב דכ"ו ע"ד – האמנם בענין הגוף וכלים אשר לו לא היה רק ג' חלקים דכלים לבד, כי כנגד חיה ויחידה אין כלי יכול לסובלו, ואין נולד באמצעותו כלי, באופן כי יש לכל פרצוף אשר ספירות הנקרא כלים, ונחלקים לג' חלקים, והם עשר כלים חיצוניות, מדור אל הנפש. עשר כלים אמצעים, מלובשים תוך חיצוניות, והם מדור אל הרוח. ועשר כלים פנימים, מלובשים תוך הכלים אמצעים, והוא מדור אל הנשמה. והם הם ל' כלים, אבל גובה קומתן אינם אלא עשר, לפי שהם עשר תוך עשר, ועשר תוך עשר. אלא צריך שתדע כי בזכר אין בו רק ט' ספירות, כי המלכות נוקבא משלימתו לעשר ספירות, ואם כן אין בזכר רק ט' כלים בתוך ט', וט' בתוך ט', והם כולם כ"ז כלים, כמנין **כ"ז אותיות התורה**, וכל ספירה **נבנית מג' כלים והם ג' אותיות**, בכל ספירה ומתחלק בסדר אי"ק בכ"ר כו'. הט' אחדים הם ט' כלים פנימים. והט' עשיריות הם כלים האמצעים. והט' מאות הם ט' כלים דחיצוניות. וגובה קומת עשרה כלים החיצונים ואמצעים ופנימים כולן שוין בקומה אחת ממש, **והבן זה מאד.**
אילן הרמח"ל פ"ה אות ה' – בנינו של פרצוף **בכ"ב אותיות.** כ"ב אותיות לנוקבא מז"א, נכללים בסודה, ומנצפ"ך גבורות מ"ן בתוכם. וכ"ב אחרות ניתנות לה מאימא שלא על ידו, ומנצפ"ך מ"ן בתוכם. כ"ב אותיות דלת וציר נמצאו שתי דלתות ושני צירים שהם אחת, זה הכלי. כ"ב אותיות מאימא נכללים כאחד, חודש לכ"ב אותיות, וה' חדשים לה' של מנצפ"ך. ששה חדשים שבין נערות לבגרות.
מאיר לעינים ח"א אות כ' דקכ"ה ע"ב – כלים וספירות, כל ספירה וספירה נבנית מג' כלים, והם ג' אותיות של א"ב. אי"ק, בכ"ר, גל"ש, דמ"ת, הנ"ך, וס"ם, זע"ן, חפ"ף, טצ"ץ. ט' אותיות אחדים הם ט' כלים פנימים. והט' אותיות עשיריות הם ט' כלים אמצעים. וט' אותיות מאות הם ט' כלים החיצונים. וגובה קומת עשרה כלים אלו חיצונים ואמצעים ופנימים כולן שוין בקומה אחת ממש. ע"ח שער הפרצופים פ"ב דף פ"ו ע"א.

35

בחינת אור וכלי הם בעצם בחינות של חסד ודין, כאשר האור הוא בחינת רחמים גמורים הבאים להשפיע לצדיק ולרשע בלי גבול ומידה. והכלי הוא בחינת הדין, הקוצב את השפע העליון למקבלים לפי מעשיהם.
מאיר לעינים ח"א אות כ' דקכ"ה ע"א – כלים נקראים **דינין גמורים.** ונתינות המוחין פנימיות שבה נקראו מיתוק הדינין. ועם כל זה אפילו המיתוק שלהם הם בחינה דינין פנימיות שהם ממותקים. פרי עץ חיים שער ראש השנה פרק ג' דף קי"ב ע"ד.
כלל – כלי הוא בחינת גילוי מידת הדין.

36

בית לחם יהודה ש"ז פ"א – ואז התחיל האצילות. היא עולם העקודים האצולה מא"ק.

37

השמש]א[– נ"ב זה האצילות אמנם הוא עולם העקודים.

שֶׁלֹּא הָיָה יָכוֹל לִהְיוֹת הַדָּבָר עַד עַתָּה בעולמות שמעל עולם העקודים. אמנם[38] תוזלה
הָיָה הָאוֹר כּוּלּוֹ שֶׁל הַזּוֹלְקִים שהם עשרה אורות הַמַגִּיעִים לַאֲצִילוּת ר"ל לעולם
העקודים כּוּלָם נֶעְלָמִים תּוֹךְ כְּלִי אֶזוֹז לְבַד[39], ואפילו שנתגלה בחינת כלי בעולם העקודים, שהוא
בחינת גילוי הדין, עם כל זאת שיעור הזכות של אוֹתוֹ הַכְּלִי הָיָה בּוֹ שיעור הזכות של בְּבְחִינַת הַכְּלִי
שֶׁל כֶּתֶר הָעֶלְיוֹן[40] שבכתר[41] וְהוּא בחינת שורש[42] לתחתונים. הרב ז"ל מבאר כי אור דעולם העקודים יוצא
מפה דא"ק ומתפשט עד הטבור דליה, ומהטבור עד קרקע האצילות מתפשט עולם האצילות, אשר לפני תיקונו נקרא
עולם הנקודים, ואורות עולם דנקודים יוצאים דרך העינים דא"ק אחרי גמר בנין עולם העקודים. אזור[43] כָּךְ ר"ל
אחרי שֶׁנִּתְפַּשֵּׁט הָאוֹר היוצא מפה דא"ק יוֹתֵר לְמַטָּה עד הטבור דא"ק, ואור זה הוא מִבְּחִינַת
הַנִּזְכֶּרֶת לְעֵיל הַנִּקְרָא עולם עֲקוּדִים, וְאָז[44] יוצא אור דרך העינים דא"ק, ומתפשט למטה מהטבור
דא"ק עד קרקע האצילות נַעֲשִׂית עֶשֶׂר כֵּלִים[45] דעולם הנקודים, ולא יצאו כל העשר כלים שלמים, כי רק

38

כרם שלמה ש"ז פ"א אות ג' – הלשון בכאן הוא בקיצור, ומבואר הלשון בשער ההקדמות יותר באורך, וז"ל
שם בדף י"ד ע"א - והענין הוא. כי האור הזה יצא כלול מן עשרה נקודות אורות, וכולם נכללים בנקודה
עליונה שבהם, הנקראת כתר. ונעשה להם בחינת כלי אחד בלבד, והיה הכלי הזה בחינת כלי של האור הנקרא
כתר, ובו כלולים כל התשעה נקודות אחרות כנזכר. וזה טעם היות אלו העשרה נקודות נקראים בשם עקודים,
כי יצאו כולם מקושרות קשר אחד אמיץ, וכלולות תוך הכתר שבהם כנזכר, עד כאן לשונו.

39

הגהות וביאורים)ו(– והוא עולם העקודים.

40

שמן ששון ע"ח ש"ז פ"א אות ה' די"ד ע"ד – מה שכתב כלי של כתר עליון, עד כאן. פירוש **כתר
שבכתר**, כך כתוב בשער ההקדמות שם.

41

הגהות וביאורים)ז(– פירוש כתר שבכתר, כך כתוב בשער ההקדמות שם)שמן ששון(.

42

בכל שיעור קומה הכתר הוא בחינת שורש. חח"ן בג"ה דת"י הם הענפים, והמלכות שהיא העשירית, היא
המאסף לכל המחנות, בחינת בחינת הארת הענפים, והמוציאה לפועל של כל הספירות העליונות שבשיעור
קומה. וראשי תיבות של שורש, ענף הארה הוא **שע"ה**. בסוד שאין לך אדם שאין לו **שעה**. שהם **שורש, ענף,
הארה**. והאדם הוא בחינת שיעור קומה.
תרשים א – ד.
פרקי אבות פ"ד משנה ג' – הוא היה אומר, אל תהי בז לכל אדם. ואל תהי מפליג לכל דבר, **שאין לך אדם
שאין לו שעה** ואין לך דבר שאין לו מקום.

43

כרם שלמה ש"ז פ"א אות ד' – אחר כך נתפשט האור יותר למטה, פירוש כי מה שדברנו עד עכשיו היה
בעולם העקודים, ולכן כל האורות ההם היו קשורים ועקודים תוך כלי אחד, ולסיבה זו נקרא בשם עקודים.
אבל אחר שנגמר עולם העקודים, והתחיל להעשות בחינת כלי אחד, אז אחר כך כדי להעשות בחינת כלים
גמורים, אז נתפשט עוד אור של המאציל למטה מן עולם העקודים, כדי להוציא את עולם הנקודים, שהוא
עולם האצילות קודם תיקונו.

44

בית לחם יהודה ש"ז פ"א – ואז נעשית יו"ד כלים. הכוונה על עולם הנקודים.

45

הגהות וביאורים)ח(– צריך לגרוס עשר כלים דעולם הנקודים. שער הקדמות שם.

הכתרים דכל אחת מהספירות, כי לא היה בכח שאר התשע חלקים של כל ספירה וספירה לקבל את אור הנקודים,

אך [46] עם כל זה **כולם** ר"ל עשר הכלים דנקודים **עדיין** הם כולם **בסוד** [47] **בבזינת כלים דכתר** [48] ר"ל כתר של כל ספירה וספירה. **פירוש, שידוע** [49] **הוא כי כל ספירה מהעשר**

46

שמן ששון ש"ז פ"א אות ו' די"ד ע"ד – אך כולם עדיין בסוד בחינת כלי הכתר כו'. עיין שער תיקון הנוקבא פרק ב' כלל ט', ועיין אור זרוע דכתב וצריך עיון, כי משמע מדבריו שהנקודים הם עשר כתרים והעקודים כלי אחד דכתר בלבד כו'. ובכל מקום כתב שלא יצאו הנקודים אלא בבחינת מלכיות. ומצאתי ישוב כי הכא מיידי בכלים, והתם באורות, ועיין בשער המלכים בהדיא כי הכלים יצאו בערך כתרים, והאורות בבחינת מלכיות, עיין שם. ובזה מובן איך יצא כתר דנוקבא דנקודים, והוא השורש שלה. ובמקום אחר כתב שיצא מלכות שלה לשורש שלה לשורש בלב. ועיין בכונת ברכת למשומדים בשער הכונות, ויתורץ עם הנזכר, עד כאן. ועיין מה שכתבנו בעניותין בשער התיקון ריש פרק ה' יעוין שם בביאור איך מה שיצאו היה בחינת הכתרים דמלכיות, בין באורות ובין בכלים, וצדקו ב' המאמרים.

47

כרם שלמה ש"ז פ"א אות ד' – אך כולם בסוד כלים דכתר, ר"ל אמת הוא כי כל מה שיורד ומתפשט האור למטה, הם מתגלים הכלים ביותר, מפני שיש יכולת בכלים לסבול האור הואיל ומתפשט למטה, אבל עם כל זה צריך שיתגלו הכלים בהדרגה ולא בבת אחת, ולזה כאן בעולם הנקודים אמת הוא כי נעשה עשרה כלים, אבל לא כלים גמורים, שכל כלי כלולה מן העשרה ספירות שלה, אלא לא יצאו כי אם הכתר של כל כלי וכלי. ונמצא שיצאו עשרה כתרים לבד של העשר הספירות, מפני שלא היה יכולת בשאר התשע חלקים של הספירות ההם שהם מן החכמה ולמטה, לקבל האורות ההם של הנקודים, ולא היה יכולת לקבלו כי אם הכתר של כל ספירה וספירה דווקא, כי כוחו חזק. וכמו שמפרש ואזיל באר היטב.

48

בסוגיא זאת הרב ז"ל מבאר כי הכלים דעולם הנקודים הם הכתרים של כל אחד מהספירות הפרטיות של עולם הנקודים, לדוגמא הכתר דכתר הוא בחינת הכלי לכתר דנקודים, הכתר דחכמה הוא בחינת הכלי דחכמה דעקודים וכו'. עם כל זאת במקומות רבים הרב ז"ל מבאר כי הבחינה שיצאת ראשונה היא בחינת המלכיות דכל ספירה, ולא הכתרים. הרב שמן ששון מתרץ ומחלק בין הכלים והאורות. בעומק הענין מדובר במלכות דכתר דאותה ספירה.

ע"ח ש"ט פ"ח דמ"ז ע"א – ודע כי באצילות המלכים לא יצאו בזו"ן רק הז' מלכיות שבב' בחינות החיצונה והתיכונה, **והם המלכות** דנה"י חג"ת, ולכן נקרא המלכים נקודות, **כי נקודה היא מלכות** כנ"ל.

שער הכוונות, דרושי העמידה, דרוש ו' – הכוונה השנית היא זו כי ברכה זו של המינים היא לעשות הכתר שבה, ולבאר זה צריך שנקדים לך הקדמה ביארנוה בכמה מקומות, ובפרט בדרוש התפילין והוא כי הנה פעמים כתבנו שנוקבא דז"א רחל, מתחילת אצילותה **לא נאצלה אלא בסוד נקודה אחת קטנה,** ואמנם כאשר בא אחר כך עת עת תיקונה אז באים לה בסוד תוספת התשע ספירות שבה, וטעם הדבר הוא לפי שגלוי היה לפניו יתברך שהברריות עתידין לחטוא לפניו, והנה פגם התחתונים עולה למעלה, וכביכול פוגם שם, ואם כל העשר ספירות שבה היו באים בתחילת אצילותה היו משורשים בה, ולא היה יכולת להסתלק בעת פגם התחתונים, והיה עונשם של ישראל חמור ח"ו. ולסיבה זו המאציל יתברך האצילות אותה בסוד נקודה אחת בלבד, ושאר נקודות יבואו לה אחר כך על ידי תוספות, וכיון שאינם מושרשים בה, נמצא שבעלות פגם התחתונים למעלה, וירצו הקליפות להתאחז בהם, יסתלקו משם ויעלו וילכו אל המקום אשר באו משם, ולא יוכלו הקליפות למשול ולהתאחז בהם. ואם תאמר אם כן למה נאצלה אפילו בבחינת נקודה אחת. והתשובה היא לפי שלהיות המלכות בלתי שום נקודה אי אפשר, כי אם אין לה יסוד אחד כל שהוא כדי לבנות עליו שארית הבנין, אי אפשר לה להתקן כלל בעת התיקון, ולכן הוצרכה ליאצל לפחות בבחינת נקודה אחת בלבד, ונקודה זו קיימת לעד, ואינה מסתלקת אפילו בעת הפגם. לפי שכבר נשרשה בה בעת אצילותה ולא באה על יד כדי שתסתלק, על יד בעת החטא ח"ו. אבל שאר התשע ספירות שבה שאינם באים אלא בסוד תוספת על ידי כח תפלותינו ומעשינו הטובים, לכן גם בעת שאנו חוטאים יכולים לסלקם ולהעלותם משם. עוד טעם אחר והוא, **כי הנה נקודה זו שנשרשה בה בעת אצילותה, היא נקודת הכתר שבה,** ולהיותה מדרגה עליונה אין כח בחיצונים להתאחז בה, אף אם יפגמו ויחטאו התחתונים, ואין חשש אם תשאר שם קבועה תמיד. ועוד כי כדי להגיע פגם

התחתונים שם, צריך שיהיה חטא גדול ועצום מאד, וזה אינו מצוי. והנה בזמן החרבן בימי רבן גמליאל שאז רבו המינים בישראל, ועונש פגם המינות חמור מאד, ומגיע עד הכתר שבה, עם היותו מושרש בה בתחילת אצילותה, ולכן הוצרכו אז לתקן ברכת למינים, כדי לתקן גם את הכתר שבה. ויען שברכה זו נתקנה מחדש, לא תיקנוה אלא אחר גמר הברכות הראשונות, שהם לתקן את התשע שבה. **ואמנם פעם אחת ביארנו כי זו הנקודה הבאה מושרשת במלכות בעת אצילותה, היא בחינת מלכות שבה**, וכן בעת פגם התחתונים התשע ספירות עליונות הם שמסתלקים, ומה שנשאר בה קבועה היא נקודת המלכות התחתונה שבה, האמנם לא פליגי, כי האמת הוא שלא נשאר בה רק נקודת הכתר שבה, להיותה מדרגה עליונה, ואין הפגם מגיע בה, אמנם פשוט הוא דכיון שמסתלקין ממנה תשע ספירות תחתונות, ודאי הוא שגם ספירת הכתר שנשאר בה נחשך אורו מאד, ואין נשאר בו רק בחינת **אור מלכות דכתר שבו בלבד**, ובערך זה אנו אומרים שהנקודה הנשארת היא המלכות שבה, ר"ל מלכות דכתר שבה, אבל האמת הוא שלא נשאר בה אלא נקודת הכתר, **וזכור הקדמה זו.**

ע"ח שי"א פ"ו מ"ת דנ"ב ע"ג – וצריך לתת טעם לזה ובכלל הדבר נבאר מה שכתוב לעיל כי ביציאת נקודת ז"א יצאו ו' חלקי תחתונים, ולא ג' ראשונות, **ובנקודות הנוקבא יצאה נקודה העליונה כתר שבה בלבד**, וט' חלקי התחתונים לא יצאו.

ע"ח ח"ב של"ד פ"ב כלל ט' דמ"ו ע"ב – והנה בצאת המלכים יצאו מבחינת ב"ן מעיני א"ק, והיו בו עשר אורות של עשר ספירות דב"ן, שהם כללות כל עולם אצילות. ותחלה נעשה בחינת כלים, ואחר כך יצאו האורות לכנוס בכלים. ואמנם העשר כלים האלו היו קטנים ונקרא נקודות. פירוש, כי לא היה כל כלי וכלי מהם גדול כדי שיוכלו כל העשר חלקי האור הנקודה ההיא להתפשט בתוכו דמות צורת אדם כמו שהוא עתה אחר זה התקון, רק חלק העשירית שבה לבד. באופן שכל כלי מהם היה גדול כשיעור כלי של כתר של עתה של הנקודה ההיא, שהיא עשירית אחת מעשר חלקי הכלי, ואותו עשירית נקרא נקודה, כי הנקודה היא י', שהיא עשירית. ולכן נקרא י' נקודות, וכולן בחינת הכתרים לבד וכנ"ל. והנה שרשם אינם רק ה' נקודות לבד, אלא שהג"ר כל אחת יש בו עשר אורות, אך הכלי)נ"א הכל(הוא שיעור אור אחד מהם לבד, והשש נקודות אחרות אינם רק נקודה אחת לבדה, שהוא כנגד ז"א דאצילות, והטעם שנקרא ו' נקודות הוא בבחינת כל המוסיף גורע אל אותו הנקודה דז"א, ור"ל כי אותה הנקודה שהיא ראויה בו עשר אורות כמו שיש לכל חת לג' נקודות העליונים כנ"ל. הנה בו לא היה כך, כי לא יצאו רק ו' חלקי נקודה ההוא אחרונות, מדעת חסד ואילך, ואורות הג' נקודות עליונים לא יצאו כי נשארו בשרשם למעלה. והרי יש בנקודה זו ו' חלקי הנקודה בבחינת האור, וכן אין כח בכלי שלה רק ו' חלקים מן חלק אחד לבד של הנקודה, שהיא כתר שבו לבד, באופן כי ו' נקודות אלו אינם רק מעט יותר ממחצית נקודה אחת בלבד, ונקודה החמישית שהיא עשירית שבכולן מן העשר נקודות הכללות כנ"ל, הוא נקודה מלכות דאצילות נוקבא דז"א. ואמנם אף על פי שאנו קורין אותה נקודה, אינה כשאר הג' נקודות ראשונים שכל אחת היתה הכללות מעשר הכללות אורות, אמנם אין בה רק חלק אחד, חלק האור הנקודה הנקודה)ההיא(, והיא בחינת אור הכתר שבה, וכן בבחינת הכלי לא היה בה רק עשירית אחד לבד מעשר חלקי)כלי(הכתר הראויה אליה אחר התיקון. **כלל העולה** כי נקודה עשירית של עשר נקודות של המלכים שאינו רק ה' נקודות לבד כנ"ל. והנה היא קטנה מכל שאר הנקודות, בין באור בין בכלי, בין באור אין בה רק עשירית האור, ובכלי אין בה רק עשירית שבעשירית הכלי, והג' נקודות העליונים האור ההוא שלם בכל חלקיו, והכלי אין בה רק עשירית בלבד. והנקודה הרביעית הכוללת ו' נקודות כנ"ל, האור שבו הם ו' נקודות התחתונים שלימות בלבד, והכלי הוא ו' חלקים של חלק עשירית הראוים אל הכלי אחר התיקון. באופן כי הז"א היה אז ו' נקודות כמנין ו' של הוי"ה, והם מדעת עד יסוד, והם תרי פלגי גופא, ונחשבין לאחד. ונמצאו שהם ו' נקודות כמבואר אצלנו. ואז הנקודה של נקבה היתה בסוף היסוד דז"א בסוד העטרה עצמה דיסוד, בחינת נקודה ז' אליו, עטרה בראש צדיק שהוא היסוד. וכבר בארנו לעיל כי זה הנקודה היתה בחינת כתר שבה, ועל כן נקרא עטרה, כי כתר ועטרה הכל הבנה אחת, כי עטרה לשון סובב, כמו עוטרים את דוד ואנשיו, וכתר מלשון רשע מכתיר את הצדיק, ומלשון כותרת, כי הכתר מקיף את הד' מוחין בסוד גולגלתא.
49

כרם שלמה ש"ז פ"א אות ד' – פירוש. שידוע וכו', כי הוקשה לו מהו שכתב - אך כולם עדיין בסוד בחינת כלים דכתר, ושאר הכלים של התשע ספירות היכן הם, ולזה כתב, פירוש שידוע הוא כי כל ספירה מן העשר

סְפִירוֹת הִיא[50] **נִכְלֶלֶת** **מֵעֶשֶׂר סְפִירוֹת**[51] פרטיות, הנקראים נקודות, **וְיֵשׁ בְּכָל אֶחָד**

מהעשר הספירות הכלליות את **בְּחִינַת כֶּתֶר**[52] הפרטי של אותה ספירה, יוצא שיש מאה ספירות פרטיות,

וְאוֹתוֹ (נ"א אמנם) חֶלְקוֹ שֶׁל הַכֵּלִים שֶׁנּוֹגֵעַ לִמְצִיאַת הָעֶשֶׂר כְּתָרִים שֶׁל

[ד"ל ע"ב 59] **הָעֶשֶׂר סְפִירוֹת** של עולם הנקודים, שהם בעצם שורשים[53] לעולם האצילות, כך שעולם התיקון

הוא הענפים של עולם הנקודים, **הָיָה בָהֶם יְכוֹלֶת** והכח **לְהֵעָשׂוֹת בָּהֶם כֵּלִים** מה שאין כן

בשאר תשע חלקי כל ספירה וספירה, **וְשָׁם הָיוּ גְנוּזִים** האורות של **כָּל הָעֶשֶׂר סְפִירוֹת כּוּלָּם,**

כִּי שְׁאָר תשע חֶלְקֵי הספירה של כל אחת ואחת מֵ**הַסְּפִירוֹת** דנקודים **לֹא הָיוּ יְכוֹלִים**

ספירות היא נכללת מן עשר ספירות. ר"ל בעלמה שידוע הוא כי כל עולם יש בו עשר ספירות, וידוע הוא גם כן שכל ספירה לפחות היא מתחלקת לעשרה חלקים, שנקראים עשר נקודות של ספירה ההיא. וזהו לפחות בסוד מה שאמרו חז"ל - אין קדושה פחותה מעשרה. אבל ידוע הוא, כי כל ספירה מתחלקת לי"ז אלף רבוא חלקים, וכל ספירה מאלו הי"ז אלף רבוא מתחלקת לאין קץ.

50

בית לחם יהודה ש"ז פ"א – היא נכללת מעשר ספירות. כלומר מי"ד נקודות, כי הספירה נכללת מי"ד נקודות, ולא מעשר ספירות כמבואר מסיום דבריו, וכן הוא בשער הקדמות דף י"ד סוף ע"א ואילך. ועיין עוד בריש פרק ד' דשער ל"ה, שכתב שמדת המלכות היתה ספירה אחת לבד, ונחלקה לי"ד נקודות.

51

כרם שלמה ש"ז פ"א אות ד' – אבל מה שכתב כאן, שכל ספירה היא כלולה מן עשרה, זה הוא דרך כללות. נמצא שכל ספירה יש בה עשר ספירות, שהם כתר חכמה בינה וכו', עד מלכות, וכל זה בספירת הכתר. וכן בחכמה יש בה עשר ספירות, שהם כתר וחכמה ובינה וכו', עד המלכות דחכמה. וכן בבינה יש בה עשר ספירות מן כתר עד מלכות. וכן על דרך זה עד מלכות. ונמצא שכל ספירה וספירה יש בה עד כתר שלה, ונמצא כי בהעשר ספירות של עולם הנקודים יש בה עשרה כתרים, ואלו העשרה כתרים דוקא יצאו, ולא התשע ספירות הנשארים של כל ספירה וספירה גם כן יצאו. **וכל זה בענין הכלים של הספירות ההם**, שלא יצאו אלא בבחינת הכתרים שלהם לבד. **אבל האורות שלהם כולם יצאו**, אלא שהיו כלולים כולם תוך אותה נקודה של אור הכתר, ואותו אור הכתר היה מונח באותו הכלי של הכתר, של הספירה ההיא.

52

תרשים א – ה.

53

ע"ח שי"א פ"ו דנ"ב ע"ד – ולכן היה הדבר הזה שיהיה זו"ן מחולקים לי' חלקים שהם עשרה מאמרות, ולא יצאו כלולים יחד על דרך ג' נקודות הראשונים. והטעם הוא לפי שכפי גודל שיעור הפגם שיפגמו הרשעים, כך יגרעו במאמרות האלו, ויפרע אז מהם כפי הערך ההוא, וכן להיפך זה אצל הצדיקים. והנה הפגם המגיע אל נוקבא דז"א יש בחינת פגם שיגרום שיסתלק ממנה חלק אחד, ויש שיגרום לסלק ב' חלקים, ועל דרך זה עד שאפשר שיהיה בחינת פגם שיגרום שיסתלקו ממנה התשעה חלקים תחתונים, ולא ישארו בה רק חלק אחד, העשירי העליון בלבד, שהיא הכתר שבה, אשר זה סוד מה שנאמר אל הירח לכי מעטי את עצמך, והבן זה. ואמנם אם מה שהיה נשאר נשאר קיים ממנה לא היה חלק העליון מכולם, אלא האחרון שבכולם, על דרך הז"א שנשארים התחתונים, ומסתלקים העליונים, הנה אז לא היה כח כלל בחלק ההוא, ואז אפילו אותו החלק היתה מתבטל להיות תחתון שלה, והיה נחרב ומתבטל העולם, ולכך הוצרך שהחלק הנשאר יהיה העליון שבה, שהוא הכתר שבה, מחמת היותה כולה נתונה תוך הקליפה, כמבואר בסוד רגליה יורדות מות. והנה)נ"א והוא(החלק הזה הנשאר הוא בעצמו בחינת החלק שיצא מתחלה קודם התיקון כנ"ל, כי אז לא יצא מכל חלקי נקודת נוקבא דז"א, רק חלק עשירית ממנה, והוא עליון שבה. וטעם הדבר כי כל דבר שבא בתחילה בבחינת **שורש ועיקר** אינו מסתלק אחר כך בעת הפגם, אמנם מה שבא לה בסוד תוספת בעת התיקון, שהם ט' חלקים האחרים, אלו הם מסתלקים בעת הפגם, מה שאין כן אם באו מתחלה קודם התיקון, בסוד **שורש ועיקר**, שאז אם יפגמו התחתונים לא יוכלו להסתלק.

לְהֵעָשׂוֹת בהם כלים, כי הכלים שלהם לא יכלו לסבול האור ההוא

עֲדַיִן, והטעם[54] הוא לפי שלא היה עדיין כח לכלים התחתונים לסבול האור שלהם, אבל הכלים שהם מבחינת הכתרים הם יותר עליונים, ויכולים לסבול האור שלהם. **וֹזֶה הַיְצִיאָה**[55] של הספירות הנ"ל **הַנִּקְרָאת נְקֻדִּים** כאשר האורות שיצאו בעולם הנקודים נקראים כל אחד נקודה[56], ועוד סיבה שנקרא עולם זה עולם הנקודים, מפני שהוא אחוז בנקודות דטנת"א[57], **וְהוּא מַה שֶׁאָנוּ קוֹרִין יו"ד נְקוּדוֹת קוֹדֶם** תיקון עולם **הָאֲצִילוּת,** ואחרי התיקון כל אחת נקודות אלו יקבלו את תשלום האורות שחסרים לה, ויקראו עשר ספירות **וּבִבְחִינַת הָעֲקוּדִים**[58] (נ"א לְעֶשֶׂר נְקוּדוֹת אֲצִילוֹת בִּבְחִינַת הָעֲקוּדִים) שיצאה **בָּרִאשׁוֹנָה נִקְרָאת נְקוּדָה אַחַת לְבַדָּהּ** ר"ל כל עולם העקודים הוא בחינת כלי אחד, והוא יצא מבחינת נפש[59], **וְאַחַר כָּךְ** ר"ל אחרי שנאצל עולם העקודים, נאצל עולם הנקודים שבוא היה מקרה המלכים,

---

54

כרם שלמה ש"ז פ"א אות ד' – ולזה כתב כאן, כי שאר חלקי הספירה לא היו יכולים להעשות בהם כלים, כי הכלים שלהם לא יכלו לסבול האור ההוא עדיין. וזה לשון שער ההקדמות שם,)די"ד ע"א(– והטעם היה לפי שלא היה עדיין כח לכלים התחתונים לסבול האור שלהם, אבל הכלים שהם מבחינת הכתרים הם יותר עליונים, ויכולים לסבול האור שלהם, עד כאן לשונו.

55

הגהות וביאורים)ט(– בכתב יד איתא המציאות.

56

נקודה היא אחת מעשר ספירות, וספירה היא פרט אחד מעשר ספירות של פרצוף, או באופן אחר, נקודה היא בחינת עשיה, נפש של ספירה, וספירה יש בה שלמות אבי"ע שהם נרנח"י, ופרצוף הוא כללות עשר ספירות. עשר פרצופים הם כללות אבי"ע, ר"ל נרנח"י דנרנח"י.
תרשים א – ו.
ע"ח ח"ב ש"ל דרוש ז' מ"ב דל"ב ע"ב – ועל דרך זה ממש היה זה המלכות. אלא שנחלקה באופן אחר, כי כיון ששרשה הוא ספירה עשירית, לכן תחלה לוקחת המלכות דעשייה לבד, ואחר כך כל ט' ספירות העליונים דעשייה בפעם אחרת בסוד תוספת, וכן ביצירה שבה, וכן בבריאה שבה, וזה סוד שז"א נקרא ו' נקודות, והיא נקרא נקודה קטנה אחת, ולא אמרו שהוא ו' ספירות, והיא ספירה אחת, כי הספירה דעשייה הם קטנות בתכלית. **ונקרא נקודה בערך הספירה, כי אינה נקרא ספירה רק בהיותה כלולה מכל אבי"ע,** ובהיותם בחינת עשייה לבד נקרא נקודה. **והבן זה מאד מאד עניין נקודה בכל מקום מה עניינה שהיא עשייה של הבחינה ההוא.** אך לשון ספירה הוא בהיותה שלימה בכל חלקי אבי"ע שבה, **והבן היטב ג' חלוקות אלו נקודה, וספירה, ופרצוף, כי נקודה היא עשייה שבספירה, וספירה הוא בחינת הספירה שלימה מאבי"ע שבה, ופרצוף הוא קשר עשר ספירות, וכל ספירה מהם שלימה מאבי"ע, וזכור מאד מאד כלל זה.**

57

אורות הטעמים הם בחינת אח"פ, כאשר הטעם העליון הם אורות האזן, הטעם האמצעי הם אורות החוטם, והטעם התחתון הם אורות הפה, והם בחינת סמ"ב דע"ב דס"ג. לעומת זה עולם הנקודים יצא מבחינת ס"ג דס"ג שהם בחינת הנקודות דטנת"א, לכן הרב ז"ל קורא לא עולם הנקודים.
תרשים א – ז.

58

בית לחם יהודה ש"ז פ"א – ובחינת העקודים שיצאה בראשונה נקראת נקודה אחת לבדה. כך צריך לגרוס. ור"ל שהכלים של הנקודים הם היו יו"ד כתרים דעשר ספירות, אבל בחינת העקודים שיצאה בראשונה נקראת נקודה אחת לבדה, לפי שיצאה בבחינת כתר דכתר בלבד, כמבואר בשער הקדמות דף י"ד סוף ע"א.

59

ואחרי התיקון **נַעֲשָׂה** עולם הנקודים בְּסוֹד עולם הברודים, הנקרא עולם **הָאֲצִילוּת**[60], **כְּמוֹ שֶׁנִּתְבָּאֵר בְּעֶ"ה.**

וְנַתְחִיל לְבָאֵר בפרטות **מְצִיאוּת** עולם **הָעֲקוּדִים** מה עניינו. דַּע כִּי הָאוֹר הָעֶלְיוֹן אֲשֶׁר[61] הוּא חֶלְקוֹ הָרָאוּי לְהִתְלַבֵּשׁ בָּאֲצִילוּת[62] שהוא עולם[63] העקודים, **אֲשֶׁר יֵשׁ בּוֹ כֹּחַ הָעֶשֶׂר סְפִירוֹת** ר"ל בכח ואבל לא בפועל, **אַף עַל פִּי שֶׁעֲדַיִין לֹא נִיכָּר הֱיוֹתָם עֶשֶׂר אוֹרוֹת** קודם שנגמרו הכלים דעקודים להיעשות, ולא היו יכולים עדיין להראות את כח ההנהגה שלהם, **רַק**[64] עד **אַחַר גְּמַר** בנין הכלים של **הָעֲקוּדִים**, לכן התפשטו האורות בכלים דעקודים בהתפשטות השניה, אז ניכר בהם כח ההנהגה שבהם, **וּכְמוֹ שֶׁנִּתְבָּאֵר בְּעֶ"ה.** כבר[65] נתבאר כי האורות דעולם העקודים מתפשטים מפה דא"ק עד הטבור דליה, **אָמְנָם וַדַּאי שֶׁהֶכַזֹּז שֶׁל עֶשֶׂר אוֹרוֹת אֵלוּ הָיָה בָהֶם תִּזְדַלֶה** אפילו לפני שהתפשט האור מהפה דא"ק, **רַק לְפִי שֶׁלֹּא הָיָה הָאוֹר** דעקודים **נִגְבָּל תּוֹךְ הַכְּלִי, לֹא הָיָה נִיכָּר עֲדַיִין מְצִיאַת הֱיוֹתָן עֶשֶׂר**, רק אור אחד פשוט, ובו השרשים דעשר בספירות דעקודים. **וְהִנֵּה**[66] **כַּאֲשֶׁר רָצָה הַמַּאֲצִיל הָעֶלְיוֹן**, א"ק הנקרא **לְהוֹצִיא בְּזוֹזִנָת הַכְּלִי הַהוּא הַנִּקְרָא עֲקוּדִים**, וכלי זה לא היה בפה דא"ק מגושם כמו שהוא

עֵ"ח שַׁ"ו פֵּ"ג מ"ת דכ"ה עֵ"ד – והנה דע כי כולם יצאו בבחינת נפש לבד, וזה סוד פסוק נשבע הוי"ה בנפשו, כי האצילות הנקרא נקודים, כמו שנתבאר, והוא הנקרא הוי"ה, נשבע במי שגדול ממנו, **והוא עולם העקודים, אשר יצאו בבחינת נפש לבד, ובזה תעמיק ותראה כמה עמקו מחשבותיו יתברך, כי אפילו עולם עליון של העקודים, אינו רק בבחינת נפש לבד.**
60

הגהות וביאורים)י(– פירוש אחר התיקון, כנזכר במקום אחר, דאז אצילות נקרא בשם זה, וזה נקרא ברודים, וקודם התיקון נקרא עקודים)שמן ששון(.
61

בית לחם יהודה שַׁ"ז פֵּ"א – אשר הוא חלק הראוי להתלבש באצילות יש בו כח העשר ספירות. כך צריך לגרוס, ותיבת אשר השניה נמחק, ואצילות הנזכר הוא עולם העקודים.
62

הגהות וביאורים)יא(– והבן דאצילות זו הוא עקודים)שמן ששון(.
63

שמן ששון שַׁ"ז פֵּ"א אות ז' דִי"ד דִי"ד עֵ"ד – דע כי האור העליון אשר הוא חלק הראוי להתלבש באצילות, אשר יש בו כח עשר ספירות כו'. והבן דאצילות זה הוא עקודים כנז"ל.
64

בית לחם יהודה שַׁ"ז פֵּ"א – רק אחר גמר עולם העקודים. ר"ל שקודם שנגמרו כלים דעקודים לא היה ניכר שהם יו"ד אורות. אמנם אחרי גמר הכלים, אז בהתפשטות האורות בהם פעם שניה בסוד מטי ולא מטי, אז ניכרים שהם יו"ד אורות כמו שמבואר בסמוך.
65

עֵ"ח שַׁ"ו פֵּ"א מ"ת דכ"ד עֵ"ג – והנה מן הפה הזה יצאו עשר ספירות פנימים, ועשר מקיפים, ונמשכין מנגד הפנים עד נגד הטבור של זה הא"ק.
66

כרם שלמה שַׁ"ז פֵּ"א אות ז' – בא להורות לנו שלא תחשוב שהכלים של עולם העקודים כמו שהיו למטה במקומם מגולמים ומגושמים, כן על דרך זה היו גם כן למעלה בתחילת יציאתם מן מקורם, שהוא הפה דא"ק.

נמצא במקום עולם העקודים, אלא ביציאה מפה דא"ק יצא[67] אור מעורב מאור זך, ומאור עב וגס, וכאשר[68] הסתלק האור הזך מהאור העב והגס כדי להשתלם בכל בחינות נרנח"י ומקיפים, נעשו הכלים מהאור העב והגס דעקודים במספר שלבים[69], לכן **מה עשה** המאציל, **המשׁיך**[70] **האור שׁלו** הכלול מאור הזך ומאור העב, מהפה דא"ק **ולמטה, עד מציאות סיום שיעור הראוי להיות נעשה ממנו** בזינת עולם **העקודים, שהוא עד הטבור** דליה. **ואזר ש**המאציל **המשׁיכו** את האור בהתפשטות הראשונה[71], **זזר ונׁסתלק** בהסתלקות הראשונה[72] **האור** הזך **ההוא למעלה למקורו בפה**

67

ע"ח ש"ו פ"ג מ"ת דכ"ה ע"ג – דע כי בעת שיצאו לא יצאו שלימים, וכמו שנבאר בע"ה. וטעם הדבר הוא כי כוונת המאציל היה לעשות עתה התחלת הויות הכלים)נ"א בתחלה הויות הכלי(, להלביש האור לצורך המקבלים שיוכלו לקבל. ולכן בהיות שיצאו בלתי שלימים וגמורים, חזרו לעלות לשורשן להתתקן ולהשתלם. ועל ידי כך נעשה כלי כמו שנבאר. **והענין הוא כי בודאי שבחינת הכלים היה בכח, אף כי לא היה בפועל בתוך האור, כי היה בבחינת האור היותר עב וגס, רק שהיה בו מחובר בעצם היטב, ולכן לא נגלה בחינתו כי**)נ"א אבל(**כאשר יצא האור דרך הפה ולחוץ, יצא הכל מעורב יחד**, וכשחזרו לעלות ולהשתלם כנ"ל, אז ודאי על ידי יציאת האור חוץ לפה, הנה אותו אור בחינת הכלים שהוא יותר עב, קנה עתה עביות יותר, ועל ידי כך לא יוכל לחזור גם הוא למקורו כבראשונה, ונתפשט האור הזך ממנו, ועלה למקורו כנ"ל, ואז נתוסף באור עב כנ"ל עביות יותר על עוביו, ואז נגמר ונשאר בחינת כלי.

68

כרם שלמה ש"ז פ"א אות ז' – כי כשיצאו האורות דעקודים ממקורם העליון, שהוא הפה דא"ק, היו בהם ב' מיני אורות, אחד אור זך, והשני אור עב. והאור הזך שלהם חזר למעלה כדי להשתלם החמש מיני בחינות נרנח"י וב' מקיפים, ונשאר האור העב לבדו. והואיל ונשאר לבדו, אז נגלם ונגשם ונעשה בחינת כלים.

69

אופן עשיית הכלים דעקודים נעשית במספר שלבים, ובמספר דרכים, והם:

א - בטישת והכאת אור פנימי באור מקיף זה בזה, פרק א' דשער העקודים.

ב - יצאו מחוץ לפה דא"ק וקנו עביות, פרק ג' דשער העקודים.

ג - חזרת האורות למאציל, ונתרחק האור ממקומו ג' ספירות שלימים, פרק ג' דשער מטי ולא מטי.

ד – נפילת הניצוצות מהכאת האור הבא בדרך אחוריים באור הרשימו, פרק ה' דשער העקודים.

ה - עליית כל עצמות האורות דעקודים לפה דא"ק, פרק א' דשער מטי ולא מטי.

ו - נשאר הכתר בתוך הפה דא"ק ולא יצא בפעם השניה מפה דא"ק, פרק ג' דשער העקודים.

ז - אור הפנימי דעקודים נכנס ויוצא מהכלים בסוד מטי ולא מטי, שער מטי ולא מטי.

70

כרם שלמה ש"ז פ"א אות ז' – המשיך האור שלו, פירוש האור בכללותו כלול מב' מיני אורות, של האור הזך, ושל האור העב.

71

כאשר יצאו האורות דעקודים, הם לא יצאו כולם ביחד, אלא תחילה יצאה המלכות בבחינת נפש. אחר כך הו"ק בבחינת נפש, ובבחינת רוח למלכות. אחר כך יצאה הבינה בבחינת נפש, ובבחינת רוח לז"א, ובבחינת נשמה למלכות. אחר כך יצאה החכמה בבחינת נפש, ובבחינת רוח לבינה, נשמה לז"א, וחיה למלכות. ובסוף יצא הכתר בבחינת נפש לעצמו, רוח לחכמה, נשמה לבינה, חיה לז"א, ויחידה למלכות.

תרשים א - ח.

ע"ח ש"ו פ"ג מ"ב דכ"ו ע"א – והנה כל העשר ספירות יצאו, אבל לא יצאו יחד כולם, רק תחלה יצאה בחינת מלכות מעולם העקודים, היפך מעולם הנקודים, וכמו שנבאר במקומו בע"ה. ומלכות זו יצאה בבחינת נפש לבד, כי אין לך ספירה שאין לה בחינת נר"ן כנודע, ואמנם לא יצאו עתה רק בבחינת נפש לבד. והנה תחילה יצאה מלכות בבחינת נפש, ואחר כך כאשר יצאה בחינת היסוד, לא נתגלה)בחי' היסוד(ביסוד רק בחינת נפש לבד לעצמו, אבל נתוסף הארה במלכות שנתגלה בה בחינת רוח, וטעם הדבר הוא לפי שסוד הרוח בא מו"ק כנודע, ולכן בבא היסוד התחיל להתגלות במלכות בחינת הרוח, ואינו נשלם לגמרי עד שיצאו כל

כדי להשתלם בבחינת נרנח"י פנימיים, וב' מקיפים, ונשאר האור העב והגס מהפה דא"ק עד טבורו. בשער העקודים הרב ז"ל קורא לבחינת[73] האור הנשאר כדי להאיר למטה לתחתונים בשעה שהאורות מסתלקים למאציל בשם **רשימו**, שהם בחינת התגין[74] דטנת"א. כאן בפרקין הרב ז"ל קורא לאור עב והגס, שהוא בחינת האותיות דטנת"א, אשר ממנו

הו"ק, שהוא מיסוד עד החסד, ואז נגמר בחינת הרוח כולו של מלכות, ובבא כל אחד מהם היה מתגלה במלכות קצה אחד מבחינת רוח, כמו שכתוב בזוהר תרומה, וכבר נודע כי היסוד אינו מכלל הו"ק, כי אינם רק ה' חסדים)נב"א קצוות(מחסד עד הוד, אך היסוד אינו לוקח חסד פרטי לעצמו, רק שנכללין כל הה' קצוות בו)נב"א הו"ק בו(. נמצא)שכל(כי בחינת כללות של הרוח זה הוא שנתגלה במלכות כאשר בא יסוד, אבל בצאת ההוד או הנצח וכיוצא משאר ספירות אז היה מתגלה בחינת הקצוות ממש של הרוח במלכות. והנה כל זה הוא מה שנוגע אל בחינת המלכות, אמנם מה שנוגע אל הו"ק דז"א הוא באופן זה, כי בצאת היסוד אז מתגלה בחינת כללות ה"ק דז"א, בבחינת נפש לבד, אך בבא ההוד אז מתגלה קצה אחד דנפש דז"א, וכן עד שנשלמו כל הו"ק. עוד יש הפרש אחד בין היסוד לחמש קצוות אחרים, והוא כאשר בא ההוד נתן כח כללותו מחדש ביסוד בחינת נפש לבד, וכן כולם, עד שיצא החסד, וגם הוא נתן בצאתו כח כללותו ביסוד, מה שאין כן בשאר חמש קצוות, כי בבא אחד לא היה מוסיף שום תוספת בחבירו כלל ועיקר, כי כולם שוים, רק כאשר נשלמו כל השׁשה אז נמצא שנגמר כל הז"א בבחינת נפש. ואחר כך יצאה הבינה בבחינת נפש לבד לעצמה, ובחינת רוח לז"א, ובחינת נשמה למלכות. ואחר כך יצאה החכמה בבחינת נפש לעצמה, ובחינת רוח לבינה, ובחינת נשמה לז"א, ובחינת חיה למלכות. אחר כך יצאה הכתר בחינת נפש לעצמה, ובחינת רוח לאבא, ובחינת נשמה לאמא, ובחינת חיה לז"א, ובחינת יחידה למלכות. והרי כי בבוא כתר שהוא אחרונה מכולם, לא יצאה כי אם בבחינת נפש לבד.
72

בהסתלקות הראשונה של האורות דעקודים, הסתלק האור דכתר, שהוא בחינת נפש דכתר לפה דא"ק, בגמר הסתלקותו קבלה החכמה את בחינת אור הנשמה, הבינה את בחינת אור החיה, ז"א את בחינת אור היחידה, והמלכות את בחינת המקיף דחיה. כשהסתלקו האורות דחכמה, שהם בחינת נר"ן לפה דא"ק, בגמר הסתלקותם קבלה הבינה את בחינת אור היחידה, ז"א מקיף דחיה, והמלכות מקיף דיחידה. כשהסתלקו האורות דבינה, שהם בחינת נרנח"י לפה דא"ק, בגמר הסתלקותם קבל ז"א מקיף דיחידה, ולמלכות לא נתווסף שום אור יותר. אחר כך הסתלקו האורות דז"א, ואחריהם האורות דמלכות.
תרשים א – ט.
ע"ח ש"ו פ"ג מ"ב דכ"ו ע"ב – ואמנם בבוא כתר נמצא המלכות שלימה מכל חמשה אורות פנימיים, שהם נרנח"י, ועתה היו חסרים עדיין כל הספירות כנ"ל שיצאו חסרים בלי תשלומין, והיה זה ממש בכוונה גמורה כנ"ל, ולכן הוצרכו לחזור ולעלות אל המאציל לקבל ממנו תשלומיהן. ואמנם עתה בחזרה היה הכתר חוזר בתחלת כולם, נמצא שיצא אחרון ונכנס ראשון, והמלכות היה להיפך, כי יצאה ראשונה ונכנסה אחרונה.
73

ע"ח ש"ו פ"ה מ"ת דכ"ו ע"ד – ונבאר עתה ענין חזרתם והסתלקותם למעלה, איך על ידי כך נעשו הכלים. והענין הוא כי כאשר נתעלו האורות למעלה, נשאר למטה האור העב והגס, שהוא בחינת הכלי כנ"ל, והנה **יש בטבע האורות להשאיר רושם שלהם למטה** במקום שהיו שם בראשונה, ולכן כל האורות האלו בעת עלותם **הניחו רשימו** למטה. במקום שהיו שם בראשונה, כיצד הנה הכתר הניח רשימו להאיר אל החכמה, וכן חכמה לבינה, ובינה לז"א, וז"א לנוקבא. כי לעולם בטבע העליון להאיר לתחתון, ויש לו חשק להאיר בו כמו חשק אמא לבנים, ולכן מניח ומשאיר רשימו בו. נמצא שכולם מניחין רשימו חוץ מן המלכות, כי אין ספירה אחרת תחתיה להאיר בה, ולכן אין המלכות משארת רשימו למטה.
74

ע"ח ש"ו פ"ה מ"ת דכ"ז ע"א – נמצא שיש כאן ג' מיני אורות, א' האור הראשון שבכולם, והוא נקרא עקודים כנ"ל. ב' הוא **הרשימו** שנשאר מזה האור שבא דרך יושר, והוא רחמים. ג' הוא האור הבא אליו דרך עליית הספירות, שאז הוא דרך אחוריים, שהוא דין. והנה בבא אור השלישי שהוא דין, פוגע באור הרשימו הנשאר שהוא רחמים, ואז מכים ומבטשים זה בזה, משום שהם ב' הפכים, זה אור ישר, זה אור חוזר, והוא דין, וזה חפץ לעלות אל מקורו, והוא הרשימו, אף על פי שאינו עולה ממש, עם כל זה חשקו וחפצו הוא להדבק ולקבל ממנו, והאור חוזר הוא חפץ לירד, נמצא ששנייהם אינם שוים בטבעם, לכן מכים זה

נעשו הכלים בשם רשימו, לכן בסוגיא בפרקין הרשימו הנזכר הוא בחינת הכלים דעקודים, הכולל עמו את הרשימו **האמיתי** המאיר לתחתונים. **וְנוֹדֵע**[75] **הוּא כִּי הָאוֹר הָעֶלְיוֹן** היוצא מפה דא"ק **כְּשֶׁהוּא מִתְפַּשֵּׁט** עד הטבור דא"ק, **וְאחֲרֵי** גמר התפשטותו **זָזוֹר** האור הזך למקורו **וְנֶעְלַם** בפה דא"ק, עם כל זה לא זה כל האור שיצא בהתפשטות הראשונה חוזר למקורו, אלא האור שיצא מפה דא"ק **מֵנִיחַ רוֹשֶׁם זָזוּתָם** שהוא חלק האור העב והגס **לְמַטָּה בְּהַכְרֵחַ**, ורק האור הזך הוא שחוזר לפה דא"ק, **וְרוּשֶׁם זֶה הוּא לֹא אוֹתוֹ אוֹר הָרְשִׁימוּ** המאיר לתחתונים. **וְהִנֵּה**[76] **אוֹתוֹ הָאוֹר שֶׁהוּא הָאוֹר** העב והגס הנקרא **רְשִׁימוּ** בסוגיא זאת **הַנִּשְׁאָר לְמַטָּה** מחוץ לפה דא"ק **כַּאֲשֶׁר נִסְתַּלֵּק אוֹר עֶלְיוֹן וְנֶעְלַם** שהוא האור הזך **בִּמְקוֹרוֹ**[77], ועם האור העב והגס נשאר גם אור הרשימו המאיר לתחתונים[78], ובהסתלקות האור הזך **אָז נִשְׁאָר אוֹר רְשִׁימוּ הַהוּא** שהוא האור העב **לְמַטָּה בִּלְתִּי אוֹר עֶלְיוֹן הַהוּא** שהסתלק לפה דא"ק **(הַנִּסְתַּלֵּק), וְאָז עַל יְדֵי הִתְרַזְקוֹ** של האור העב **מִמֶּנּוּ** ר"ל מ**הָאוֹר עֶלְיוֹן, אָז נַעֲשָׂה אוֹתוֹ (נ"א בְּאוֹתוֹ) אוֹר הַנִּשְׁאָר** שהוא האור העב, **וְנִתְהַוָּה** ממנו **בִּזְזִינַת כְּלִי**, כלומר כי כל עוד האור הזך והאור העב מעורבים ביחד, לא היה יכול האור העב והגס להתגשם. **כִּי סִיבַּת הִתְפַּשְּׁטוּת הָאוֹר** מפה דא"ק, **וְהִסְתַּלְקוּתוֹ** של האור הזך אזור **אָזַר כָּךְ** לפה דא"ק **גָּרַם לְהֵעָשׂוֹת בִּמְצִיאוּת כְּלִי**[79] מהאור העב והגס. הרב ז"ל מבאר בפרקין כי הסתלקות האור בחזרה לפה דא"ק

בזה כנודע, כי כל בחינת הכאות ובטישות אורות זה בזה הוא כאשר אינן שוין, ואז נופלין ניצוצין מאור היורד שהוא גרוע מאור הרשימו, וזהו אור אחר רביעי. והרי הוא ארבעה בחינות אור, והם סוד ד' בחינות טנת"א כנ"ל, שהיו כולם נכללין כאן בעניין העקודים. וזה פרטן, אור ראשון טעמים. אור אחוריים נקודות, כי הנקודות הם לעולם דין. **ואור רשימו תגין**. ואור של ניצוצין הנופלין על ידי הכאות האורות זה בזה כנ"ל, הוא אותיות, אשר מהם נעשה בחינת הכלים. והרי נתבאר איך נעשו בחינת הכלים, והוא מהכאות ובטישות האורות כנ"ל.
75

כרם שלמה ש"ז פ"א אות ז' – וזה שכתב אחר כך, ונודע כי האור העליון כשהוא מתפשט וחוזר ונעלם, מניח רושם חותם למטה בהכרח כנ"ל, שהוא האור העב, שאחר כך על ידי התרחקותו ממנו האור הזך למעלה, אז נגלם ונעשה כלים.
76

כרם שלמה ש"ז פ"א אות ז' – והנה אותו האור שהוא הרשימו הנשאר למטה, כאשר נסתלק אור עליון ונעלם במקורו, פירוש בתוך הפה דא"ק. אז נשאר אור הרשימו ההוא למטה בלתי אור עליון ההוא הנסתלק. ואם תאמר ומה בכך אם נשאר זה בלתי זה, לזה אמר ואז על ידי התרחקו ממנו אור עליון, אז נעשה אותו אור הנשאר ונתהווה בחינת כלי, ר"ל כמו שכתוב לעיל. שהטעם מפני שכל זמן שהיו מתערבים ביחד האור הזך והעב, לא יכול האור העב להתגשם מפני רוב הארת של האור הזך, ועכשיו שנתרחק ממנו, הואיל ונתמעט אורו, אז יכול להתגשם.
77

בית לחם יהודה ש"ז פ"א – אז נשאר אור הרשימו ההוא למטה בלתי אור עליון. רז"ל כלל לבחינת האור העב והגס הנזכר בפרק ה' דעקודים, עם בחינת הרשימו אשר הניחו האורות בעלייתם, ולכולהו קרי להו הכא בשם רשימו, לפי ששניהם נשארו למטה ביחד.
78

תרשים א – י.
79

לא נעשתה בצורה הדרגתית, אלא כל האור הסתלק בבת אחת, וזה הפך מה שכתב הרב ז"ל לעיל בשער העקודים[80]. **אבל בעומק הענין הוא**, כי באמת אין סתירה בדברי קודשו של הרב ז"ל, כי בכל שער העקודים מבאר הרב ז"ל את

יפה שעה)א(– ולפי שהאור הראשון היה מסתלק בבת אחת, וברגע אחד כו'. ועוד למטה כתב רז"ל כי האור נסתלק ביחד כו'. ועוד לקמן ואז מסתלק האור כולו בפעם אחד כו'. ואף על גב שלעיל בשער העקודים כתב רז"ל בפרק ו' אלא שיש שהפרש אחד ביניהם, והוא כי בעת הסתלקות הכתר לא היה רק הסתלקות אחד לבד כו', אבל בחכמה היו ב' מיני הסתלקות כו'. וכן על זה הדרך בבינה היו שלשה מיני הסתלקות כו'. מכל זה נראה שלא היה כולו מסתלק ברגע אחד ובפעם אחד. ומה גם שכתב שם וכאשר נגמר עליית אור החכמה במקום הכתר, אז חזר האור כבתחלה, יע"ש. אבל הענין הוא שההסתלקות היה כאחד, וגם היה בפעמים הרבה, שלא תאמר כאשר נסתלק אור החכמה ועלה אל הכתר, שאר האורות שתחתיו ישבו במקומם. וכן כאשר חזר אור החכמה להסתלק מן הכתר אל המאציל, באופן שלא התחיל ההסתלקות אור הבינה להעלות על אחר שכבר גמר כל שתי בחינות של הסתלקות אור החכמה. וכן לא התחיל עליית והסתלקות אור החסד על אשר כבר גמרו כל שלשה בחינות אור הבינה על כך היה, אלא תכף כשהפך פניו אור הכתר כדי להעלות במאציל, גם החכמה הפך פניו להעלות בכלי הכתר, וגם הבינה הפכה פניה כדי להעלות בכלי החכמה. וכן כל שאר ז' אור ז' תחתוניות, כולם הפכו פניהם כדי לעלות כל בשלמעלה הימנה, ולא עבר שום זמן משהפכו פניהם עד שהתחיל להעלות, אלא ברגע הפכו פניהם והתחילו להעלות, והכתר עולה במאציל, והחכמה בכתר, והבינה בחכמה, וכן כל ז' תחתונות כל חד עולה בשלמעלה הימנה. וכשנגמר הכתר להעלות במאציל, גמר החכמה להעלות בכלי הכתר, והבינה גמרה להעלות בחכמה, וכן כל ז' תחתונות, עד המלכות גמרה להעלות בכלי היסוד. והוא מה שכתב רז"ל שהעליה וההסתלקות היה ברגע אחד ובפעם אחד. ואחר שנתיישבה החכמה בכלי הכתר, והבינה בכלי החכמה, וכן כל ז' תחתונות בשלמעלה הימנה, חזרו להתפשט האורות שהיו מתפשטים מן החכמה לכל ספירה וספירה כפי בחינתה כבתחלה, וכן הבינה, וכן בשאר ז' תחתונות. ואחר כך היה כל זה הדרך בהסתלקות שני כשנסתלקה החכמה מן הכתר להעלות במאציל, וכן בבינה שלשה פעמים, ודוק.

80

ע"ח ש"ו פ"ו מ"ב דכ"ח ע"ג – ונבאר סדר ענין זה איך הוא, כי הנה כאשר **התחיל הכתר לעלות בראשית** כל שאר האורות, ולהתעלם בשרשו ובמאצילו, אז בעודו עולה ומסתלק, גם יחידה פנימית שניתן למלכות בעת ירידת הכתר היתה עתה מסתלקת ממנה, וכן בחינת היה פנימית שבז"א, שנמשכת לו בעת ירידת הכתר היתה עתה מסתלקת ממנו, ומן הבינה מסתלק הנשמה, ומן החכמה הרוח. ואמנם עדיין נשארו בכולם רשימו של אותן האורות, שהוא רשימו דנשמה, ורשימו דרוח, ויוצא בזה, כי אף על פי שנסתלקו האורות לא היתה כוונתן להסתלק לגמרי לעולם, לכן רושם האורות שהיו באלו אורות תחתונים נשאר במקומן, כי אפילו בהסתלקותן בהכרח מאירין קצת הארה בתחתונים, דאם לא כן יתבטלו לגמרי, כמו שנבאר בע"ה. ואחר אשר הושלם האור הכתר להסתלק ולהתעלם במאציל לגמרי, אז כל **האורות שתחתיו חוזרים להאיר כבראשונה** ממש, וגם **ניתוסף בהם אורות הנוספות** כנ"ל. וטעם הדבר הוא כי הנה כאשר נשלם הכתר להתעלם במאציל, גם **שאר אורות עלו במדריגה אחת** יותר ממה שהיה להם בתחלה, וכולן עלו לזה אחר זה, עד שנמצאת אור המלכות במקום שהיה בו בתחלה אור היסוד, והיא יותר קרובה מדריגה אחת אל המאציל ממה שהיה בתחלה, והיא מקבלת עתה מן המאציל כל מה שהיה בה בתחלה, והיא יחידה פנימית, ועוד אור הנוספת, שהוא מקיף התחתון דבחינת המלכות היה כנ"ל. וכן היה הענין בז"א, ובחכמה, ובינה, שכולם חזרו לקבל הארה אחת עם תוספת האורות. וכן **כאשר גם אור החכמה היה מסתלק לעלות** אל מקום אור הכתר, אז מסתלק מאור)נ"א מתוך(המלכות מה שקבלה על ידי אור החכמה, וכן מכל שאר האורות, והוא בחינת חיה פנימית מן המלכות, וכן על דרך זה בשאר אורות ז"א, ובינה, ולא נשאר בהם רק בחינת רשימו בלבד כנ"ל. וכאשר **נגמרה עליית אור של חכמה** במקום כתר, אז **חזר בחינת האור כבראשונה** להאיר להם כל הבחינות שהיו בתחלה, ועוד אורות נוספים כנ"ל. ואחר כך כאשר התחיל **אור החכמה להסתלק עוד** מן מקום הכתר, לעלות אל המאציל, אז חזרו כל האורות התחתונים לגרוע כל האורות שהיו נמשכין להם על ידי אור החכמה, ולא נשאר בהם רק רשימו לבד. וכאשר נגמר להתעלם במאציל, אז חזרו בהם כל האורות, ועוד הארה בהם נוספת, לפי שגם הם נתקרבו אל המאציל יותר מבראשונה. **וכן על דרך זה היה בעליית שאר אורות תחתונים**, כי כשהיה **אור העליון עולה**, היה אור התחתונים גורע, ואחר גמר הסתלקות העליונים היו חוזרים כל האורות התחתונים כבראשונה, וגם בתוספת אור כנ"ל. אלא שיש שהפרש ביניהם, והוא כי בעת הסתלקות **אור הכתר לא היה רק הסתלקות אור אחד לבד**, שעלה ונסתלק במאציל, ועל כן לא נמצאו בו רק ב' בחינות, אחד בעת הסתלקותו, שאז נגרע)נ"א

בחינת[81] השורשים דעולם העקודים, והם בבחינת ההתפשטות וההסתלקות הראשונה של האורות, כאשר יצאה המלכות ראשונה וחזרה אחרונה, והכתר יצא אחרון וחזר ראשון. ובשער מטי ולא מטי מדובר על ההתפשטות וההסתלקות השניה, כאשר כל האור מתפשט בתוך כלי אחד **והוא כלי הכתר** דעקודים, ומסתלק ברגע אחד. **כללו**[82] **של דבר** כאשר הרב ז"ל מדבר על עשרה אורות או עשרה כלים בעולם העקודים, מדובר על השורשים דעקודים, שהם בחינת עולם העקודים בכח. וכאשר הרב ז"ל מדבר על בחינת כלי אחד דעולם העקודים, שהוא כלי הכתר דעקודים הכולל בתוכו עשרה אורות, מדובר על עולם העקודים שיצא מהכח לפועל, וזהו ההבדל הדק בין ב' הסוגיות. **ולפי**[83] **שכאשר**

האור שיצא מפה דא"ק שהוא **הָאוֹר הָרִאשׁוֹן** שהוא האור הישר, והוא בחינת הטעמים דטנת"א, ואחרי

נגמר(אור התחתונים, והשני אחר גמר הסתלקותו במאציל,)אז חזרו האורות כנ"ל ל"ג(כי אז חזר האור אל האורות שתחתיו. **אבל בחכמה היו ב' בחינות הסתלקות**, אחד בהסתלקותו עד מקום הכתר, והשני בהסתלקו במאציל, ובכל אחד מב' הסתלקות אלו, היה לה ב' בחינות שהוא גירעון ותוספת האור. **וכן על דרך זה היה בבינה ג' מיני הסתלקות** ויוכפלו לשש. **וכן על דרך זה עד תשלום חזרת כל עשר אורות בשרשם**, שהוא המאציל, והוא)נ"א והנה(בחינת הפה דא"ק, כמו שנבאר, כי הוא)ענין(השורש שלהם.
81

ע"ח ש"ד פ"ד מ"ק דכ"ז ע"ד – דרוש שכתבתי מענין **שרשי אצילות של עצמות וכלים שנתהוו מאח"פ** ועינים, בסוד ראיה, שמיעה, ריחא, דיבור. זה מצאתי להרב רבי גדליה הלוי. כאשר האורות נתפשטו מאוזן וחוטם עד נגד הפה, ששם התחברות כל ההבלים, ואז במקום שמתחברים יש לכולם בחינת נפש, לפי שאין הבל האזן יכול להתחבר להבל פה, אלא בריחוק מקום, וכן הבל החוטם. אלא שאין צריך ריחוק מקום כל כך כמו הבל האזן כדי להתחבר להבל הפה, ועל ידי הסתכלות העינים, ובהכאה שהכה בהבל הזה, **נעשה הכלים**. ובהסתכלות זה יש פנימי וחיצון, כי יש בכל איברים פנימיות וחיצוניות, ונעשה כללות כליהם. ולפי שאין בראית עינים הבל היוצא אלא הסתכלות לבד, אינו נעשה אלא הכלים, והסתכלות ההוא גדול מכל הג' הבלים הנ"ל, כי הראייה היא י', שמיעה ה', ריחא ו', דיבור ה', הרי ד' אותיות הוי"ה, שהם חבת"מ, שהם נר"ן]נ"א נרנ"ח[. הראייה היא חיה י' של השם, הנקרא חכמה, כי חכמה עליונה מאירה דרך עינים, אלא שאם היה יוצא הבל ממש דרך העינים לא היה אפשר למטה לקבלה, לכן לא נמשך ממנו אלא הסתכלות לבד, והיה בו כח לעשות כלים לג' בחינת אלו. עשרה דנשמה בהבל אזן. עשרה דרוח בהבל חוטם. עשרה דנפש בהבל הפה. וזה סוד מרחוק הוי"ה נראה לי. ומשאר הבלים אם היה יוצא מהם הסתכלות לבד דרך מסך כמו העינים, לא היה כח בהם לעשות כלים. וכל זה הוא דין בין בין בבחינת התפשטות ההבל, בין בהסתכלות הראות. וראייה זו גימטריא גבור"ה, ודבו"ר גימטריא רי"ו עם ד' אותיות, והסתכלות זה בא ומכה במקום שמתחברים ג' הבלים ביחד, שהוא בחינת נפש. וזהו וירא אלהי"ם את האו"ר, כי האו"ר הוא בחינת הבל אזן וחוטם, שהוא בחינת נשמה ורוח. את הוא בחינת הפה, שהוא נפש. ואז כשראה את הנפש, אז ויבדל אלהי"ם שהוא **עשיית שרשי הכלים.**
82

כלל – כאשר הרב ז"ל מבאר כי בעולם העקודים יש בחינת עשרה אורות או עשרה כלים, מדובר על השורשים דעולם העקודים, והם בבחינת עולם העקודים בכח. וכאשר הרב ז"ל מבאר כי בעולם העקודים יש כלי אחד או אור אחד, מדובר על יציאת עולם העקודים מהכח אל הפועל.
83

כרם שלמה ש"ז פ"א אות ח' – פירוש, כי בא לתת טעם אל האמור לעיל, שכתב שלא נעשה כאן בעולם העקודים כי אם כלי אחד בלבד. והסיבה היא, כן מבארה, והוא מפני שכתב לעיל כי האור הזה דעקודים שיצא מן הפה דא"ק, חזר ונסתלק האור הזך למקורו כדי להשתלם בבחינות ה' אורות הנרנח"י הפנימיים וב' מקיפים, ונשאר למטה האור העב והגס, וזה נגשם ונתעבה, ונעשה כלי. ובא לומר כאן שזה הסתלקות של האור הזה שנסתלק למקורו, הוא נסתלק בבת אחת, ולא נחלק לחלקים רבים בהסתלקותו, שנסתלק חלק אחר חלק, אלא כולו בבת אחת נסתלק. והואיל וכן הוא, לכן האור הגס הנשאר למטה הנקרא רשימו, הואיל והוא רשימו דליה, לכן הגשמתו והתעבותו מכח שנתרחק האור ממנו. והואיל ונתרחק בבת אחת, לכן גם בהתעבותו נעשה בבת אחת, ולכן לא נחלק להתעבות חלוקים זה מזה, אלא כלו שווה. לכן נעשה כל הרשימו הנשאר למטה)שהוא חלק האור העב והגס, שקראו הרב ז"ל בשם רשימו(כלי אחד דווקא, ולא כלים רבים.

התפשטותו עד הטבור דא"ק **חזר ונסתלק** האור הזך למקורו כדי להשתלם בבחינות דנרנח"י הפנימיים וב' מקיפים **היה**[84] **מסתלק** האור הזך **בבת אחת, וברגע אחד** ולא נחלק האור המסתלק לחלקים רבים בהסתלקותו, ר"ל חלק חלק מן האור הסתלק אלא כולו בבת אחת, וזה הפך מה שכתב הרב ז"ל בשער העקודים.

לכן כל מציאות אור הנשאר (מהם) שהוא האור[85] העב והגס **נעשה (רק) מציאות כלי אחד** בפועל, **והוא נקרא בבזינת כלי הנקרא כתר**[86] שהוא עולם[87] העקודים, **כי** עדיין האור עליון לא היה נבדל בעשר ספירות רק בבחינת שורשים, כי עדיין לא היה ניכר היותן עשר ספירות, ומה שבחינה זאת **נקרא** כלי ה**כתר ולא** ספירה אזרת, הטעם הוא **כי**[88] **לעולם הכתר** שהוא בעצמו שורש ההנהגה של הספירות התחתונות, הוא **קרוב** יותר משאר הספירות **אל המאציל**[89] שהוא פה דא"ק, ויש ביכולתו[90] לקבל בתוכו את כל האורות של הספירות שתחתיו.

84

בית לחם יהודה ש"ז פ"א — היה מסתלק בבת אחת וכרגע אחד. אף על גב שבסוף פרק ו' דעקודים כתב אלא שיש הפרש אחד ביניהם, והוא כי בעת הסתלקות הכתר לא היה רק הסתלקות אחד לבד וכו'. אבל בחכמה היו ב' מיני הסתלקות וכו', וכן על דרך זה בבינה היו ג' מיני הסתלקות וכו', מכל זה נראה שלא היה האור כולו מסתלק ברגע אחד ומה שגם שכתב שם - וכאשר נגמר אור החכמה במקום הכתר אז חזר האור כבתחלה. הענין הוא שהההסתלקות היה כאחד, וגם היה לפעמים הרבה. והוא כי תכף כשההפך פניו אור הכתר כדי לעלות במאציל, אז גם החכמה הפך פניו לעלות לכתר, וגם הבינה הפכה פניה לעלות לחכמה, וכן כולם ברגע אחד הפכו פניהם והתחילו לעלות, וכשנגמר הכתר לעלות במאציל, והיתה החכמה בכלי הכתר, והבינה במקום החכמה, וכו'. ונחו שם, חזרו להתפשט חלקי האורות שהיו מתפשטין מן החכמה לכל ספירה וספירה כפי בחינתה, וכן מן הבינה וכן בשאר. ואחר כך היה על דרך זה בהסתלקות ב' שעלתה החכמה למאציל, גם הספירות שתחתיה כולם הפכו פניהם כרגע אחד לעלות, עד שעלתה הבינה למקום הכתר. וכן כשעלתה הבינה פעם ג' למאציל)יפה שעה(.

85

כרם שלמה ש"ז פ"א אות ח' — וזה מה שכתב כאן, ולפי שכאשר האור הראשון, פירוש שיצא בראשונה, והוא האור הזך. חזר ונסתלק, נסתלק בבת אחת וברגע אחד, לכן כל מציאות האור הנשאר, פירוש הרשימו הנשאר למטה, והוא האור העב והגס, נעשה מציאות כלי אחד. ודרך אגב אומר והוא נקרא כלי הכתר.

86

השמש]ב[— נ"ב וזה נקרא עולם העקודים.

87

שמן ששון ש"ז פ"א אות ט' די"ד ע"ד — והוא נקרא בחינת כלי הנקרא כתר. השמ"ש נ"ב וזה נקרא עולם העקודים עד כאן. ועיין שער ההקדמות שם.

88

בית לחם יהודה ש"ז פ"א — כי לעולם הכתר קרוב אל המאציל. יותר משאר הספירות)שמ"ש(.

89

השמש]ג[— נ"ב יותר משאר הספירות.

90

ע"ח ש"ז פ"ב מ"ק דל"א ע"א — אמנם מציאות מטי ולא מטי צריך לבאר היטב מה ענינו, ונאמר כי תחלה מתחיל האור לבא בכתר, **וכל התשעה אורות כלולים בו**, ואחר כך חזר להיות בחינת לא מטי)נ"א בחינת מטי

הרב ז"ל מבאר באופן קצר ביותר את השורשים דעולם הנקודים, ששורשם הוא במלכות דעקודים, סוגיא זאת היא לא צריכה לסוגיא בפרקין, אלא דרך אגב[91] הרב ז"ל מזכירה. **וְהִנֵּה**[92] הַכְּלִי הָרִאשׁוֹן אֲשֶׁר הָאֱצִיל **הַמַּאֲצִיל** בעולם העקודים בהתפשטות השניה **נִקְרָא כֶּתֶר בְּוַדַּאי** שהוא שורש ההנהגה, **אַךְ**[93] **מַה שֶׁהָאֱצִיל אַחַר כָּךְ** ר"ל אחרי עולם העקודים **עַל יְדֵי זֶה הַכְּלִי הַנִּקְרָא כֶּתֶר** שהוא בעצם כל עולם העקודים בערך עולמות אבי"ע, ובמלכות דעולם העקודים יש עשרה שורשים[94] לעשר הספירות דעולם הנקודים, **אָז יִקְרְאוּ** הספירות דנקודים. שהם הכתרים של כתר, **זְחָכְמָה וּבִינָה**, דעת, חג"ת, נהי"ם, **כו'**[95] של עולם הנקודים, **עוֹלָם הַנְּקוּדִים.** [96]**אַךְ**[97] **עַתָּה** בעולם הנקודים **עֲדַיִן** לפני התיקון **כֻּלָּם בְּסוֹד**

ולא מטי(שחזר ויצא משם אור המגיע אל הכתר, **אַךְ הַתִּשְׁעָה אוֹרוֹת אֲחֵרִים הָיוּ נִשְׁאָרִים בַּכֶּתֶר, כִּי יֵשׁ כֹּחַ בַּכֶּתֶר לְסוֹבְלָם.**
91

כרם שלמה ש"ו פ"א אות ט' – וכל מה שביאר הרב ז"ל כאן בענין עולם הנקודים, אינו צריך לעניננו, אלא דרך אגב. אבל עיקר דרושנו על עולם העקודים.
92

כרם שלמה ש"ז פ"א אות ט' – ר"ל ההתחלה של בריאת ועשיית הכלים, שהאציל המאציל הוא כאן בעולם העקודים. והואיל וכאן היה התחלת צמיחת הכלים, ולא קודם לכן, לכן הכלים הללו שנאצלו נקראו בשם כלי הכתר. ומה שנקראים כולם בשם כלי אחד, הוא לטעם האמור לעיל, יען שנעשה בבת אחת. והואיל והוא קרוב להמאציל, ואין דבר קרוב לו כמו הכתר, לזה נקרא כתר, ולא חכמה. לזה כתב כתר בודאי. וזהו דווקא בכאן בעולם העקודים, הואיל וכאן הוא התחלת עשיית הכלים. אבל בעולם הנקודים שהוא למטה מן עולם העקודים, אשר האציל אותו המאציל על ידי עולם העקודים הנקרא כל הכתר, כי כל עולם עליון על ידו נאצלת עולם התחתון, אז היו בחינת עשרה כלים שנקראים כתר, חו"ב, חג"ת, נהי"ם, ולא כמו העקודים שנקראים כולם בחינת כתר לבד.
93

בית לחם יהודה ש"ז פ"א – אך מה שנאצל אחר כך על ידי זה הכלי הנקרא כתר אז יקראו חו"ב וכו'. עד המלכות והם עולם הנקודים שנאצלו על ידי כלי העקודים, **כי שורש הנקודים הוא במלכות דעקודים**, כמו שכתוב בסוף מ"ת דבפרק ה' דעקודים, יעו"ש. ומה שלא זכר רז"ל את הכתר דנקודים, היינו טעמא לפי שגם בעקודים היה בחינת כתר, ולא נתחדש זה בנקודים, מה שלא היה בעקודים.
94

ע"ח ש"ו פ"ה מ"ת דכ"ז ע"ד – ודע כי במלכות של עולם העקודים נשארו בה עשרה שרשים של עשרה הנקודים, כמו שנבאר בע"ה, ועל דרך זה בכל אצילות. כי המלכות של השרשים אשר בפה א"ק, היא כלולה מעשר, והם עשר שרשים אל עשר דעקודים, ובמלכות דעקודים יש עשר שרשים אל עשר ספירות דנקודים,)וכן במלכות דנקודים יש עשר שרשים, והם שרשים דעשר ספירות דברודים(, ועל דרך זה בשאר העולמות.
95

השמ"ש]**ד**[– נ"ב וזה נקרא נקודים.
96

כרם שלמה ש"ז פ"א אות ט' – אבל כולם הם עדיין בסוד כתרים, ואחר התפשטות השניה אז נעשה שאר חלקי הספירות. פירוש, שאר חלקי התשע ספירות התחתונים, של כל ספירה וספירה, כי כולם אין בהם כי אם בחינת הכתרים, וצריכים עוד להביא להם החו"ב והחג"ת נהי"ם לכל ספירה וספירה של העשר ספירות, והם נאצלים על ידי הכתרים הללו. אז יתהוו כלים לשאר חלקי העשר ספירות, שהם התשע חלקים התחתונים שבכל ספירה וספירה כנז"ל. עד כאן לשונו.
97

בית לחם יהודה ש"ז פ"א – אך עתה עדיין כולם בסוד יו"ד כתרים. קאי על עולם הנקודים, כי אף על פי שיש בהם חו"ב וכו' כנזכר, מכל מקום כל כליהם היו בבחינת חלק הכתר שבפרטות אותה ספירה.

עֲשָׂרָה כתרים הפרטים של עשר הספירות דנקודים. כאן הרב ז"ל מעריך את כל בנין עולם העקודים אשר נעשה מהההתפשטות וההסתלקות הראשונה והשניה, כהתפשטות ראשונה **בערך** עולם הנקודים הנקרא כאן התפשטות שניה. **ואזר**[98] ההתפשטות הראשונה שהיא בנין כל עולם העקודים העומד מפה דא"ק עד הטבור דליה, הכולל את ההתפשטות וההסתלקות הראשונה והשניה הפרטית שהיתה בו, וכולל את כל הבחינות של מטי ולא מטי המבוארים בשער זה, נתקן כולם האצילות ב**התפשטות השניה**[100], ותיקון עולם הנקודים נעשה על ידי יציאת האורות מהעינים דא"ק, והתפשטותם מטבור דא"ק עד קרקע האצילות, כאשר בתחילה יצא עולם זה הנקודים תחילה בבחינת הכלים דכתרים דכל ספירה וספירה שבו, וכאשר התפשטו האורות תוך הכלים דנקודים, נשברו הכלים והסתלקו האורות, ובעולם הזה היה היה מקרה המלכים דמיתו. **אָז** בזמן התיקון **נַעֲשָׂה שְׁאָר זוֹלְקֵי הַסְפִירוֹת**[101] דכל ספירה וספירה, ר"ל אז יתהוו כלים לשאר חלקי העשר ספירות, שהם הט' חלקים התחתונים שבכל ספירה, וספירה, ונקרא עולם הברודים, שהוא עולם התיקון, והוא הוא עולם האצילות[102].

98

שמן ששון ש"ז פ"א אות י"ב די"ד ע"ד - ואחר התפשטות השניה, אז נעשה שאר חלקי הספירות. נ"ב כשיחזרו אחר כך להתאצל כלים לשאר חלקי העשר ספירות, שהם התשעה חלקים התחתונים שבכל ספירה וספירה כנז"ל, עד כאן שער ההקדמות שם.

99

בית לחם יהודה ש"ז פ"א – ואחר התפשטות השניה אז נעשה שאר חלקי הספירה. כי התפשטות הראשונה הם עולם העקודים, שנתפשטו עד טבורא דא"ק, והתפשטות השניה הם הנקודים, שנתפשטו מטבורא דא"ק ולמטה. ואחר התפשטות השניה הזה, נעשה האצילות כל ספירה כלולה מיו"ד נקודות פרטיים.

100

הגהות וביאורים)יב(– אז נעשה שאר חלקי הספירות, נמחק בכתב יד.

101

השמש]ה[– נ"ב כשיחזרו אחר כך להתאצל כלים אחרים על ידי העשרה כתרים האלו, אז יתהוו כלים לשאר חלקי העשר ספירות, שהם הט' חלקים התחתונים שבכל ספירה, וספירה, כנז"ל.

102

ע"ח ש"ט פ"ח דמ"ז ע"א – ודע כי באצילות המלכים לא יצאו בזו"ן רק הז' מלכיות שבב' בחינות החיצונה והתיכונה, והם המלכות דנה"י חג"ת, ולכן נקרא המלכים נקודות, כי נקודה היא מלכות כנז"ל.)ולכן(ולא די בזה אלא שאפילו אלו לא היו מלובשים זה תוך זה, ומקושרים יחד, גם לא היו נחלקים לקוין, כל הרחמים לקו ימין, וכל הגבורות לקו שמאל, והמכריעים לקו אמצעי. אמנם היו כל אחד ואחד נחלקין בפני עצמו, לכן מתו. אך עתה שנתלבשו זה בתוך זה, וכן היה זה על דרך קוין, לכן נתקיימו, ושים מעייני דעתך בזה. ודע שהמלכים יצאו תחלה בחינת העגולים שבהם לבדם, **שהיא בחינת ז' מלכיות שבהם, ולכן נקרא מלכים שהם בחינת ב"ן של מלכות**, והם בחינת נפש לבד. ויצאו השש נקודות שבז"א)נ"א שבז"ן(שהם הז' מלכיות שיש בזו"ן, כי השש מלכיות הם בז"א והשביעית הם מלכות שבמלכות, ולכן לא נתקיימו. ואחר כך בעת התיקון, **יצא מלך** **השמיני והוא הדר**, והוא יסוד כנודע באדרא רבה, והוא גבוה מהשבעה מלכים שכולם בחינת מלכות שיש בזו"ן, ולכן יצא המלכות בסוד העגולים בסוד נקבה תסובב גבר, ואחר כך יצא הדר שהוא בחינת יסוד שבכל אחד משבע תחתונים, והיה כלול מהו"ק כולם, שהם חג"ת נה"י שבהם. והרי הם עתה ז' מלכים ראשונים שמתו, וז' שנים דהדר, וכולם כלולים בו, שהוא התחתון שבהם והם סוד ב' שבתות ז' וז', והבן כתיב אצלינו. **וזהו הדר הכולל ו'"ק נקרא שם מ'"ה**, והוא רוח, והוא יושר, והוא זכר ונקבה, שגם בחינת חג"ת נה"י שבמלכות יצאה עמו עתה, כי המלכות שבמלכות היא שיצאת תחלה, והיתה מלך האחרון שמת. ונמצא שבחינת ז' מלכיות שיש בו"ק דז"א ובספירת מלכות דנוקבא דז"א, אלו הם השבע מלכים שיצאו תחלה ומתו, **ואחר כך יצאו בחינת חג"ת נה"י שבז"א, נקרא הדר, ויצאו בחינת חג"ת דנה"י דנוקבא, ונקרא מהיטבאל אשתו**, ואלו יצאו בתיקון אדם, כנזכר באדרא דקל"ה ע"ב, והבן זה מאוד.

הכלל סוֹף דָבָר בהתפשטות השניה שהיתה בעולם העקודים הרב ז"ל חוזר לבאר את הסוגיא דעקודים.

שֶׁהָאֲצִיל הַמַאֲצִיל הָעֶלְיוֹן שכולל את כל עולם העקודים, אשר בתוכו התלבשו עשרה האורות דעקודים,

לֹא יִקָרֵא אֶלָא בְּחִינַת כֶּתֶר לְבַד. בערך אבי"ע. הרב ז"ל חוזר ומבאר את הסתלקות הראשונה של האורות דעקודים, המבוארת בהרחבה בשער העקודים, עם כל זאת כאן מוסיף הרב ז"ל **פרט חשוב** שהוא בעצם המציאות דמטי ולא מטי, ומציאות של הפרט הזה לא ביאר הרב ז"ל בשער העקודים, והוא כי בשעה שמסתלק האור מן הכלי, **הכלי הופך פניו למטה, ועומד אחור באחור עם האור שמסתלק למאציל**. בפרק זה הרב ז"ל מבאר את בחינת מטי ולא מטי באופן כללי ביותר, ובפרקים הבאים דשער זה הרב ז"ל יבאר פרטים, ופרטי פרטים של הסוגיא העצומה הזאת הנקראת מטי ולא מטי. וּנְבָאֵר עַתָה מְצִיאוּת זֶה הַהִסְתַלְקוּת הראשונה שֶׁל הָאוֹר

הָעֶלְיוֹן, כבר נתבאר בשער העקודים כִּי[103] האורות דעקודים יצאו מפה דא"ק היו כלולים יחד האור הזך והעב

ע"ח ש"י פ"י מ"ב מ"ת דמ"ח ע"ב – והנה אור שם מ"ה החדש הזה, היוצא מן המצח דא"ק, הוא אחרון מכולם, לכן אין בו לא בחינת הבל כמו הג', ולא בחינת הסתכלות כמו נקודת העין, ואין בו רק בחינת הארה לבד. וזו שנזכר תמיד בזוהר באדרא זוטא במצחי אתגלי כו', כי אין בה רק גילוי הארה לחוד, גם זה מה שכתוב בזוהר במקומות רבים - כד סליק ברעותיה למברי עלמא דאצילות, פירוש כי מצח הרצון דא"ק, סליק ברעותיה למברי עולם האצילות על ידי **אור מ"ה חדש** היוצא ממנו, אשר על ידו נתקן כל האצילות, כמו שנבאר בע"ה. ונמצא כי פירוש רעותא הוא סוד מצח הרצון הנזכר, כי תרגום רצון רעותא. והנה לפי שבחינת ע"ב הוא בראש א"ק, שהם בחינת המוחין, ומקומם הנזכר הוא מבפנים כנגד מקום המצח, ושם נזדווגו המוחין שהם בחינת ע"ב עם בחינת ס"ג, שהם אח"פ הטעמים דס"ג, שהם למטה מהמוחין בסוף הראש, ולכן מרוב האור שיש שם בזה המצח, על ידי הזיווג הנ"ל, יצא אור חדש ממנו ולמטה, שהוא שם מ"ה החדש. והנה כאשר יצא זה האור החדש שם מ"ה דאלפין, בירר מהנקודות דס"ג שבהם היתה השבירה, מה שיוכל לברר מהם, ונשתתף ונתחברו עמו, ואז נעשה המ"ה בחינת דכורא, וס"ג נעשה בחינת נוקבא, אלא שלהיות שהס"ג זה נעשה נוקבא אל המ"ה, לכן קנה לו עתה שם אחר והוא שם ב"ן דההי"ן כזה יו"ד ה"ה ו"ו ה"ה, ואינו נקרא עתה בשם ס"ג, אלא בשם ב"ן. והענין הוא כי שם ס"ג הוא כללות טנת"א, אמנם אלו לו שהם נקודת דס"ג בלבד אינו נקרא ס"ג כמו הכלל, כי אינם אלא פרט אחד שבשם ס"ג. ולכן נקרא עתה בשם ב"ן כנ"ל. **ולכן כאשר זה הפרט שהם הנקודה, נתחבר עם שם מ"ה**, ונעשה אליו בחינת נוקבא, ולכן נקרא עתה בשם ב"ן כנ"ל. ואמנם אף על פי כן בהכרח הוא שאפילו שהם בחינת הנקודות לבד. בהכרח הוא שיש בהם בחינה המתחברת עם הטעמים דמ"ה, ובחינה המתחברת עם הנקודה דמ"ה, וכן בשאר חלוקות עם היות בהם בחינת נקודות לבד דס"ג. ועל ידי חיבור שם מ"ה עמו, נתקנו עתה אלו הנקודות ונעשו נוקבין אליהם. ולכן נקרא בשם מלכים, מלשון מלכות, להורות כי נעשו נוקבא לשם מ"ה דאלפין.)נ"א כי הם בחי' נקודות נעשה נוקבא בשם מ"ה(נמצא כי כאשר עלו אורות הנקודות דס"ג למעלה העלו מ"ן, **ואז יצא אור מ"ה החדש ונתחבר עם הז' אורות האלו, ובירר מהם מה שיוכל לברר, ובהם נעשה תיקון אל כל האצילות.**
רחובות הנהר ד"ב ע"ב – גם נודע כי המלכים יצאו בתחילה בבחינת כלים כלים דנפש לבד, שהם המלכות דכל מלך, וכל מלכות כלולה מעשר, וגם הג"ר יצאו בבחינת כלים דנפש, אלא שכל אחת מהג"ר כלולה מעשר מלכיות, וכל מלכות כלולה מעשר, אמנם זה הכללות שהיה בהם עדיין לא היה מבורר ומתוקן כראוי. עד שיצא שם מ"ה החדש ותיקנם בבחינת פרצוף כראוי, כמו שנכתוב בע"ה.
103

ע"ח ש"ו פ"ג מ"ג דכ"ה ע"ג – ונבאר יציאת אורות אלו הנקרא עקודים. **דע כי בעת שיצאו לא יצאו שלימים** וכמו שנבאר בע"ה, וטעם הדבר הוא כי כוונת המאציל היה לעשות עתה התחלת הויות הכלים)נ"א בתחלה הויות הכלי(. להלביש האור לצורך המקבלים שיוכלו לקבל. **ולכן בהיות שיצאו בלתי שלימים וגמורים, חזרו לעלות לשורשן להתתקן ולהשתלם.** ועל ידי כך נעשה כלי כמו שנבאר. **והענין הוא כי בודאי שבחינת הכלים היה בכח, אף כי לא היה בפועל בתוך האור, כי היה בבחינת האור היותר עב וגס, רק שהיה בו מחובר בעצם היטב, ולכן לא נגלה בחינתו**, כי)נ"א אבל(כאשר יצא האור דרך הפה ולחוץ, **יצא הכל מעורב יחד**. וכשחזרו לעלות ולהשתלם כנ"ל, אז ודאי על ידי יציאת האור חוץ לפה, הנה אותו אור בחינת הכלים שהוא יותר עב, קנה עתה עביות יתר, ועל ידי כך לא יוכל לחזור למקורו כבראשונה,

ביחד, והתפשטו עד טבורו, עוד נתבאר בשער העקודים כי האורות שיצאו מפה דא"ק יצאו בבחינת נפש בלבד, והיו חסרים תשלום אורות דנרנח"י וב' מקיפים, ולכן היו צריכים האורות האלה לחזור למאציל כדי להשתלם. עוד נתבאר כי האור[104] שחזר למאציל היה מבחינת האור הזך, ונשאר למטה מפה דא"ק עד טבורו האור העב והגס שממנו נעשו הכלים דעקודים. **והנה[105] כאשר נעריך שמציאות זה הכלי, שכולל את כל האור** הזך והעב, **הנה[106] בהכרזז הוא כאשר מסתלק** בהסתלקות הראשונה **האור** הזך **ממנו** ר"ל מהאור העב, שהוא עתיד להיות בבחינת הכלי, ועולה האור הזך למדרגה יותר עליונה. **יהיה בו** בכלי **חלקים הראויין להביט אל האור ההוא** הזך [צ"ל המסתלק מהם] לפה דא"ק, **ובהתרזקו** של האור הזך **מהם** ר"ל מהאור העב, **יתרזק מהם הבטות**[107] **פנים אל**

ונתפשט האור הזך ממנו ועלה למקורו כנ"ל, ואז נתוסף באור עב כנ"ל עביות יותר על עוביו, ואז נגמר ונשאר בחינת כלי.... **והנה דע כי כולם יצאו בבחינת נפש לבד**, וזה סוד פסוק נשבע הוי"ה בנפשו, כי האצילות הנקרא נקודים, כמו שנבאר, והוא הנקרא הוי"ה, נשבע במי שגדול ממנו, והוא עולם העקודים, אשר יצאו בבחינת נפש לבד, ובזה תעמיק ותראה כמה עמקו מחשבותיו יתברך, כי אפילו עולם עליון של העקודים אינו רק בבחינת נפש לבד...... ואמנם בבוא בכתר נמצא המלכות שלימה מכל ה' אורות פנימים שהם נרנח"י, ועתה היו חסרים עדיין כל הספירות כנ"ל שיצאו חסרים בלי תשלומין, והיה זה ממש בכוונה גמורה כנ"ל, **ולכן הוצרכו לחזור ולעלות אל המאציל לקבל ממנו תשלומיהן.**
104

ע"ח ש"ו פ"ו מ"ו דכ"ח ע"ב — ונמצא כי בעולם הזה של העקודים, אף על פי שעדיין בעת הזאת לא נגמרה מלאכת הכלים, עם כל זה בחינותיהן ומציאותן שמהם נתהוו)נ"א נתהווה(, שהוא אור העב)נ"א שהיא כלי מחובר עם אור( )המחובר עם האור הזך כנ"ל במקומו, כבר היה שם, ובחזרת האור הזך למעלה, נשאר אור העב למטה שהוא בחינת הכלים עצמן.
105

כרם שלמה ש"ז פ"א אות י' — ונבאר עתה מציאות וכו'. זה חוזר אל עיל שכתב על ידי הסתלקות אור העליון, אז אותו האור הנשאר למטה שהוא אור העב נעשה כלי, ועל זה מיהדר הכא, והוא, אל תחשוב כי מה שכתוב לעיל - ולפי שכאשר האור הראשון חזר ונסתלק, היה מסתלק בבת אחת, לכן כל מציאות אור הנשאר נעשה כלי אחד, על כך ר"ל כל העשר ספירות של האור הזה דעקודים עלו עליה אחת, ולא בסדר חלקים, אלא אמת הוא שנסתלק בבת אחת.
106

כרם שלמה ש"ז פ"א אות י' — אבל חלקים של האור הזה הראוים לעשר ספירות שלו, אינם שווים בעת הסתלקותם לגבי החלקים של הכלים שלהם, כי יש חלקים בזה הכלי להסתכל עם האור המסתלק דרך פנים של הכלי, ויש חלקים בזה הכלי שאינו יכול להסתכל בחלק האור המסתלק, כי אם דרך אחוריים של הכלי. ואם יתרחק האור עוד יותר מן המקום של הכלי, יותר ממדרגה אחת של בינתיים, יתרחק הארת האור מן הכלי דרך הפנים של הכלי עוד מדרגה יותר. וכן על דרך זה כל מה שיתרחק הארת האור מן הכלי.
107

צריך לדעת כי הבחינות של פנים בפנים, פנים באחור, אחור בפנים ואחור באחור הם כינויים לייחודים, זיווגים ולהמשכת שפע מהעליון לתחתון.
ע"ח ש"ו פ"ח מ"ב דכ"ט ע"א — והענין שבהתפשטות האור להאיר למטה, הוא שיש לו חשק להשפיע תוספת)ל"ג לתועלת(נשמות חדשות בתחתונים. מה שלא היה עד עתה, ואם כן יהיה האור רחמים גמורים. כי לולי שהתחתונים ראויים אל הרחמים, לא היה יורד ומתפשט למטה להאיר תוספת נשמות שלא היו עד עתה. ולכן נקרא אור זה אור ישר שבא ביושר מעילא לתתא, כי כן דרכו ויושרו להאיר בתחתונים, ומטבע החסד והרחמים הוא להיות מטיבים בעולם ונקרא אור של רחמים. גם כן לסיבה הנ"ל ונקרא אור זכר, כי כן דרך הזכר להשפיע לזולתו, שהיא הנקבה. ועוד כי טבע של הזכר הוא להשפיע נשמות חדשות ממש **ונקרא אור הפנים, כי הוא מביט בעין יפה ובפנים מאירים אל התחתונים, ועל כן הופך פניו אליהם ונקרא אור של פנימיות**, שהרי הנשמות מזווג הפנימיות של המוחין באים, והם שמות של הוי"ה, המורים רחמים, ולא שמות

פָּנִים, כְּפִי שִׁיעוּר הַתרוזזקו, וכאשר האור הזך עולה לכלי של הספירה שמעליו, יעמוד האור הזך עם האור העב בבחינת אחור באחור[108].

הרב ז"ל מביא לדוגמה[109] את אור המלכות המסתלק למאציל, **עוד צריך לדעת** כי אי אפשר לאור המלכות להסתלק עד שיסתלק לפני אור המלכות אור היסוד, וכן אור היסוד לא יכול להסתלק לפני אור שלפניו, וכן על דרך זה כל האורות. נמצא[110] כי ראשון המסתלקים הוא אור הכתר, והאחרון הוא אור המלכות. **זאת ועוד** בחינת פה דא"ק הוא בחינת הטעמים[111] התחתונים דע"ב דס"ג, שהם ב"ן דע"ב דס"ג, והם פרצוף שלם בעל עשר ספירות, כאשר כל אחד מהספירות דפה דא"ק הוא בעל עשר[112] ספירות פרטיות, גם כן המלכות הכללית הנמצאת בפה דא"ק היא בעלת עשר ספירות פרטיות, **ועשר[113] ספירות הפרטיות של המלכות שבפה דא"ק הם הם השורשים לעשר האורות דעקודים, ומהם**

אלהי"ם, המורים דין. אמנם כשאין התחתונים ראוים, האורות מסתלקים וחוזרין למעלה, שאינם רוצים להאיר למטה. אמנם עם כל זה לא יחפוץ המאציל ב"ה בהשחתת העולם, ומאיר לתחתונים שיעור חיות, ומזון, ושפע הראוי לעצמן בלבד, ולא להוציא תוספת נשמות חדשות. וכיון שהשפעת אור זה בלתי רצונו, הנה הוא ממשיך אליהם אור מחיצוניותו בלבד, שהוא אור מספיק לחיות העולמות די הכרחן ולא יותר, על כן נקרא אור חיצוניות. **ונקרא אור האחור, שהוא היפך פניו בכעס עמהם.** בסוד דומה דודי לצבי, **ומאיר להם אור ההכרח עם היותו מסתלק, ואינו נותן להם האור אלא בהפיכת האחוריים אל התחתונים.** ונקרא אור דין לסבה זו ונקרא אור חוזר, כי בעת חזרתו והסתלקותו למעלה שלא להשפיע בהם שפע גדול, אז נמשך להם אור ההכרחי הזה.
108

תרשים א – י"א.
109

כרם שלמה ש"ז פ"א אות י"א – מה שכתב מלת משל, פירושו דוגמה על השאר, ואינו ר"ל, שאינו כך שאינו מסתלק, אלא ר"ל נקטנו על חלק העשירי, והשאר למדים ממנו. ועוד כי באמת כפי מה שכתוב לעיל בפרק ג' משער העקודים, כי בהעליית והסתלקות האורות, שאור הכתר חזר ועלה בתחילה, אם כן איך אומר כאן שהמלכות עלתה בתחילה, **אלא נקט על המלכות שהוא דוגמה להישאר.** ועל הקושיה הזאת, כי באמת הכל אחד. כי כשהעליון עולה כל התחתונים עולים. ואי אפשר לעליון לעליון שיעלה, אם לא שכבר עלה העליון ממנו. אם כן הכא נמי שאור הכתר כבר עלה לשורשו, וכן התחתונים ממנו, ולזה היה להמלכות דרך לעלות. ומה שהתחיל מן המלכות מפני שהיא נעשית בתחילת הכך, קודם הספירות העליונים ממנה, מפני שאין עוד אור למטה ממנה שיעלה בה וימנענה מלעשות בבחינת כלי, מה שאין כן מן היסוד ולמעלה, אור המלכות והיסוד וכו' עולים ועוברים דרך העברה בתוכם, ומתאחרים מלהעשות כלי עד שיתרחק האור מהם ג' מדרגות, כמו שכתב לקמן.
110

ע"ח ש"ו פ"ג מ"ת דכ"ו ע"ב – ואמנם בבוא כתר נמצא המלכות שלימה מכל ה' אורות פנימיים, שהם נרנח"י, ועתה היו חסרים עדיין כל הספירות כנ"ל שיצאו חסרים בלי תשלומין, והיה זה ממש בכוונה גמורה כנ"ל, ולכן הוצרכו לחזור ולעלות אל המאציל, לקבל ממנו תשלומיהן. ואמנם עתה **בחזרה היה הכתר חוזר בתחלת כולם.** נמצא שיצא אחרון ונכנס ראשון, **והמלכות היה להיפך, כי יצאה ראשונה ונכנסה אחרונה.** וזה סוד הפסוק - אני ראשון ואני אחרון, וביאור זה הפסוק יצדק בין בספירת הכתר, בין בספירת המלכות, אלא שזה היפך זה, והוא כמו שנודע כי אנ"י הוא כינוי אל המלכות, ובהפוכו אי"ן כנוי אל הכתר.
111

ע"ח ש"ח פ"א מ"ת דל"ה ע"ד – ע"ב דא"ק הוא ברישא דיליה, אחר כך בא הס"ג דיליה, והתחיל מן אח"פ. וכל אלו הג' חלוקים הם טעמים, והם ע"ב דס"ג, ובחינה שלישית שהיא הפה, נקרא עקודים.
112

תרשים א – י"ב.
113

שער ההקדמות, דרוש ג' בענין מטי ולא מטי דט"ו ע"ד – דע. כי להיות שאלו העשר ספירות הנקראים עולם העקודים, הם אורות וענפים שיצאו מן הפה דא"ק, כנזכר לעיל. והנה נודע **שבאותה הפה עצמה, תהיה**

41

באצלו עשרה הספירות דעקודים, ותחת המלכות דמלכות דפה דעקודים חוזרים האורות הזכים דעקודים בהסתלקות הראשונה ועומדים שם. אחרי שהשתלמו האורות דעקודים בבחינת נרנח"י וב' מקיפין, חוזרים האורות ומתפשטים מפה דא"ק בפעם השניה, ובהתפשטות השניה נשאר אור הכתר בפה דא"ק **מתחת למלכות דמלכות דפה דעקודים**, ומשם[114] הוא מקבל את בחינת החיות, ומשפיע אותם לעולם העקודים הנמצא מתחת לפה דא"ק עד הטבור דליה. **צריך לדעת** כי בהתפשטות הראשונה כל אור שיצא מפה התפשט למקום שבו עתיד להתהוות הכלי שלו, לכן בסיום ההתפשטות הראשונה, האורות של העשר ספירות דעקודים עמדו במקום הכלים שיהיו להם בעתיד[115]. **והמשל בזה,** [ד"ל

ע"ג 60] **כי בנסיעה הראשונה**[116] **כאשר האור** הזך דכתר מסתלק לפה דא"ק, ועומד מתחת לשרשים דעולם העקודים הנמצאים בפה דא"ק, ואור החכמה מסתלק למקום כלי הכתר, ואור הבינה למקום כלי החכמה וכו' וכו', ואור היסוד מסתלק למקום כלי ההוד, וכן **מסתלק מהחזלק**[117] **העשירי** שהוא אור המלכות **של הכלי הזה** דעקודים, **כאשר** האור העב והגס של החלק העשירי **יקרא אזור כך בשם בזוינת** כלי **המלכות** דעקודים **כמו שנבאר, הנה אותו הזלק העשירי מן הכלי ההוא** הנקרא כלי המלכות **אשר ממנו נסתלק מהם האור** העליון **ההוא** שהוא אור המלכות, כדי להשתלם בפה דא"ק, ועולה ומסתלק למקום הכלי דיסוד, **שע"ל**[118] **ידי** הסתלקות האור העליון הזה **כך נעשה כלי** המלכות **כנ"ל,** כי כל זמן שהאור הזך מעורב עם האור העב והגס אי אפשר להיעשות בחינת כלי, ורק כאשר האור הזך מסתלק למאציל, מהאור העב נעשה בחינת כלי, **ואו הכלי** שהוא בעצם האור העב והגס **הפך פניו**

בתוכה, בחינת העשר ספירות שבה, ובספירה העשירית שבה, הנקראת מלכות שבה, יש שם עשר שרשים של אלו העשר ספירות שיצאו לחוץ, הנקראים עולם עקודים. והם גם כן נקראים עשר ספירות מכתר ועד מלכות, והם שרשים לאלו העשר ספירות דעקודים שיצאו לחוץ. כי כן הוא בכל העולמות כולם.
114

ע"ח ש"ז פ"ג מ"ק דל"ב ע"א – והנה דע כי הלא קודם בחינת העקודים אלו, יש למעלה מהם שרשי אלו העשר, כתר חכמה בינה כו' עד המלכות, ולמטה משרוש מלכות זו, שם הוא התחלת אור הכתר הנ"ל, פניו למעלה נגד השורש שלו, ואחריו למטה נגד כלי הכתר של בחינת העקודים. והנה **כל החיות הצריך אל העקודים האלו, כולם נמשכין אליהם מהשרשים אלו העליונים, ועוברים דרך אור הכתר הנ"ל**, וכל זה בחינת חיות לבד, אך לא בחינת שפע ממש, רק כאשר יהיה אור הכתר לא מטי בכלי שלו, כי אז יעלו ויקבלו שפע גדול משרשיהם כמו שנבאר בע"ה.
115

תרשים א – י"ג.
116

תרשים א – י"ד.
117

כרם שלמה ש"ז פ"א אות י"א – ומה שכתב **מהחלק העשירי של הכלי,** מפני שאי אפשר לקרות אותו עכשיו בשם מלכות, מפני שכל הכלי כולו הוא עכשיו בבחינת כלי הכתר כמו שכתב לעיל, אלא אחר שיגמור מעשיהו של החלק הזה האחרון, אחר כך יקרא מלכות, ולא עכשיו. ולכן אמר, אשר יקרא אחר כך בשם מלכות.
118

כרם שלמה ש"ז פ"א אות י"א – ומה שכתב שעל ידי כך נעשה כלי כנ"ל, ר"ל כמו שכתב לעיל בשער העקודים, כי כל זמן שאור הזך הוא מתערב עם האור העב, אין מניח אותו לעשות כלי מרוב אורו, אבל כשנסתלק האור הזך הזה ועלה למעלה, אזי האור העב הזה מתגשם ונעשה בחינת כלי. והואיל ונעשה בחינת כלי אז נוכל לכנות בו בחינת פנים ואחור, ולזה הופך פניו למטה, וממילא אחוריו למעלה לגבי האור, ומקבל מן האור העליון דרך אחוריו.

למטה ועומד אחור באחור עם האור העליון שהסתלק לכלי דיסוד, והפנים של כלי המלכות מסתכל למקום שעתיד
להיות עולם הנקודים, **כי כיון שנעשה עתה בבחינת כלי, בהפרדו בן שורש האור
שלו, אין בו** ר"ל בכלי **יכולת להסתכל בו** ר"ל באור העליון הנמצא בכלי היסוד **פנים בפנים**
ומקבל[119] הכלי את המוחין דרך האחור, שהם בבחינת הו"ק[120], **ואז**[121] **הופך** הכלי **פניו** למטה **אזור
שנעשה בבחינת כלי, ואז אינו מסתכל באור עליון שנתרוקן ממנו, אלא
דרך אזור** ומקבל מוחין דאחור. **צריך לדעת** כי אחרי שהאור הזך מסתלק מהכלי שלו, הוא הופך פניו מהכלי
דליה. ובזמן העלייה[122] לכלי שמעליו עדיין חלקים מהאור העב והגס יכולים להסתכל האור הזך העולה למדרגה
שמעליו. וכאשר האור הזך נכנס לספירה שמעליו, ועדיין עומד האור הזך בבחינת אחור עם הכלי שלו, בזמן זה הכלי
שלו הופך פניו למטה. ועומדים האור הזך שנמצא בכלי של הספירה היותר עליונה אחור[123] באחור עם הכלי שלו, ורק

119

כרם שלמה ש"ז פ"ו אות י"א – מפני שבעלמה האחוריים הם יותר גסים מבחינת הפנים, ולזה יכלו הם
לסבול ולקבל ההארה של האור העליון שנסתלק. אבל אינו יכול להסתכל בו ולקבל ממנו פנים בפנים. **והסוד
הוא הרמוז בכאן**, כי האחור הוא בחינת הו"ק, והפנים בחינת ג"ר, ועכשיו מקבלת הארה מן האור בפרצוף
הו"ק שלה הנקרא אחור, ואינה יכולה לקבל הארה לג"ר שלה הנקרא פנים, ופשוט. אבל אחר כך בגדלות
תוכל לקבל מוחין דג"ר הנקרא פנים, ונקראת שמקבלת פנים בפנים, **ונכון הוא למבין**.
120

נהר שלום די"ג ע"ב – גם כללות פרצופי האחור נקרא חיצון בערך פרצופי הפנים, והוא הדבר אשר דברנו
פרצופי האחור דזו"ן נקרא ו"ק בערך פרצופי הפנים הנקרא בערכם ג"ר, ובירור ותיקון פרצופי האחור
דזו"ן הוא בירור ותיקון דכלים ואורות דנשמה, והוא על ידי ישסו"ת, הנקרא נשמה בערך זו"ן, והם הו"ק
דאו"א, והם חיצוניות לאו"א עילאין, הנקרא חיה, הנקרא הפנים, שהוא אצילות בערך ישסו"ת, הנקרא בערכם
בי"ע. ובירור ותיקון פרצופי הפנים דזו"ן הנקרא ג"ר, הוא על ידי או"א עילאין, הנקרא ג"ר בערך ישסו"ת.
121

בית לחם יהודה ש"ז פ"א – ואז הופך את פניו אחר שנעשה כלי. מבואר מזה שקודם שהופך את פניו, כבר
הוא נעשה כלי. ונראה לעניות דעתי שהוא נעשה כלי על ידי הכאת אור הבא בדרך האחוריים ואור הרשימו
המכים מזה בזה, כמבואר בפרק ה' דעקודים, ואז אחר כך הופך את פניו למטה. כי אין אור החוזר הבא דרך
האחוריים ואור הרשימו מכים מזה בזה עד שתתרוקן אותה ספירה גם מאורות שתחתיה, שאז גם
הרשימו חפץ לעלות אל מקורו למעלה, ויהיה הרשימו עם אור הבא מאחוריים ב' הפכיים, ואז מכים זה בזה
כמבואר בפרק ה' דעקודים. אבל כל זמן שעדיין שאר האורות עוברים דרך שם, אין הרשימו רוצה לעלות, כי
חשקו וחפצו להאיר לבנים העוברים דרך שם. ואם כן אינו מכה באור האחוריים, כי אינם הפכיים זה מזה.
122

ע"ח ש"ו פ"ו מ"ב דכ"ח ע"א – ונמצא כי בהעלות הכתר ובהסתלקותו מניח רשימו אחד במקומו בכלי
ההוא, כדי להאיר ממנו לחכמה אשר תחתיו, אחר שהוא עצמו יעלה ויסתלק)נ"א אחרי שיעלה ויסתלק(.
ואחר שהוא עלה ונסתלק אז נמשכת הארה אל אור החכמה מאותו הרשימו שהניחה הכתר בכלי שלו, ואף על פי
שאחר **כך יתעלה ויסתלק גם כן אור חכמה** אל המאציל, אף על פי כן אותו רשימו שנשאר בכלי של כתר
אינו זז ממנו, אף אחר שעלה החכמה אל המאציל. וכן אחר כך כשעלה החכמה למאציל, מניח רשימו בכלי
שלו להאיר ממנו לבינה. אחר הסתלק עצמו, אחר **עלות בינה** למאציל. ואף גם **אחר עלות בינה** למאציל, אין רשימו של חכמה מסתלק
מכלי החכמה. **ועל דרך זה כולם, עד היסוד**. אבל אור המלכות כאשר מסתלקת אינה מנחת רשימו בכלי שלה,
לפי שאין שום ספירה תחתיה לקבל הימנה, ואף על פי שעתיד להיות עולם אחר......אחר כך **עלתה אור
החכמה** במאציל, וחזרו שאר הספירות שתחתיה **לנסוע נסיעה ב'**, עד שנמצא אור של **בינה במקום
כתר. ואור המלכות במקום הוד**, ועתה ניתוסף באור המלכות מקיף עליון של יחידה, ובאור ז"א מקיף תחתון
של חיה, ובאור בינה יחידה פנימית, ועתה המלכות כבר נשלמה בכל בחינותיה. ואחר כך **אור הבינה עלתה
במאציל**, ואז עלה **אור החסד דז"א במקום כתר, ואור המלכות במקום נצח**......
123

43

כאשר האור הזך מסתלק מהכלי המשמש לו דרך מעבר, שהוא הכלי של הספירה שמעליו, לעלות לכלי של הספירה היותר עליונה, שהיא ב' מדרגות מעל הכלי של האור הזך, הכלי של האור הזך הופך פניו בחזרה ועומד הכלי עם האור הזך בבחינת פנים באחור. ובאותו זמן שהאור הזך של הספירה התחתונה עולה עוד מדרגה, לכלי של הספירה שהיא ב' מדרגות מעליו, האור הזך של מדרגת הכלי שמעל לכלי הראשון מאורו הזך שהיה בו, ועולה לכלי היותר עליון ממנו, **אז הופך פניו ועומד אחור באחור עם הכלי שלו.** והכלי שלו עומד **פנים בפנים עם הכלי של הספירה התחתונה.** כדי להבין את המערכת הזאת הרב ז"ל ממשיך עם **הדוגמה** העלייה של האור המלכות.[124] **והנה**[125]

גם[126] **האור העליון** שהוא האור המלכות שמסתלק מהכלי שלו למעלה, תחילה הוא עולה לכלי היסוד, ובזמן זה שהאור המלכות נמצא בכלי של היסוד **יקרא עתה** האור המלכות **אזור בעת הסתלקותו** עם הכלי המלכות שלו, **ויהיה הכלי** של האור המלכות, שממנו הסתלק האור הזך **עם האור ההוא** הזך

ע"ח ש"ו פ"ח מ"ח דכ"ט ע"ב – והנה צריך להבין מאוד אמיתות הענין פנים ואחור, כי באורות יקראו התפשטות והסתלקות, ונקרא יושר וחוזר. ובכלים נקרא פנים ואחור, דהיינו שבאור לא שייך פנים ואחור, שהכל אור יושר פנימית. אמנם ודאי שהוא כולל דין ורחמים, ובהיותו מתפשט ויורד למטה, ונכנס במקום הראוי לו, נקרא אור יושר, כי הוא מאיר בבחינת הרחמים שבו, וכשהוא חוזר לעלות אז מאיר במקומו בהיותו שם למעלה בבחינת דינין שבו, הנקרא אור חוזר, ואז הכלי לא יקרא כלי פנים כמו בהיותו מקבל אור יושר, רק יקרא כלי דאחור.
124

יפה שעה)א(– והנה גם האור העליון יקרא עתה בעת הסתלקות אחור, ויהיו הכלי עם האור ההוא אחור כו'. צריך לומר שכל הספירות לא היו הופכים פניהם להיותם אחור עם האור העולה, עד שהיו מתרוקנים מכל אור שבהם, אפילו מן האורות של ספירות שתחתיהם העוברים בתוכם. כגון בנצח כשעולה האור שלו בתפארת לא הפך פניו עדיין להיות אחור באחור עם התפארת, שהרי האור דיסוד עומד בתוכו. וכן על זה הדרך כל הספירות. תדע שהרי כתב רז"ל וז"ל - וכן כאשר יסתלק האור מבחינת הנצח, אז יהיה האור עם האור אחור באחור, ופנים בפנים עם ההוד כו'. ואם נאמר כשנסתלק אור הנצח ממנה, כבר היא הפכה פניה, והיא אחור באחור עם התפארת, אם כן כיצד היא פנים בפנים עם ההוד, והלא האור דספירת ההוד קאי ועומד בספירת הנצח, ואיך כלי ספירת ההוד יכולה לעמוד עם האור שלה דקאי בספירת הנצח פנים בפנים. אלא ודאי כאמור שאין שום ספירה היתה הופכת פניה לעמוד עם האור אחור באחור, עד שתהיה הספירה ההיא ריקנית לגמרי, אפילו מכל אורות שתחתיה העוברות בתוכה למעבר בעלמא.
125

בית לחם יהודה ש"ז פ"א – והנה גם אור העליון יקרא עתה אחור בעת הסתלקותו ויהיה הכלי עם האור ההוא אחור באחור. צריך לומר שכל הספירות לא היו הופכים פניהם להיות אחור באחור עם אור העולה, אלא עד שיהיו מתרוקנים מכל אור, אפילו מאור של ספירות התחתונים העוברים בתוכם. כגון הנצח כשעולה אור שלו בתפארת אינו הופך פניו עדיין להיות עם האור שלו שעלה בתפארת אחור באחור, שהרי אור ההוד נכנס בתוכו, וכן על דרך זה כולם. תדע שכן הוא, שהרי כתב רז"ל וז"ל - וכן כאשר יסתלק האור מבחינת הנצח, או יהיה הנצח עם האור אחור באחור, ופנים בפנים עם ההוד וכו'. ואם נאמר כשנסתלק אור הנצח, אז הפך הנצח את פניו והיה אחור אחור באחור עם התפארת. אם כן כיצד הוא פנים בפנים עם ההוד, והלא אור ההוד הוא עומד בנצח, ואיך כלי ההוד יכול לעמוד עם ההוד שלו שבכלי הנצח פנים בפנים, אלא ודאי כאמור שאין שום ספירה הופכת פניה מהאור, אלא עד שתהיה הספירה ההיא ריקנית לגמרי מכל אורות שתחתיה,)יפה שעה(.
126

שמן ששון ש"ז פ"א אות י"ג די"ד ע"ד – והנה גם האור העליון יקרא עתה בעת הסתלקותו אחור, ויהיה הכלי עם האור אחור באחור כו'. ודע דסוד ענין זה נתבאר לעיל בשער העקודים פרק ח', והוא דבהיות האור השייך לאותו כלי ויורד למטה, ונכנס במקום הראוי לו, נקרא אור יושר, כי הוא מאיר בבחינת הרחמים שבו, ונקרא פנים בפנים. וכשהוא חוזר לעלות, אז מאיר אותו אור במקומו בהיותו שם למעלה ממדרגתו שהיה כבר בבחינת דינין שבו, הנקרא אור חוזר, ואז הכל לא יקרא אור דפנים כמו בהיותו מקבל אור יושר, רק יקרא כלי אחור, והם אחור באחור, יע"ש. דאין הדברים כפשטן.

44

עומד בכלי דיסוד שמעליו **אזור באזור,** ר"ל אור המלכות עומד אחור באחור עם הכלי שלו, ואף על פי שאין
באורות בחינת פנים ואחור, אלא התפשטות והסתלקות, עם[127] כל זאת האור הזה עומד אחור באחור, **ולגבי הכלים האור**
הזה נקרא אחור באחור ♦ **בנסיעה השניה**[128] כאשר אור החכמה הנמצא בכלי הכתר, עולה ומסתלק לפה דא"ק, ואור
הבינה עולה לכלי הכתר, ואור החסד לכלי דבינה, וכו' וכו', והאור שנמצא בכלי היסוד, שהוא אור המלכות עולה לכלי
דהוד, כלי היסוד הופך פניו למטה, וכלי המלכות הופך פניו כלפי מעלה, ועומדים כלי היסוד עם כלי ההוד פנים באחור,
וכלי המלכות עם כלי היסוד פנים בפנים. ומבאר הרב ז"ל ולכן **אזורי**[129] **אשׁר נסתלק האור** הזה
ההוא דמלכות מהכלי שלו, שהוא האור העב והגס. **וגם כן עוד שיעור זולק אזד** ר"ל מכלי
שלו, שהוא כלי המלכות, לכלי הספירה שמעלה ממנו, **אשׁר יקרא**[130] הכלי הזה **אזור כך** בעתיד
בזוינת כלי **היסוד,** ובנסיעה השניה **נסתלק** אור המלכות **מכולו** ר"ל מכל כלי היסוד, וכלי היסוד
נשאר ריק, כי כל עוד יש בחינת אור הכלי, אפילו אור שלא שייך לכלי אי אפשר לעשות בחינת כלי, **אז גם**
הזולק הזה של כלי היסוד **יהפוֹך פָּנָיו מן האור העליון** שעלה לכלי של הספירה היותר עליונה
ממנו, שהוא כלי ההוד, **כי לא יוכל לקבלו** ר"ל כלי היסוד לא יכול לקבל את האור העליון, ולכן עומד
האור העליון עם הכלי היסוד אחור באחור, **ואז גם בזוינת** [צ"ל הכלי] **הראשׁוֹנה הנקרא** כלי
המלכות, כיון שהאור העליון **נתרזק מבנה** ב' מדרגות, ועלה האור דמלכות לכלי ההוד, עכשיו
אדרבא **תוכל** כלי המלכות **להפוֹך פָּניה למעלה** לקבל דרך הפנים שלה, מהאור העליון, אבל לא
מבחינת פנים בפנים, אלא מבחינת פנים באחור, שהוא בחינת אור חוזר, **ואז**[131] **יהיה** כלי **המלכות** וכלי

---

¹²⁷

כרם שלמה ש"ז פ"א אות י"ב – ר"ל אף על פי שאמרנו לעיל בפרק ה' משער העקודים, כי **באור לא שייך
פנים ואחור, כי אם בכלים,** על כל פנים עתה בעת הסתלקות, **והוא מסתלק יקרא אחור לגבי המקבלים.** ולא
מפני שׁשׁייך בו פנים ואחור, אלא משום הזה המסתלק אחור יקרא לגבי הכלים המקבלים ממנו האורה.
והוא על דרך מה שׁכתב לעיל כי בעת עליית האורות לעיל, הכלים התחתונים מקבלים אור אחוריים שׁ,נקרא
אור חוזר.

¹²⁸

תרשים א – ט"ו.

¹²⁹

שמן ששון ש"ז פ"א אות י"ג די"ד ע"ד – וכאשר נסתלק אחר כך האור ההוא גם כן עוד שיעור חלק
אחד, אשר יקרא אחר כך בחינת יסוד, אז גם החלק הזה יהפוך פניו מן האור ההוא העליון כו'. ונמצא דאין כל
סדר זה אלא באורות התחתונים כשהתחילו להסתלק, עד הסתלקותם לגמרי, המשל בזה דמסתלק אור
המלכות. אז יסוד ומלכות הם אחור באחור, היסוד אפילו שמסתלק באותו רגע ממקומו, ועלה בהוד, מכיוון
דנכנס בו אור המלכות, זה נקרא אחור באחור, וכן כולם וכו'. ואחר כך ראיתי דעל דרך זה פירש הרב יפה
שעה דף ט' ע"ב, יעוין שם בביאורו.

¹³⁰

כרם שלמה ש"ז פ"א אות י"ב – ומה שכתב עוד, ואחרי אשר נסתלק וכו', יקרא אחר כך יסוד, הוא על דרך
מה שכתבנו לעיל, על חלק המלכות. כי עכשיו כל הכלי הוא כולו בחינה אחת, אשר נקרא כלי הכתר, **אלא על
שם העתיד נקרא כלי היסוד.**

¹³¹

כרם שלמה ש"ז פ"א אות י"ב – ואז יהיה היסוד והמלכות פנים בפנים. ר"ל כלי היסוד הוא הופך פניו
למטה, מפני שאינו יכול לקבל ההארה של האור העליון שנסתלק ממנו, וכלי המלכות עכשיו הוא להפך,
שאדרבא מפני שנתרחק ממנה האור שלה מדרגה יתירה, עכשיו יכולה להפוך פניה למעלה, כדי לקבל מן האור

הַיְסוֹד עומדים פָּנִים בְּפָנִים, רַק שכלי הַיְסוֹד יִהְיֶה עומד עִם אוֹר עֶלְיוֹן אֲזוֹר בְּאֲזוֹר, ר"ל האור העליון עומד אחור באחור עם הכלי היסוד, כי עדיין כלי היסוד עומד קרוב מדרגה אחת לאור העליון, ולא יכול כלי היסוד לקבל הארה של האור העליון. בִּנְסִיעָה הַשְּׁלִישִׁית[132] אור הבינה הנמצא בכלי הכתר מסתלק לפה דא"ק, ואור החסד עולה לכלי דכתר, ואור הגבורה לכלי דחכמה, וכו' וכו' ואור היסוד עולה לכלי התפארת, ואור המלכות בכלי הנצח. וְכֵן[133] כַּאֲשֶׁר יִסְתַּלֵּק בְּזוִינַת אוֹר העליון שנמצא בכלי שֶׁל הַהוֹד מִן הכלי דהוד לכלי דנצח, והופך האור העליון פניו כלפי למטה, כי לא יוכל לקבל ההארה מהאור העליון, אָז הכלי של הַהוֹד הופך פניו כלפי למטה, וְיִהְיֶה כלי ההוד עומד אֲזוֹר בְּאֲזוֹר עִם הָאוֹר הָעֶלְיוֹן, וְאָז באותו זמן כלי הַיְסוֹד[134] הוֹפֵךְ פָּנָיו למעלה אֶל כלי הַהוֹד, וְיִהְיֶה כלי הַהוֹד וכלי הַיְסוֹד עומדים פָּנִים בְּפָנִים ר"ל הפנים דכלי ההוד עומד ומביט כלפי מטה, ולכלי היסוד עומד ומביט כלפי מעלה, עומדים פנים בפנים, הפנים דכלי ההוד עם הפנים דכלי היסוד, וּבְאוֹתוֹ[135] זמן כלי הַמַּלְכוּת תִּהְיֶה עומד עם הפנים שלו כלפי מעלה, וְיִהְיֶה עומד פָּנִים בְּאֲזוֹר, ר"ל עומד פְּנֵי כלי הַמַּלְכוּת בְּאֲזוֹרִי כלי יסוד שהפך פניו כלפי מעלה, שעומד פנים בפנים עם כלי ההוד, כִּי תַּאֲווֹת וּזְוִישְׁקָ הכלים של הַסְּפִירוֹת לְהַחֲזִיר פְּנֵיהֶם אֶל הָאוֹר העליון, אַךְ הכלי של הַסְּפִירָה הַקְּרוֹבָה אֶל הָאוֹר [צ"ל אֲשֶׁר מִסְתַּלֵּק מִמֶּנּוּ האור העליון] לֹא תּוּכַל לְהַחֲזִיר עֲדַיִן פָּנָיו אֵלָיו ר"ל כי כל כלי של כל הספירה לא יכול להסתכל בפנים באור העליון המסתלק למאציל, עַד שֶׁיִּתְרַזֵּק הכלי מֵהָאוֹר העליון שִׁיעוּר סְפִירָה אֲזֹת. בִּנְסִיעָה הָרְבִיעִית[136] אור דחסד מסתלק לפה דא"ק, ואור הגבורה עולה לכלי

שלה, דרך פנים שלה. וזאת הקבלה אינה נקראת קבלה פנים בפנים ממש, אלא פנים דאחור, כי עכשיו מקבלת מן האור החוזר, אבל היסוד יהיה עם אור העליון שלו בחינת אחור באחור, כי הואיל ועדיין הוא קרוב אצלו, ואין הכי נמי אחר כך כאשר יסתלק חלק האור מן הכלי הנקרא אחר כך בחינת ההוד. הואיל והאור של היסוד עולה אחריו, ומתרחק מן הכלי היסוד, אז יוכל כלי היסוד להפוך פניו למעלה, ויהיה עם האור שלו פנים בפנים על דרך מה שכתוב בכלי המלכות, ואף על פי שעכשיו שפני המלכות כנגד אחורי היסוד, ואינה פנים בפנים עימו, על כל פנים אין זה גרעון בשבילה, הואיל ופניה למעלה לגבי האור שלה.
132

תרשים א – ט"ז.
133

בית לחם יהודה ש"ז פ"א – וכן כאשר יסתלק בחינת האור של ההוד. נראה לעניות דעתי שצריך לגרוס **מן** ההוד. וטעות סופר נפל בדפוס.
134

כרם שלמה ש"ז פ"א אות י"ב – ואין הכי נמי אחר כך כאשר יסתלק חלק האור מן הכלי הנקרא אחר כך בחינת ההוד. הואיל והאור של היסוד עולה אחריו, ומתרחק מן הכלי היסוד, אז יוכל כלי היסוד להפוך פניו למעלה, ויהיה עם האור שלו פנים בפנים על דרך מה שכתוב בכלי המלכות. ואף על פי שעכשיו שפני המלכות כנגד אחורי היסוד, ואינה פנים בפנים עימו, על כל פנים אין זה גרעון בשבילה, הואיל ופניה למעלה לגבי האור שלה.
135

כרם שלמה ש"ז פ"א אות י"ב –ואף על פי שעכשיו שפני המלכות כנגד אחורי היסוד, ואינה פנים בפנים עימו, על כל פנים אין זה גרעון בשבילה, הואיל ופניה למעלה לגבי האור שלה.
136

תרשים א – י"ז.

הכתר, ואור התפארת לכלי החכמה, וכו' וכו', ואור היסוד בכלי הגבורה, ואור המלכות בכלי התפארת. **וכן כאשר יסתלק האור** העליון **מבחינת** כלי של ספירת **הנצח** ועובר דרך כלי התפארת, **אז** כלי ספירת **הנצח** הופך פניו כלפי מטה, **ויהיה** עומד **אזור באזור עם אור העליון,** ולכן שהפך כלי הנצח פניו כלפי מטה, כי לא יוכל לקבל הארה מהאור העליון שקרוב אליו, באותו זמן הופך כלי ההוד את פניו כלפי מעלה, כי חשקו ותאוותו להחזיר פניו אל האור העליון, שהתרחק ממנו ב' מדרגות, ולכן הכלי דנצח עומד **פנים בפנים עם** כלי **ההוד,** וכלי **היסוד** שהיה עומד פנים בפנים עם כלי ההוד, לא משנה את מצבו, ונשאר עומד עם הפנים כלפי מעלה, לכן כלי היסוד **יהיה** עומד **פנים באזור עם** כלי **ההוד,** וכלי **המלכות** שעומד פנים באחור עם כלי היסוד, ר"ל הפנים של כלי המלכות כלפי מעלה, וגם הפנים של היסוד כלפי מעלה, לכן **גם כן** כלי המלכות עומד **פנים באזור עם** הכלי של**היסוד.** הרב ז"ל מבאר בכאן כי כל האורות של הספירות עלו אחת אחרי השניה למאציל, וכאשר כולם הסתלקו למאציל עמדו כל הספירות מהחכמה עד המלכות פנים באחור, ורק הכתר עמד פנים בפנים עם החכמה, **וקשה,** כי בשער[137] העקודים כתב הרב ז"ל כי כאשר הסתלק הכתר אל המאציל, החכמה מקבלת דרך אחור דכתר, וזה הפך מה שהרב ז"ל מבאר בפרקין, כי כאן מבאר הרב ז"ל שבכתר מסתלק למאציל הכתר הופך פניו למטה **ועומד פנים בפנים** עם החכמה. וקשה, התירוץ[138] לזה הוא כי כאן בפרקין כאשר הרב ז"ל

137

ע"ח ש"ח פ"ה מ"ת דכ"ו ע"ד – ונתחיל לבארם מן היסוד שהוא מן המניחים רשימו, ונאמר כי ב עת עלייתו)נ"א עלות(מן היסוד אל מקום ההוד, מניח רשימו במקום שהיה היסוד לצורך המלכות, ואותו הרשימו אינו מסתלק לעולם משם, אפילו כאשר המלכות חוזרת ועולה להמאציל. וכן עושין כל שאר הספירות חוץ מן המלכות כנ"ל. והנה זה הרשימו הוא מן האור הראשון שהיה יורד דרך יושר, ואור הבא ביושר הוא רחמים, והאור הבא בדרך חזרה למעלה הוא אור חוזר, והוא דין, והנה הרשימו זה הוא דרך יושר והוא רחמים. והנה נודע כי כשבאו הספירות של העקודים היו פניהם למטה, כי כוונת ביאתן היה להאיר למטה, לכן פניהם היו דרך המקבלים, אבל בחזרתן לעלות למעלה אז הפכו פניהם למעלה נגד המאציל, ואחוריהם למטה. והנה בעלות הכתר אל המאציל, אין ספק כי לעולם אין אור המאציל נפסק אפילו רגע אחד מן המקבלים הנאצלים, רק ההפרש הוא כי בעת ההיא אשר הכתר היה עולה למעלה, אז האור ההוא היורד מהמאציל יורד ממנו אל הספירה)נ"א האחרת והיה בא(דרך אחוריו, שהרי הוא הפך פניו למעלה, ואחוריו לנאצלים, והיה דינין כנ"ל.)נ"א ואם כן אותו האור הבא אל הספירה הוא בא דרך אחורי הכתר והוא דין(ועל דרך זה בשאר ספירות בעת שהיו חוזרין ועולין. אמנם יש הפרש אחד ביניהן, **והוא כי החכמה אינם מקבלת אלא מאחוריים אחד, דהיינו מן הכתר לבד,** והבינה מקבלת מב' אחוריים, דהיינו דכתר ודחכמה, והוא יותר דין, ועל דרך זה עד המלכות, נמצא שהמלכות קבלה מתשע אחוריים.

ע"ח ש"ו פ"ז מ"ז דכ"ט ע"א – והנה האור הנמשך דרך ירידה הוא אור יושר ורחמים, ונקרא אור פנים. ואור החוזר דרך עליה נקרא אור חוזר, ואור אחור ודין. והנה ב' בחינות אלו נמצאים בכל העשר ספירות. אמנם יש חילוק ביניהן בבחינת אור חוזר, **והוא זה כי הנה כאשר אור הכתר מסתלק ועולה, והופך פניו למעלה כנגד המאציל, ואחוריו למטה כנגד החכמה, הנה אז החכמה מקבלת אור ההוא הנמשך מן המאציל על ידי אחור אחד לבד, שהיא אחור הכתר.** אמנם בעלות החכמה גם היא אל המאציל, וגם היא תתהפך אז אחוריה למטה אל הבינה, אז מקבלת הבינה אור החוזר הנמשך מהמאציל דרך ב' אחוריים, שהם אחור הכתר, ואחור החכמה. וכן על דרך זה בכל הספירות, עד שנמצא כי המלכות תקבל אור הנמשך לה מן המאציל דרך ט' אחוריים. וכבר נתבאר לעיל כי אור האחוריים הם דינין, אם כן כל מה שנתרבו האחוריים יהיה האור הנמשך דין קשה ויותר חזק, והרי זה חילוק אחד בענין ריבוי אחוריים או מעוטן.

138

שמן ששון ש"ז פ"א אות ט"ו דט"ו ע"א – וכן על דרך זה שתסתלק האור מכל עשרה חלקי הכלי, ואז יהיו כל הספירות פנים באחור, פנים תחתונים באחור עליונים, אך הכתר עם החכמה יהיה פנים בפנים, כי הכתר כו', ובזה מוכח שהכתר והחכמה יהיו פנים בפנים, עד כאן. **וקשה,** כי בשער העקודים פרק ה' ופרק ז' כתב דבעלות הכתר במאצילו אז החכמה מקבלת דרך אחור אחד, שהוא הכתר, והבינה מקבלת מב' אחוריים,

מבאר שהכתר עומד פנים בפנים עם החכמה, **הכוונה היא על הכלים דכתר וחכמה** העומדים פנים בפנים, ובשער העוקדים שהרב ז"ל מבאר כי הפנים דחכמה עומד באחורי הכתר, **הכוונה היא על האורות דכתר וחכמה** העומדים אחור בפנים, וצריך המשכיל לדעת ולהבין את ההבדל הדק מן הדק בן ב' הסוגיות.   **וכן עַל דֶּרֶךְ זֶה**[139] בשאר האורות שנמצאים מחוץ לפה דא"ק, כאשר **בנסיעה החמישית**[140] אור הגבורה הנמצא בכלי דכתר מסתלק לפה דא"ק, ואור התפארת עולה לכלי דכתר, אור הנצח לכלי דחכמה, אור ההוד לכלי דבינה, אור היסוד לכלי דחסד, ואור המלכות לכלי דגבורה, לכן כמסתלק האור העליון מבחינת כלי של ספירת התפארת, ועובר דרך כלי הגבורה, אז כלי ספירת התפארת הופך פניו כלפי מטה, ויהיה עומד אחור באחור עם האור העליון, ולכן שהפך כלי התפארת פניו כלפי מטה, כי לא יוכל לקבל הארה מהאור העליון שקרוב אליו, באותו זמן הופך כלי הנצח פניו כלפי מעלה, כי חשקו ותאוותו להחזיר פניו אל האור העליון, שהתרחק ממנו ב' מדרגות, ולכן הכלי דתפארת יהיה עומד פנים בפנים עם כלי הנצח, וכלי ההוד שהיה עומד פנים בפנים עם כלי הנצח, לא משנה את מצבו, ונשאר עומד עם הפנים כלפי מעלה, לכן כלי ההוד יהיה עומד פנים באחור עם כלי הנצח, וכן כלי היסוד עומד פנים באחור עם כלי ההוד, וכלי המלכות עומד פנים באחור עם כלי היסוד. **בנסיעה השישית**[141] מסתלק אור התפארת הנמצא בכלי דכתר לפה דא"ק, ואור הנצח עולה לכלי דכתר, ואור ההוד לכלי דחכמה, אור היסוד לכלי דבינה, ואור המלכות לכלי דחסד, לכן כאשר מסתלק האור העליון מבחינת כלי של ספירת הגבורה ועובר דרך כלי החסד, אז כלי ספירת הגבורה הופך פניו כלפי מטה, ויהיה עומד אחור באחור עם האור העליון, ולכן שהפך כלי הגבורה פניו כלפי מטה, כי לא יוכל לקבל הארה מהאור העליון שקרוב אליו, באותו זמן הופך כלי התפארת פניו כלפי מעלה, כי חשקו ותאוותו להחזיר פניו אל האור העליון, שהתרחק ממנו ב' מדרגות, ולכן הכלי דגבורה יהיה עומד פנים בפנים עם כלי התפארת, וכלי הנצח שהיה עומד פנים בפנים עם כלי התפארת, לא משנה את מצבו, ונשאר עומד עם הפנים כלפי מעלה, וכן כלי הנצח יהיה עומד פנים באחור עם כלי התפארת, וכלי ההוד עומד פנים באחור עם כלי הנצח, וכלי היסוד עומד פנים באחור עם כלי ההוד, וכלי המלכות עומד פנים באחור עם כלי היסוד. **בנסיעה השביעית**[142] מסתלק אור הנצח שנמצא בכלי דכתר לפה דא"ק, ואור ההוד עולה לכלי דכתר, אור היסוד לכלי דחכמה, ואור המלכות לכלי דבינה, לכן כאשר מסתלק האור העליון מבחינת כלי של ספירת החסד ועובר דרך כלי הבינה, אז כלי ספירת החסד הופך פניו כלפי מטה, ויהיה עומד אחור באחור עם האור העליון, ולכן שהפך כלי החסד פניו כלפי מטה, כי לא יוכל לקבל הארה מהאור העליון שקרוב אליו, באותו זמן הופך כלי הגבורה פניו כלפי מעלה, כי חשקו ותאוותו להחזיר פניו אל האור העליון, שהתרחק ממנו ב' מדרגות, ולכן הכלי דחסד יהיה עומד פנים בפנים עם כלי הגבורה, וכלי התפארת עומד פנים בפנים עם כלי הגבורה, לא משנה את מצבו, ונשאר עומד עם הפנים כלפי מעלה, לכן כלי התפארת יהיה עומד פנים באחור עם כלי הגבורה, וכלי ההוד עומד פנים באחור עם כלי הנצח, וכלי היסוד עומד פנים באחור עם כלי ההוד, וכלי המלכות עומד פנים באחור עם כלי היסוד. **בנסיעה השמינית**[143] מסתלק אור ההוד הנמצא בכלי דכתר לפה דא"ק, ואור היסוד עולה לכלי דכתר, ואור

דהיינו כתר וחכמה, ועל דרך זה עד המלכות, שנמצא דהמלכות מקבלת מתשע אחוריים, נמצא דכשעלה הכתר במאציל אז המלכות עלה ביסוד, וקודם שנסתלק האור מכל עשרה אורות היו מקבלים כל הספירות פנים באחור, ועוד דגם הכתר והחכמה אז גם כן פנים באחור ולא פנים בפנים. ויש לאמר דכל מה שכתב רבינו כאן, כל סדר זה אחור באחור, ופנים באחור הוא בבחינת הכלים, והתם מיירי באורות עצמן, כל ספירה מקבלת אור חוזר דרך אחוריים של עליון, ועיין שם באות ה', ועיין היטב שם בפרק ד'.
139

כרם שלמה של"ז פ"א אות י"ב – וכן על דרך זה כולם הם כסדר הזה, שהספירה אשר האור מסתלק ממנה, הואיל וקרובה היא אליו, היא הופכת פניה למטה, עד שיתרחק ממנה שיעור ספירה אחת. עד שהגיע הדבר לספירת הכתר, ואז הכתר הופך אחוריו נגד האור שלו, והחכמה הואיל והאור שלה נתרחק ממנה שיעור ספירה אחת, היא עכשיו פניה הוא למעלה, וממילא נמצאת שהיא פנים בפנים עם הכתר, וכל הספירות אשר תחתיה שהם מן הבינה ולמטה, כל אחת היא פנים האחור עם הספירה העליונה ממנה. כי רוצה היא לקבל מן האור שלה שהוא למעלה.
140

תרשים א – י"ח.
141

תרשים א – י"ט.
142

תרשים א – כ.
143

המלכות לכלי דחכמה, לכן כאשר מסתלק האור העליון מבחינת כלי של ספירת הבינה ועובר דרך כלי החכמה, אז כלי ספירת הבינה הופך פניו כלפי מטה, ויהיה עומד אחור באחור עם האור העליון, ולכן שההפך כלי הבינה פניו כלפי מעלה, כי לא יוכל לקבל הארה מהאור העליון שקרוב אליו, באותו זמן הופך כלי החסד פניו כלפי מעלה, כי חשקו ותאוותו להחזיר פניו אל האור העליון, שהסתרחק ממנו ב' מדרגות, ולכן הכלי דבינה יהיה עומד פנים עם כלי החסד, וכלי הגבורה שהיה עומד פנים בפנים עם כלי החסד, לא משנה את מצבו, ונשאר עומד עם הפנים כלפי מעלה, לכן כלי הגבורה יהיה עומד פנים אחור עם כלי החסד, וכלי התפארת עומד אחור באחור עם כלי הגבורה, וכלי הנצח עומד פנים באחור עם כלי התפארת, וכלי ההוד עומד פנים באחור עם כלי הנצח, וכלי היסוד ממשיך ועומד פנים באחור עם כלי ההוד, וכלי המלכות עומד פנים באחור עם כלי היסוד. **בנסיעה התשיעית**[144] מסתלק אור היסוד הנמצא בכלי דכתר לפה דא"ק, ואור המלכות עולה לכלי הכתר. לכן כאשר מסתלק האור העליון מבחינת כלי של ספירת החכמה ועובר דרך כלי הכתר, אז כלי ספירת החכמה הופך פניו כלפי מטה, ויהיה עומד אחור באחור עם האור העליון, ולכן שההפך כלי החכמה פניו כלפי מטה, כי לא יוכל לקבל הארה מהאור העליון שקרוב אליו, באותו זמן הופך כלי הבינה פניו כלפי מעלה, כי חשקו ותאוותו להחזיר פניו אל האור העליון, שהסתרחק ממנו ב' מדרגות, ולכן הכלי דחכמה יהיה עומד פנים בפנים עם כלי הבינה, וכלי החסד שהיה עומד פנים בפנים עם כלי הבינה, לא משנה את מצבו, ונשאר עומד עם הפנים כלפי מעלה, לכן כלי החסד יהיה עומד פנים אחור עם כלי הבינה, וכלי הגבורה עומד אחור באחור עם כלי החסד, וכלי התפארת עומד פנים באחור עם כלי הגבורה, וכלי הנצח עומד פנים באחור עם כלי התפארת, וכלי ההוד עומד פנים באחור עם כלי הנצח, וכלי היסוד עומד פנים באחור עם כלי ההוד, וכלי המלכות עומד פנים באחור עם כלי היסוד. **בנסיעה העשירית**[145] מסתלק אור המלכות שנמצא בכלי הכתר לפה דא"ק, לכן כאשר מסתלק האור העליון מבחינת כלי של ספירת הכתר ועובר ונעלם בפה דא"ק, אז הכלי דספירת הכתר הופך פניו כלפי מטה, כי לא יוכל לקבל הארה מהאור העליון שקרוב אליו, ויהיה עומד אחור באחור עם האור העליון, הנמצא בתוך פה דא"ק, באותו זמן הופך כלי החכמה פניו כלפי מעלה, ולכן הכלי דכתר יהיה עומד פנים בפנים עם כלי החכמה, וכלי הבינה שהיה עומד פנים בפנים עם כלי החכמה, לא משניה את מצבו, ונשאר עומד עם הפנים כלפי מעלה, לכן כלי הבינה יהיה עומד פנים באחור עם כלי החכמה, וכלי החסד עומד פנים באחור עם כלי הבינה, וכלי הגבורה עומד פנים באחור עם כלי החסד, וכלי התפארת עומד פנים באחור עם כלי הגבורה, וכלי הנצח עומד פנים באחור עם כלי התפארת, וכלי ההוד עומד פנים באחור עם כלי הנצח, וכלי היסוד עומד פנים באחור עם כלי ההוד, וכלי המלכות עומד פנים באחור עם כלי היסוד. כך מסתלק שלב

אחרי שלב, אור אחרי אור **עַד שֶׁתִּסְתַּלֵּק** כל **הָאוֹר** הזֶה **מִכָּל עֶשֶׂר זוּלְקֵי הַכֵּלִי** דעקודים, שהוא בעצם האור העב והגס, **וְאָז יִהְיוּ כָּל הַסְּפִירוֹת** מחכמה עד המלכות עומדים **פָּנִים בָּאֲזוֹר,**

פָּנֵי תַּחְתּוֹנָה בָּאֲזוֹר עֶלְיוֹנָה ר"ל הפנים דכלי המלכות באחורי הכלי דיסוד, הפנים דכלי היסוד באחורי כלי ההוד, הפנים דכלי ההוד באחורי כלי דנצח, הפנים דכלי דנצח באחורי הכלי דתפארת, הפנים דכלי התפארת באחורי כלי הגבורה, הפנים דכלי הגבורה באחורי הכלי דחסד, הפנים דכלי דחסד באחורי כלי הבינה, הפנים דכלי הבינה באחורי כלי החכמה. **ונמצא כי כל עשר האורות דעקודים שיצאו בהתפשטות הראשונה, חזרו בחזרה לפה דא"ק, וכל הכלים שלהם נשארו רקים מכל אור.** הרב ז"ל מבאר כאן את הסתלקות האור העליון הנמצא בכלי הכתר, אלא שהרב ז"ל סותר את עצמו, כי כאן בפרקין הרב ז"ל מבאר כי לכתר יש כלי, ובשער[146] העקודים מבאר הרב ז"ל כי הכתר לא

תרשים א – כ"א.
144

תרשים א – כ"ב.
145

תרשים א – כ"ג.
146

ע"ח ש"ו פ"ה מ"ת דכ"ז ע"ב – וכשעלה יסוד הניח רשימו במקומו, וכשבא האור לו דרך אחוריו הכה בזה הרשימו ונפלו ממנו נצוצין, ונעשה ממנו בחינת כלים של היסוד, ואז אותו הרשימו היה מאיר בכלי זה מרחוק, ולא נכנס בתוכו, והם סוד התגין וכמו שנבאר בע"ה בדרוש הנקודים, עיין שם. וכן עשו כל הספירות, חוץ מכתר שהניח הרשימו לצורך החכמה, אבל לא עשה בחינת כלי, לפי שבשלמא שאר הספירות בהעלותם למעלה על ידי הכאה במה שלמעלה מהם,)נ"א הכאה של הרשימו(היה נעשית בחינת הכלים, אך הכתר לא יש מי שיכה ברשימו שלו)נ"א אותו בעלייתו(, לכן לא נגמר עדיין הכלי שלו, **והרי כי הכתר הניח רשימו ולא כלי. ושאר הספירות הניחו רשימו וכלי. ומלכות הניח כלי ולא רשימו.**

השאיר כלי, הבל"י מתרץ כי הכתר לא הניח כתר גמור כשאר הספירות, אלא כלי דק[147]. **אַך**[148] כלי **הַכֶּתֶר** עומד **עִם** כלי **הַחָכְמָה** פנים בפנים, הפנים דכלי החכמה בפנים דכלי הכתר, מפני שהכלי דכתר עומד אחור באחור עם האור העליון שעלה והסתלק לפה דא"ק, לכן **יִהְיוּ** הכלים דכתר וחכמה עומדים **פָּנִים בְּפָנִים, כִּי** כלי הַכֶּתֶר עִם הָאוֹר [צ"ל הָעֶלְיוֹן] הֵם עומדים **אָזוֹר בְּאָזוֹר לַטַּעַם הַנִּזְכָּר לְעֵיל,** והוא כי לא יוכל כלי הכתר לקבל הארה מהאור העליון שקרוב אליו, כי אין מרחק של ב' מדרגות בין כלי הכתר לאור העליון הנמצא תוך פה דא"ק, **וּבָזֶה מוּכְרָז** הוא שֶׁכְּלי הַכֶּתֶר וכלי הַחָכְמָה יִהְיוּ עומדים **פָּנִים בְּפָנִים** וכלי דכתר והאור העליון הנמצא בתוך פה דא"ק עומדים אחור באחור, וכל הבחינות האלו נעשו **בְּהִסְתַּלְקוּת הָרִאשׁוֹנָה שֶׁל הָאוֹרוֹת לְפֶה דא"ק.◆**

הֲרֵי[149] בֵּיאַרְנוּ סוֹד הִסְתַּלְּקוּת הָרִאשׁוֹנָה, וְאֵיךְ נִתְהַווּ הַכֵּלִים עַל יְדֵי זֶה שֶׁהסתלק האור הזך, ועזב בגבול מקום עולם העקודים את האור העב והגס, ועל ידי הסתלקות זאת של האור הזך התעבה האור העב והתגשם, התחיל התהוות הכלים דעקודים.◆ **אָמְנָם**[150] בהסתלקות הראשונה **אַף עַל פִּי שֶׁבֵּיאַרְנוּ**

147

בית לחם יהודה ש"ו פ"ו – ונמצא כי בעלות הכתר ובהסתלקותו, מניח רשימו אחד בכלי ההוא שלו. מדקאמר בכלי ההוא שלו, מבואר שגם בכתר הניח רשימו, וכלי שהוא האור העב והגס, ומה שכתוב בפרק ה' דלעיל שהכתר הניח רשימו, ולא כלי וכו', היינו שלא הניח **כלי גמור** כשאר האורות, מטעם שלא היה מי שיכה ברשימו שלו, כמו שכתוב בפרק ה' בד"ה וכשעלה, יעו"ש.

148

בית לחם יהודה ש"ז פ"א – אך הכתר עם החכמה יהיו פנים בפנים, כי הכתר עם אור העליון הם אחור באחור, אף על פי שבפרק ה' דעקודים אמר שהכתר הניח רשימו ולא כלי, יעו"ש. היינו שלא הניח כלי גמור כשאר ספירות שתחתיו, וכמו שכתוב בדברינו בריש פרק ו' דעקודים, יעו"ש. אבל מכל מקום הניח כלי דק, ועל אותו כלי הדק קאמר הכא - אך הכתר עם החכמה יהיו פנים בפנים וכו'.

149

כרם שלמה ש"ז פ"א אות י"ג – הרי ביארנו סוד הסתלקות, ואיך נתהוו הכלים על יד זה. ר"ל עליית האורות למעלה לשורשם כדי שישתלמו כל אחד כפי מה שצריך לו. והוא הטעם הנ"ל, כי על ידי שייצאו חסרים מתחילתם, הוצרכו לעלות לשורשם כדי שישתלמו. ומוכרח הוא, הם מתרחקים מן חלק האור העב, ועל ידי זה נתעבה האור העב יותר, ונתגשם עד שנעשה בחינת כלי. נמצא שעל ידי הסתלקות האורות הזכים האלו ועלייתם למעלה על ידי זה נתהוו הכלים, וזולת זה אי אפשר שיתגשמו ויתהוו הכלים.

150

כרם שלמה ש"ז פ"א אות י"ד – ר"ל למה כתבנו לעיל, כי בעולם העקודים לא נאצלו כי אם כלי אחד, והרי ביארנו עכשיו כי יש כלי של מלכות, וכלי של יסוד, וכו', עד כלי של כתר, אלא אף על פי שביארנו שיש בחינת עשרה מיני כלים, אף על פי כן לא יקראו עשרה כלים, והוא מב' סיבות. **אחת מצד האורות, ואחת מצדם,** דהיינו שנעשו מעיקרא כלי אחד על ידי **הסתלקות האור בפעם אחת,** דהיינו עכשיו אנו מדברים על זמן הסתלקות ועליית האורות למעלה, ועדיין לא חזרו האורות למקומם כדי שיוכרו שזה האור של הכתר, נגבל וישב בכלי הכתר, ואור החכמה נגבל וישב בכלי החכמה, וכו'. כי זה הדבר נעשה אחר כך **בבחינת התפשטות השניה בבחינת מטי ולא מטי.** אבל עכשיו הואיל ומסתלקין כל האורות של כל העשר ספירות בבת אחת ועדיין לא חזרו, לא נתחלקו עדיין האורות בבחינת עשר ספירות כדי שיקראו עשר כלים, גם כן עשרה כלים של עשר ספירות. כי ידוע שארבעה מיני התפשטות והסתלקות היו בכאן עד שנגמרו הכלים. ועכשיו עדיין לא נעשה אלא התפשטות הראשונה והסתלקות ראשונה. וזה כוונת הרב ז"ל מה שכתב כאן וז"ל - והרי ביארנו מציאות האור והתפשטותו והסתלקותו, והם ב' בחינות כמו שנבאר בעזרת הא"ל. וזה לשון שער ההקדמות בדף י"ד ריש עמודה א' - ובזה תבין מה שביארנו לעיל כי כל העשרה כלים דעולם העקודים אינם

בשער העקודים וכאן בפרקין **הֱיוֹת בְּכְלִי זֶה** דְּמְצִיאוּת כְּלִי דְּמַלְכוּת, וְכְלִי דִּיסוֹד, כלי דהוד, **וְכוּ'** וכו' עד כלי דכתר, **לֹא מִפְּנֵי זֶה יִקְרְאוּ** הכלים האלה באמיתות **עֶשֶׂר כֵּלִים, כֵּיוָן שֶׁעֲדַיֵּין לֹא יֵשׁ הֶיכֵּר לִהְיוֹתָן עֶשֶׂר סְפִירוֹת** גם מצד האורות וגם מצד הכלים. כי מצד האורות כל האור הסתלק **בְּבַת אַחַת** ולא היה היכר בין אור אחד לשני, ולכן גם מצד הכלים לא היה היכר בין כלי אחד לאחר, לכן כאשר הרב ז"ל מבאר שהסתלק אור הכתר ואחריו אור החכמה וכו' עד אור המלכות שמסתלק אחרון, אין זה כך, אלא כל האור דעקודים שיצא בהתפשטות הראשונה מפה דא"ק, התפשט בבת אחת, וכאשר חזר האור הזך לפה דא"ק בהסתלקות הראשונה, הסתלק בבת אחת, עם כל זאת כדי **לשבר את האוזן** חייבים על דרך הלמוד לתת זמן ומקום בסוגית בבתפשטות וההסתלקות הראשונה לכל אור ואור בנפרד, ולכן **גַּם כֵּן כִּי הָאוֹר נִסְתַּלֵּק בְּיַחַד** ולא חלק אחרי חלק. **רַק הָעִנְיָן** כי עולם העקודים **הוּא כְּדַמְיוֹן כְּלִי אָרוֹךְ אֶחָד**[151] שהוא כלי דכתר דעקודים, שתחילתו מפה דא"ק ומגיע עד טבורו, **אֲשֶׁר** עשרה אורות כלולים בו, באופן שכולם הם בכלי אֶחָד[152], הכולל עשרה חלקים. ובהם עשרה אורות מחולקים והם **הַחֲלָקִים שֶׁלּוֹ**, ואורות אלו **אֵינָם שָׁוִים**

רק כלי אחד בלבד של כתר שבהם, וכל העשרה אורות כלולים בתוכו, והטעם הוא לפי שקודם שנגמר הכלי הזה, אף על פי שהאורות היו עשרה, לא היה ניכר כי הם עשרה, כי אינם מתחלקים לעשרה, אלא על ידי הכלים המגבילים אותם ונותנים בהם קצבה, עד כאן גבול אור הכתר, ועד כאן גבול אור החכמה, וכו'. אבל קודם שנגמר בכלי, לא היה ניכר בהם רק היותם אור אחד בלבד, וכאשר נסתלקו האורות פעם ראשונה, נסתלקו כולם בבת אחת, ואז על ידי הסתלקותם נעשה הכלי בפעם אחת ובבת אחת, כלי אחד לבד. אבל כאשר נתפשטו האורות בעת התפשטות השני, אז היו מחוברים התפשטות והסתלקות יחד, שהוא בחינת מטי ולא מטי הנזכר לעיל. ואז לא נכנסו האורות יחד בבת אחת, רק זה נכנס וזה יוצא, כנזכר לעיל באורך. ולכן האורות עצמם שנחלקו בזמן כניסתם ניכר בהם התחלקות לעשרה, כי חלק האור שהיה נכנס תוך הכלי בפעם ראשונה בבחינת מטי ולא מטי נקרא אור הכתר, והנכנס בפעם השנית נקרא חכמה. אבל הכלי שכולו נעשה בבת אחת בעת ההסתלקות הנזכר אינו נקרא רק כלי אחד, ואף על פי שלמעלה קראנו אותם עשרה כלים, אינם עשרה מחולקים, אומנם הם כדמיון כלי אחד ארוך, והחלק העליון שבו נתלבש אור הכתר, אנו קוראים אותו כלי הכתר, והחלק השני שבו, נקרא כלי החכמה, באופן שכולם הם כלי אחד, הכולל עשרה חלקים, ובהם עשרה אורות מחולקים, ולהיות שכולם אינם אלא כלי אחד, לכן אינו נקרא אלא בשם כלי הכתר וכו', עד כאן לשונו.

151

הָאִילָן הַקָּדוֹשׁ לְרַמְחַ"ל, פ"א ד' – יצאו ראשונה, מלכות בתחילה, וז"א אחריה, וכן כולם וכח הכלי בלוע בהם. הדק שבהם חזר ונכנס, כתר בתחילה וכולם אחריו. נתעבה הנשאר, ונעשה כלי מניצוצות שנפלו בו מהכאת אור חזרתו של עליון ורשימו של תחתון. בראשונה היו כולם נפשות. הרוויחו זה מזה ביציאתם וכן בחזרתם, כל אחד כראוי לו, עד מקיף שני. נשאר הכתר בפה דא"ק, ושאר התשעה יצאו, עד שנמצאת מלכות כלי בלי אור. **כל הכלים כלי אחד, אלא שעשר שנתות יש לו, זה עקודים.**
אוֹר עֵינַיִם ח"ב דִּקְל"ד ע"ג – עקודים, הכלי שמקבל האורות נקרא עקודים, ר"ל לפי שהוא כלי אחד, והוא מקשר ועוקד עשר אורות בתוכו, וזהו שהכלי הוא רק כלי אחת, והאורות בתוכה הם עשר.
גְּמָרָא שַׁבָּת ד"פ ע"ב – אלא אמר רב כהנא שנתות, כדתנן שנתות היו בהין, עד כאן לפר, עד כאן לאיל, עד כאן לכבש. **וּמְפָרֵשׁ רַשׁ"י** שנתות - סימנים כלי חרס גדול, ויש בו בליטות כמין אגוזים קטנים, עד כאן לסאה, עד כאן לסאתים, וסדין אותו בסיד כדי שיהיו לבנות ונכרות.

152

ע"ח ש"ו פ"א מ"ת דכ"ד ע"ב – אחר כך באו הטעמים התחתונים שמתחת האותיות, והם בחינת אורות היוצאים דרך הפה של א"ק משם ולחוץ, **וְהִנֵּה בְּכָאן נִתְחַבְּרוּ הָאוֹרוֹת חִיבּוּר גָּמוּר**, כי הרי הם יוצאים דרך צינור אחד לבד. והטעם כי כל מה שהאורות מתרחקים ומתפשטין למטה, כך יש יכולת להשיגם ולקבלם, לכן אין חשש אם נתחברו המקיפים עם הפנימים יחד, והנה כיון שכבר נתחברו האורות המקיפים ופנימים יחד, לכן מכאן התחיל להתהוות בחינת כלים, אלא שהם זכים בתכלית הזכות כמו שנבאר, לפיכך **עֲדַיִן לֹא נִתְגַּלָּה כָּאן**

כאשר החלק העליון שבכלי זה נתלבש אור הכתר, אנו קוראים אותו כלי הכתר, החלק השני שבו, אנחנו קוראים אותו כלי החכמה, החלק השלישי שבו, אנו קוראים אותו כלי הבינה, וכו', עד החלק העשירי, שאנו קוראים אותו כלי המלכות, עם כל זאת **כלים אלו לא כלים ממש, וכְפִי הִתְרַחֲקוּת שֶׁל הַזּוֹלְקִים** דאורות **הֵהֵם** שבתוך כלי דעקודים לפה דא"ק **מִקְצָתָם אֶל קְצָתָם** אינם[153] שווים, כי כל כלי חלוק מחברו לפי התרחקות או התקרבות האורות ממנו, לכן הם נקראים כלים בבחינה זאת, ולא כלים ממש. **וַהֲרֵי בֵּאַרְנוּ** בפרקין ובשער העקודים **מְצִיאוּת הָאוֹר** היוצא מפה דא"ק **וְהִתְפַּשְׁטוּתוֹ** עד הטבור דא"ק בהתפשטות הראשונה, **וְהִסְתַּלְקוּתוֹ** בחזרה למאציל בפה דא"ק **בבת אחת, וְהֵם ב' בְּחִינוֹת כְּמוֹ שֶׁבֵּאַרְנוּ בְּעֶזְרַת הַאֵ"ל**[154] האחת התפשטות האור דעקודים מפה דא"ק עד טבורו, והשניה הסתלקות האור הזך דעקודים בחזרה למקורו בפה דא"ק. כאן הרב ז"ל מתחיל לבאר את בחינת ההתפשטות וההסתלקות השניה, והוא בחינת מטי ולא מטי, בפרקין הרב ז"ל מבאר בחינות אלו באופן כללי ביותר, ופרטי הפרטים של הסוגיה הנפלאה הזאת מבוארים בהמשך שער זה. **וְעַתָּה יֵשׁ הִתְפַּשְׁטוּת וְהִסְתַּלְקוּת אֵזוֹר** הנקראים התפשטות והסתלקות השניה, והוא בחינת מטי ולא מטי, **כַּאֲשֶׁר יִתְבָּאֵר בְּעַ"ה** בשער זה, **וְאָז יִשְׁלִמוּ ד' בְּחִינוֹת** האחת בחינת התפשטות והסתלקות ראשונה, והם ב' בחינות כמבואר בשער העקודים, והשניה התפשטות והסתלקות השניה, והם ב' בחינות כמבואר בשער מטי ולא מטי, וביחד הם ד' בחינות, שנים[155] שהם ארבע. **וְהָעִנְיָן הוּא שֶׁכַּאֲשֶׁר נִשְׁלַם בִּבְחִינַת הַכְּלִי הַזֶּה** בהתפשטות הראשונה, **וְנַעֲשָׂה כְּלִי עַל יְדֵי הִסְתַּלְקוּת הָאוֹר** לפה דא"ק כדי להשתלם בבחינת[156] נרנח"י פנימיים ובְ' מקיפין, **אָז כַּאֲשֶׁר יַחֲזוֹר הָאוֹר** של

רק בחינת כלי אחד לבד, **אבל האורות הם נחלקים לעשרה**, ואלו האורות נקראו עקודים. ופירוש הענין, כי הנה כתיב - וארא בחלום והנה העתודים העולים על הצאן, עקודים, נקודים, וברודים, וגם כתיב - כי ראיתי את כל אשר לבן עושה לך, ובפסוק זה רמוז כל בחינות אלו שאנו מדברים בכאן, כי לבן הוא סוד לובן העליון, אשר הוא קודם כל האצילות הזה, והוא (היה) העושה כל אלו הבחינות שהם עקודים, נקודים, ברודים, לצורך האצילות שיאציל אחריהם, אשר הוא נקרא בשם יעקב, והתחיל בעקודים כי הם האור היוצאים מפה דא"ק, אשר בהם התחיל גילוי הויות הכלים, **להיות עשרה אורות פנימים ומקיפים מקושרים ומחוברים יחד, בתוך כלי אחד**, אשר לסבה זו נקרא עקודים, מלשון ויעקד את יצחק, ר"ל ויקשור, וכמו שנבאר בע"ה.

153

כרם שלמה ש"ז פ"א אות י"ד – הטעם מובן למה נקראים עשרה כלים, ואינם עשרה כלים ממש, והוא מה שנקראים עשרה כלים מפני הטעם הנז"ל בסמוך שהתרחקות האורות מקצתם אל קצתם אינם שום. כי מכלי המלכות מאיר האור בבחינת אחור בפנים, ובבחינת היסוד בבחינת אחור באחור, ואחר כך ההוד מאיר בבחינת אחור באחור, ובבחינת היסוד אחור בפנים, וכן על דרך זה, עד היות האור קרוב אל הכתר, כל אחד ודאי שהוא חלוק מחברו בבחינת היות התרחקות האורות ממנו, או קרבות האורות לו. לזה הם נקראים עשרה כלים בבחינה זאת, אבל הואיל והם נעשו בבחינת הכלים על ידי הסתלקות האורות בבחינה אחת, לזה הם כלי אחד בלבד, ופשוט.

154

הגהות וביאורים)א(– ואמנם יש. כן איתא בכתב יד.

155

גמרא שבת ד"ב ע"א – יציאות השבת שתן שהן ארבע בפנים, ושתים שהן ארבע בחוץ, כיצד העני עומד בחוץ ובעל הבית בפנים. פשט העני את ידו לפנים ונתן לתוך ידו של בעל הבית, או שנטל מתוכה והוציא, העני חייב ובעל הבית פטור. פשט בעל הבית את ידו לחוץ ונתן לתוך ידו של עני, או שנטל מתוכה והכניס, בעל הבית חייב והעני פטור. פשט העני את ידו לפנים, ונטל בעל הבית מתוכה, או שנתן לתוכה והוציא, שניהם פטורין, פשט בעל הבית את ידו לחוץ, ונטל העני מתוכה, או שנתן לתוכה והכניס, שניהם פטורין.

156

הספירות דעקודים בהתפשטות השניה **להתפשט בו** ר"ל בכל כלי וכלי דעקודים, האור[157] של כל ספירה וספירה הבא בהתפשטות השניה לא יתלבש בכלי שלו עצמו, אלא בכלי יותר גדול ממנו, כך[158] שאור הכתר נשאר בתוך הפה דא"ק ואינו מתפשט בהתפשטות השניה, אור החכמה מתלבש בכלי הכתר, אור הבינה בכלי החכמה, וכו' עד שאור המלכות מתלבש בכלי היסוד, וכלי[159] המלכות נשאר בלי אור שיתפשט בו, לכן נקרא[160] כלי המלכות אספקלריא שאינה מאירה דלית לה מגרמה כלום, **אז**[161] **ישאר** בעולם העקודים **בבזינת אורות וכלים** ר"ל אפילו שהאורות שיוצאים מפה דא"ק בהתפשטות השניה, יצאו שלמים בכל הבחינות דנרנח"י וב' מקיפים, אורות אלו לא יזככו את הכלים, מפני שכל אור יתלבש בכלי של הספירה שמעליו, כך שהאור המתלבש בכלי שמעליו לא יזכך ויבטל את הכלי[162] ♦ הרב ז"ל מתחיל ומבאר את ההתפשטות השניה של אורות העקודים, הנקראת מטי ולא מטי. **אמנם** כאשר

ע"ח ש"ו פ"ג מ"ת דכ"ו ע"ב – ואמנם בבוא כתר נמצא המלכות שלימה מכל ה' אורות פנימים, שהם נרנח"י, ועתה היו חסרים עדיין כל הספירות כנ"ל שיצאו חסרים בלי תשלומין, והיה זה ממש בכוונה גמורה כנ"ל, ולכן הוצרכו לחזור ולעלות אל המאציל, לקבל ממנו תשלומיהן.

157

כרם שלמה ש"ז פ"א אות ט"ו – כמו שכתב לעיל בפרק ד' משער העקודים, כי הטעם שלא נתגלו בחינת הכלים בתחילה בהתפשטות הראשונה, מפני שהאור הזך היה מתערב עם האור העב, והקשה שם לעיל, כאשר יחזור האור הזך להתפשט בהכלים, יחזרו הכלים להתבטל מבחינת כלים, ויעשו אורות כבתחילה. ותירץ כי האורות באים מחולפים, כי אור החכמה בכלי הכתר וכו'. ולזה לא יתבטלו הכלים מן בחינתם וישארו בבחינת כלים, הואיל והאורות הם אינם שלהם, כי אור הקטן בכלי הגדול וכו'.

158

ע"ח ש"ו פ"ד מ"ת דכ"ה ע"ד – ואם תאמר כאשר יחזור האור הזך לירד ולהתפשט בכלי, יחזור ויזדכך הכלי כבראשונה, ויתבטל מליהיות בחינת כלי)נ"א ויתבטלו מליהיות בחינת כלים(, התשובה בזה הוא כמו שכתוב במקום אחר כי לא חזרו כל העשר ספירות שנתעלו למקורם לחזור ולירד כולם. אמנם התשעה תחתונים לבדם ירדו, **והעליונה שהוא הכתר נשארה תמיד עם המאציל**, ובזה נמצא שאור החכמה הוא שחזר להתלבש בכלי הכתר, וכן כל שאר הספירות ויכולין הכלים לקבל האור הממועט ממנו עתה, ממה שהיה להם בתחילה.

159

ע"ח ש"ו פ"ה מ"ת דכ"ז ע"ב – ונתחיל לפרש הענין, הנה אור המלכות לא השאיר רשימו, וכל בחינה נסתלקה כולה ועלתה, וזה הטעם שנקראת מלכות **אספקלריא שאינה מאירה דלית לה מגרמה כלום** כי לא השאיר בה שום רושם, אך מן הרשימו שנשאר ביסוד לבדו מאיר גם כן אליה. עוד יש טעם אחר אל הנזכר, והוא מה שיתבאר לעיל כי כאשר חזרו האורות לירד, נשאר כתר דבוק במאציל ולא ירד כלל, נמצא שחכמה חזרה למקום הכתר כו', ומלכות במקום היסוד. ונשאר כלי של המלכות בלתי אור כלל, ולכן נקרא כלי של מלכות אספקלריא דלא נהרא, וכבר נתבאר זה במקום אחר באורך בדרוש עקודים, והנה כשעלתה המלכות במקום היסוד, הלא **היסוד היה מאיר בה דרך אחור** כנ"ל.

160

ע"ח ש"ו פ"ו מ"ב דכ"ח ע"ב – אמנם אור המלכות אינו מניח רשימו בכלי שלה, רק מן הרשימו שמשאיר אור היסוד בכלי שלו, משם נמשך הארה אל כלי של המלכות אחר הסתלקות האור שלה, **וזה סבה אחרת למה נקרא מלכות עניה דלית לה מגרמה כלום, וגם נקרא אספקלריא דלא נהרא**. והטעם הוא כי הכלי שלה בהעלותה והסתלק האור ממנה לא נהרא כלום, כי לא נשאר בה שום אור אפילו בבחינת רשימו, ואפילו חיות הכלי ההוא אינו מבחינת אור שלה, רק מבחינת הרשימו שנשאר בכלי יסוד כנ"ל, ומשם מחיה ומאיר בכלי המלכות. וזה אומרו דלית לה מגרמה כלום.

161

כרם שלמה ש"ז פ"א אות ט"ו – וזה מה שכתב כאן, אז ישאר בחינת אורות וכלים, ר"ל ולא יתבטלו הכלים מבחינתם.

162

תרשים א – כ"ד.

התפשט האור דעקודים בפעם הראשונה[163], בהתפשטות זאת האור התפשט מפה דא"ק עד טבורו בפעם אחת, וכשהסתלק האור בחזרה למאצילו כדי להשתלם בכל הבחינות דנרנח"י וב' מקיפין, הסתלק האור כלו בפעם אחת, **וכאשר נתפשט האור** מפה דא"ק **בכלי זה** דעקודים ב**פעם ה**שנית, **אינו מתפשט** כסדר ההתפשטות **הראשונה** ר"ל בבת אחת, **אך** באופן אחר, והוא כי בתפשטות השניה האור היה **נגלה ונעלם** בכלי דעקודים, ר"ל האור נגלה בכלי הכתר ונעלם ממנו, ואחר כך בכלי החכמה ונעלם ממנו, וכן על דרך זה בכל הכלים דא"ק, ולסיבה זאת של גילוי והעלמות האור נעשה חילוק הכלים דעקודים, **וזה**[164] מה **שכתוב בזוהר** ספר בכמה מקומות[165] **מטי**[166] **ולא מטי** ר"ל מגיע ולא מגיע, נכנס ויוצא.

163

כרם שלמה ש"ז פ"א אות ט"ו – ר"ל התפשטות הראשונה היתה בפעם אחת, ולכן ההסתלקות בפעם אחת, כמו שכתב בלשון שער ההקדמות המובא לעיל, וז"ל - התפשטות ראשון של האורות בפעם אחת עד למטה, ואחר כך הסתלקות ראשון של האורות בפעם אחת, עד כאן לשונו. אכן עכשיו בהתפשטות השניה והסתלקות שניה, אינה בפעם אחת נגלה ונעלם בכל ספירה וספירה בבחינת מטי ולא מטי, כמפורש לקמן בפרק ב' באורך, ופירוש מלת מטי ולא מטי ר"ל מגיע ולא מגיע, ור"ל מטי - בכלי, ולא מטי - ומסתלק מן הכלי.

164

בית לחם יהודה ש"ז פ"א – וזה שכתוב בזוהר מטי ולא מטי. הוא בזוהר בראשית דף ט"ז ע"ב, ודף ס"ה ע"א, ובזוהר פקודי דף רס"ח ע"ב.

165

זהר פרשת בראשית דט"ז ע"ב תרגום וביאור – מה שכתוב **ויהי אור**, הכוונה היא על **אור דכבר הוה** מדובר על אור שכבר היה, כי **אור דא רזא סתימא** באור זה יש סוד סתום, **אתפשטותא דאתפשט ואתבקע מרזא דסתרא דאויר עלאה סתימא** בהתפשטות שהתפשט ממקום הסוד המוסתר, ובקע ממקום הנקרא אויר עליון, **בקע בקדמיתא** אור זה בקע בתחילה, **ואפיק חד נקודה סתימא מרזא דיליה** והוציא נקודה אחת, שהיא בחינת אות י' הנקראת נקודה, מתיבת אוי"ר, ונשארה תיבת או"ר, **דהא** פירוש **האין סוף בקע מאוירא דיליה** האין סוף בקע מהאור שלו הנקרא אויר, **וגלי האי נקודה י'** וגילה את הנקודה ההיא, שהיא אות י', **כיון דהאי י' אתפשט** וכיון שהאות י' יצאה ונתפשטה, **מה דאשתאר אשתכח אור** מה שנשאר מתיבת אוי"ר היא תיבת או"ר, **מההוא רזא דההוא אויר סתימאה** מהסוד ההוא הנקרא אויר סתום, **כד אשתכח מניה נקודה קדמאה י'** אחר שכבר נמצא כלי י' הנקרא אות י' כדי לקבל את האור, **אתגלי לבתר עליה** נתגלה והאיר הא"ס על הכלי בדרך העלם, בסוד **מטי ולא מטי** ר"ל פעם מגיע האור לכלי, ומאיר בו, ופעם האור לא מגיע לכלי, ולא מאיר בו. **כיון דאתפשט י'** כיון שיצא והתפשט האור, **ואיהו הוא אור דאשתאר מאיר** והוא האור שנשאר מתיבת אויר, **והיינו אור דכבר הוה והא קיימא** אור אשר היה וקיים ומאיר לתחתונים, **נפק ואסתלק ואתגניז** יצא והאיר ואחרי זה הסתלק בחזרה למעלה ונגנז, **ואשתאר חד נקודה מניה** ונשאר ממנו נקודה אחת הנקרא אות י' והיא בחינת הארה, **למהוי מטי תדיר בארח גניזו בההיא נקודה** כדי שיגיע ויאיר תמיד האור בכלי כדי חיותו, ובבחינה זאת נקראת הארה, ונחשב זה כאילו האור לא מגיע, ר"ל מגיעה הארה לכלי כדי חיותו ומסתלקת מהכלי, **מטי ולא מטי** מגיע בבחינת עצמות האור, ולא מגיע, ר"ל מסתלק האור מהכלי, **נהיר ביה בארח נקודה קדמאה דנפק מניה** מאיר בכלי בדרך הנקודה שהיא סוד אות י' שיצאה ממנו, **ובגין כך כלא אחיד דא בדא** לכן כל האורות אחוזים זה בזה, **נהיר בהאי ובהאי** ומאירים אחד לשני, **כד סליק** ושמסתלק האור בסוד לא מטי כלא סלקין **ואתאחדן ביה** כל האורות מסתלקים, **ואיהו מטי ואגניז באתר דאין סוף** והאור שהיה בבחינת מטי והאיר בכלי מסתלק למאציל בבחינת לא מטי, ונגנז בפה דא"ק הנקרא אין סוף בערך התחתונים ממנו, **וכלא חד אתעביד** וכולם נעשים לבחינה אחת.

זהר פרשת נח דס"ה ע"א תרגום וביאור – **רעו דמחשבה עלאה** אז היה רצון של המחשבה העליונה, **למרדף אבתריה ולאתנהרא מניה** לרדוף אחרי א"ק ולקבל הארה ממנו, **חד פריסו אתפריס** מסך אחד נפרס באמצע גופו של א"ק במקום הטבור, ועד המסך הזה שהוא הטבור דא"ק מגיע עולם העקודים, ותחתיו עולם האצילות, **ומגו ההוא פריסא** ומתוך המסך הזה של א"ק, **ברדיפו דההיא מחשבה עלאה** על ידי רדיפת

הרב ז"ל מבאר את בחינת ההתפשטות וההסתלקות השניה, הקשורה לבחינת ההתפשטות וההסתלקות הראשונה, כי[167] כל ד' הבחינות של התפשטות והסתלקות היו צריכים לעולם העקודים, כאשר **ההתפשטות הראשונה** היתה כדי הוא להמציא את עולם העקודים, ולהוציאה לאויר העולם, ובהתפשטות זאת היו אורות וכלים מעורבים יחד. **ההסתלקות הראשונה** היתה כדי להמציא הכלים דעולם העקודים, וזה נעשה על ידי שהסתלק האור הזך מהאור העב וחזר לפה דא"ק, ועל ידי נתעבה האור העב והגס, והתחיל להיעשות בחינת כלים דעקודים. **ההתפשטות השניה** היתה כדי לישב כל אור בכלי השייך לו, ובזה יהיה מחובר האור לכלי השייך לו. **ההסתלקות השניה** היתה כדי שיוכלו הכלים לקבל בתוכם אורות בהדרגה ולא בבת אחת, כדי שלא ישברו ח"ו. **ואלו**[168] **הב' בזיונות נקראו התפשטות והסתלקות** השניה (נ"א בזיונת שניים יקראו הסתלקות **והתפשטות) הנ"ל, שבהם יושלמו הארבע בזיונות** של הסתלקות והתפשטות, ב' בחינות של התפשטות והסתלקות הראשונה, וב' בחינות של התפשטות והסתלקות השניה. **צריך לדעת** כי אור הכתר שהסתלק לפה דא"ק, נשאר[169] בפה דא"ק תחת המלכות של השרשים דעקודים, ולא מתפשט בהתפשטות השניה, והאור הראשון

המחשבה העליונה הרוצה להשיג ולקבל הארה מא"ק, **מטי ולא מטי** מגיע ולא מגיע הארה דא"ק, **עד ההוא פריסא** עד מקום המסך שהוא בטבורו דא"ק, שעד שם מגיע עולם העקודים. ודרך מסך זה מקבלים פרצופי עולם האצילות הארה, **נהיר מאי דנהיר** ומאיר המאציל דרך המסך הארה מועטת למי שראוי לקבל שפע זה. זהר פרשת פקודי דרס"ח ע"ב תרגום וביאור – **רעו דמחשבה עלאה** אז היה רצון של המחשבה העליונה, **למרדף אבתריה ולאתנהרא מניה** לרדוף אחרי א"ק ולקבל הארה ממנו, **חד פריסו אתפרס** מסך אחד נפרס באמצע גופו של א"ק במקום הטבור, ועד המסך הזה שהוא הטבור דא"ק מגיע עולם העקודים. ותחתיו עולם האצילות, **ומגו ההוא פריסא** ומתוך המסך הזה של א"ק, **ברדיפו דההיא מחשבה עלאה** על ידי רדיפת המחשבה העליונה הרוצה להשיג ולקבל הארה מא"ק, **מטי ולא מטי** מגיע ולא מגיע הארה דא"ק, **עד ההיא פריסא** עד מקום המסך שהוא בטבורו דא"ק, שעד שם מגיע עולם העקודים. ודרך מסך זה מקבלים פרצופי עולם האצילות הארה, **נהיר מה דנהיר** ומאיר המאציל דרך המסך הארה מועטת למי שראוי לקבל שפע זה, **וכדין ההוא מחשבה עלאה** ואז כשקבלה אותה מחשבה עליונה שהיא פרצוף דעתיק את ההארה דרך המסך מא"ק, **נהיר בנהירו סתים דלא ידיע** פרצוף מאיר באור סתום שאינו ידוע, **והאי מחשבה לא ידע** עם כל זאת המחשבה העליונה שהוא פרצוף דאצילות עתיק אינו משיג גודל האור דא"ק הניתן לו דרך אותו מסך.
166

תרשים א – כ"ה.
167

תרשים א – כ"ו.
168

כרם שלמה ש"ז פ"א אות ט"ו – וזה שכתוב ואלו הב' בחינות נקראו התפשטות והסתלקות הנ"ל, שבהם יושלמו הד' בחינות. ר"ל כמו שמבואר בשער ההקדמות המובא לעיל, שעל ידי הד' בחינות אלו יושלמו בחינת הכלים והאורות של עולם העקודים. והוא, כי **התפשטות הראשונה** שהיא הבחינה הראשונה מן הד' בחינות הנזכרים כאן, הוא להמציא עולם העקודים, ולהוציאה לאויר העולם, והם היו אורות וכלים מעורבים יחד. **והסתלקות הראשונה** שהיא בחינת הב' הוא כדי להמציא הכלים של עולם העקודים, כדי שיתפשטו האורות מהם, ויתרחקו מהם, ויוגלמו ויעשו בחינת כלים. **והתפשטות שניה** שהיא הבחינה הג', הוא כדי לישב כל אור בכלי השייך לו, ובזה יהיה מחובר. הסתלקות גם כן **שהיא הסתלקות השניה**, והיא הבחינה הד' הוא כדי שיוכלו הכלים לקבל בתוכם אורות בהדרגה ולא בבת אחת, כדי שלא ישברו ח"ו, כמו שכתב הרב ז"ל לקמן - אלא מטי ולא מטי, כדי להאיר לו בתחילה הארה בעלמא, ואחר כך מסתלק, ואחר כך מתפשט התפשטות גמור. נמצא כל ד' בחינות אלו הם צריכים כאן, שעל ידם יושלמו עולם העקודים, ופשוט.
169

ע"ח ש"ז פ"ג מ"ק דל"ב ע"א – והנה דע כי הלא קודם בחינת העקודים אלו יש למעלה מהם שרשי אלו העשר, כתר חכמה בינה כו' עד המלכות, **ולמטה משורש מלכות זו שם הוא התחלת אור הכתר הנ"ל, פניו למעלה נגד השורש שלו, ואחוריו למטה נגד כלי הכתר של בחינת העקודים**. והנה כל החיות הצריך אל העקודים האלו, כולם נמשכין אליהם מהשרשים אלו העליונים, ועוברים דרך אור הכתר הנ"ל, וכל זה בחינת

שיוצא מפה דא"ק בהתפשטות השניה הוא אור[170] החכמה המתפשט בכלי הכתר. **עוד צריך לדעת** כי כאן בפרקין הרב ז"ל מבאר את סוגית מטי ולא מטי באופן כללי ביותר, ויש פרטים ופרטי פרטים בהתפשטות וההסתלקות השניה.

והעניין הוא **כי תזחלה מטי האור** דחכמה המתפשט מפה דא"ק בהתפשטות השניה **תוך הכלי של הכתר** ועם אור החכמה מתפשטים שאר האורות דעקודים, **ואזור כך מסתלק** אור החכמה **ממנו** לפה דא"ק, ר"ל לא מטי האור דחכמה בכלי דכתר, אבל[171] שאר ח' האורות דעקודים נשארים בכלי הכתר, **ואזור כך מטי האור** הבינה עם שאר האורות דעקודים ב**תוך הכלי של ה**חכמה, **וזזור אזור כך להסתלק** אור הבינה מכלי החכמה לכלי הכתר **ולא לפה דא"ק**, ר"ל לא מטי בכלי דחכמה, ונשארו בכלי החכמה ז' אורות דעקודים, **וכן עשה** האור דכל אחד מהספירות דעקודים **בכל עשר כלים** דעקודים, **וזה** [ד"ל ע"ד 60] (**נ"א ואז**) **נקרא** בכל מקום **מטי ולא מטי** מגיע ולא מגיע **הנזכר בזוהר הקדוש תמיד.** הרב ז"ל רומז כאן כי האור הבא בתחילה לכלים הוא רק בחינת הארה[172], ואחר כך האור בה בבחינת עצמותו **ולעולם**[173] **יש בטבע האור ההוא** דעקודים היוצא מפה דא"ק

חיות לבד, אך לא בחינת שפע ממש, רק כאשר יהיה אור הכתר לא מטי בכלי שלו, כי אז יעלו ויקבלו שפע גדול משרשיהם, כמו שנבאר בע"ה.
170

ע"ח ש"ו פ"ג מ"ת דכ"ה ע"ד – ואם תאמר כאשר יחזור האור הזך לירד ולהתפשט בכלי, יחזור ויזדכך הכלי כבראשונה, ויתבטל מליהיות בחינת כלי (נ"א ויתבטלו מליהיות בחי' כלים). התשובה בזה הוא כמו שכתוב במקום אחר כי לא חזרו כל העשר ספירות שנתעלו למקורם לחזור ולירד כולם. אמנם התשע תחתונים לבדם ירדו, והעליונה שהוא הכתר נשארה תמיד עם המאציל, **ובזה נמצא שאור החכמה הוא שחזר להתלבש בכלי הכתר**, וכן כל שאר הספירות ויכולין הכלים לקבל האור הממועט ממנו עתה, ממה שהיה להם בתחלה.
171

ע"ח ש"ז פ"ג מ"ק דל"ב ע"ב – ונחזור אל העניין, כי הלא ביארנו לעיל כי כאשר האור מטי בכתר אז ניתנין ט' אורות בכלי של כתר, וכשיחזור להיות לא מטי אז ניתנין ח' אורות אל החכמה.
172

ע"ח ש"ז פ"ב מ"ק דל"א ע"א – אמנם מציאות מטי ולא מטי צריך לבאר היטב מה ענינו, ונאמר כי תחלה מתחיל האור לבא בכתר, וכל התשע אורות כלולים בו, ואחר כך חזר להיות בחינת לא מטי (נ"א בחינת מטי ולא מטי(שחזר ויצא משם אור המגיע אל הכתר, אך התשע אורות אחרים היו נשארים בכתר, כי יש כח בכתר לסובלם. ואז בעת אשר לא מטי בכתר האור אליו, אז ממשיך כתר אל החכמה פנים בפנים כנ"ל את התשע אורות ונתנם בחכמה, ואז החכמה הפכה פניה אחר שקבלה התשע אורות **ומאירה** לבינה פנים בפנים **האירה לבדה**, אבל אינה נותנת לה עדיין את השמונה)נ"א את הז'(אורות. אחר כך חזר אור הכתר להיות מטי בכתר, ואז אור החכמה חזר להתעלם בכתר מחמת החשק שיש לה להתחבר עם הכתר, ואז כלי חכמה הפך פניו אל הכתר ונתן לו את האור שלו, אך אור הבינה שהוא]שהיה[בחכמה אינה עולה עמו בכתר מחמת חשק הבנים שהיא אמם. וכבר ביארנו כי אין מציאות חזרת פנים ואחור רק בבחינת כלים, אבל באורות עצמן לא יצדק בהם פנים ואחור, רק התפשטות והסתלקות. ואמנם אחרי הפכו כלי של חכמה פניו נגד הכתר ועלה שם האור שלו הנה אחר כך חזר והפך פניו למטה נגד הבינה, **ונתן לה את השמונה**)נ"א אורות.
173

כרם שלמה ש"ז פ"א אות ט"ו – ומבאר הטעם כאן למה האור נכנס ויוצא, ולא נכנס בקבע. ועוד מה תועלת יש בכניסה זאת. ולזה אמר, כי התועלת הוא כדי להביא הארה ולהאיר להכלי בכניסה זאת, מפני שאי אפשר להם לסבול האור בפעם אחת להיותן כולם כלי אחד, ואין בהם כח לסבול האור בפעם אחת, אם לא יקבלו הארה בתחילה, להיות שכאן הוא התחלת בנין הכלים. וזה מה שכתב כאן, ולעולם יש בטבע האור ההוא לבא ולהאיר, ואחר כך מסתלק וכו', להאיר דייקא, ולא נכנס לבטלה.

לָבוֹא (נ"א לְהָבִיא) **וּלְהָאִיר** בחינת הארה בכלים דעקודים, כי אי אפשר לכלים לסבול את עצמות האור בפעם אחת, לכן מקבלים הכלים תחילה הארה, ואחר כך את עצמות האור, **וְאַוֹזֹר כָּךְ מִסְתַּלֵּק**[174] האור מהכלי למעלה בסוד הפסוק[175] **וְהַחַיּוֹת רָצוֹא וָשׁוֹב,** עם כל זה אינו מסתלק כולו, אלא רק בחינת שורש האור מסתלק, והענפים נשארים בכלי, ועל ידי זה תמיד יש קשר וחיבור בין השורש המסתלק למאציל לבין האור והכלי הנמצא בעולם העקודים, **כְּמוֹ**[176] **שֶׁיֵּשׁ בְּטֶבַע שַׁלְהֶבֶת הַנֵּר שֶׁהִיא מִתְנוֹעֲעַת** ועולה למעלה, אבל על כל פנים נשארת דבוקה בגחלת, **וְכֵן** גם בעולם העקודים כאשר מסתלק האור למאציל, לכן **נִשְׁאָר תָּמִיד**[177] **הָאוֹר הַהוּא** אפילו אחר בנין של העקודים **לִהְיוֹת מַטִּי וְלֹא מַטִּי בְּכֵלִים הָאֵלּוּ הַנִּקְרָא עֲקוּדִים** ר"ל תמיד האור נכנס ויוצא מהכלים כדי לא בטל את מציאותם, [178]**כִּי**[179] **לִסִבַּת**[180] **הֱיוֹתָן**

174

הגהות וביאורים)ב(– נ"ב נ"ל שזה סוד והחיות רצוא ושוב, אל תקרי והחיות, אלא והחיות בשור"ק, כנל"מ.

175

יחזקאל ד' י"ד – והחיות רצוא ושוב כמראה הבזק.

176

כרם שלמה ש"ז פ"א אות ט"ו – ומה שכתב כמו שיש בטבע שלהבת הנר שהיא מתנועעת, כי פשט הענין הוא שמביא ראיה כמו שהשלהבת מתנועעת, כך כאן, אבל כוונתו להורות לנו זה הסילוק שמסתלקין ועולים למעלה, אינו סילוק גמור, אלא הענפים נשארים כאן, שהוא מה שקורא אותם הרב ז"ל בשם רשימו והשורש, והשורש שלהם מסתלק. ועל כל פנים הם עדיין קשורים זה בזה, ואין נפרד זה מזה, כמו השלהבת הקשורה בגחלת, שאף על פי שהשלהבת היא עולה ויורדת היא עדיין קשורים זה בזה, וכן כאן נמי הענין כן, כמו שסיים וז"ל - וכן נשאר תמיד האור ההוא להיות מטי ולא מטי בכלים האלו, הנקרא עקודים, כי לסיבת היותם כלי אחד, אין כח בכלי הזה לסבול האור אם לא בהיותו מטי ולא מטי.

177

כרם שלמה ש"ז פ"א אות ט"ו – ומה שכתב **תמיד,** ר"ל אפילו אחר בנין של העקודים נשאר זה תמיד, והוא לטעם הנזכר לקמן על הפסוק - כי רגע באפו חיים ברצונו, יעוין שם. והענין הוא, כי הוא **סוד נמרץ** שאי אפשר לגלותו, כי אם מעט ממנו, והוא כי בכל עת שניתוספין כלים חדשים ואורות חדשים לעולם העקודים גם כן, ולזה הוא הענין תמיד הוא כן, **ודי הוא למבין מדעתו**.

178

יפה שעה)ב(– כי לסיבת היותם בכלי אחד אין כח בכלי הזה לסובלו, לסבול האור אם לא בהיותו מטי ולא מטי כו'. קרי לעניות דעתי דבשלמא אם כשהוא בחינת לא מטי אז היה שהאור יוצא מן הכלי לחוץ, הוה ניחא הטעם שנתן שאין כח בכלי לסבול האור, ולכך יוצא האור מתוכו ועומד בחוץ. אבל לפי האמת, שבחינת מטי ולא מטי הכל הוא בתוך הכלי, שכשהוא מטי בחכמה, אז הוא לא מטי בבינה, שאור הבינה עלה לכלי החכמה. וכן כשהוא מטי בחסד אז הוא לא מטי בגבורה. שאור הגבורה עלה לכלי החסד. נמצא כל הבחינות דמטי ולא מטי הכל הוא בתוך הכלי.

179

בית לחם יהודה ש"ז פ"א – כי לסיבת היותם בכלי אחד אין כח בכלי הזה לסבול האור אם לא בהיותו מטי ולא מטי. עיין להרב יפה שעה שתקשה בשלמא אם היה האור יוצא מהכלי לגמרי הוה ניחא, אבל לפי האמת כל בחינה מטי ולא מטי הכל הוא בתוך הכלי, אם כן מה יושיענו בהיותו מטי ולא מטי, והניח בצריך עיון. ואפשר לתרץ דעל כל פנים הוא מתרוקן מספירה לספירה, כדמיון האדם שנוטל גחלת בידו שמהפכה ממקום למקום, כדי שלא תכוה מקומו לגמרי, אף על פי שכל המקומות הם ביד אחד בלבד. ואחר כך ראית שכמו כן תרץ חכם רבי אליהו מני ז"ל.

180

בְּכְלִי אֶחָד הָעוֹקֵד בְּתוֹכוֹ אֶת כָּל הָאוֹרוֹת דְעֲקוּדִים **אֵין כֹּחַ בְּכְלִי הַזֶּה לִסְבֹּל הָאוֹר** הַבָּא מֵהַמַּאֲצִיל **אִם לֹא בְּהִיוֹתוֹ מַטִי וְלֹא מַטִי.** הָרַב ז"ל מְסַכֵּם בְּסִכּוּם בֵּינַיִם אֶת ב' הַבְּחִינוּת שֶׁל הַהִתְפַּשְּׁטוּת וְהַהִסְתַּלְּקוּת. **וְהֲרֵי בֵּאַרְנוּ בָּזֶה ד' בְּחִינוֹת** שֶׁל הַהִתְפַּשְּׁטוּת וְהִסְתַּלְּקוּת, **שֶׁהֵם הַתְפַּשְּׁטוּת** הָאוֹר דְעֲקוּדִים **הָרִאשׁוֹנָה** [181] **וְהִסְתַּלְּקוּתוֹ** כְּמְבוֹאָר בְּשַׁעַר הָעֲקוּדִים וּבְפֶרֶק א' דְשָׁעַר מַטִי וְלֹא מַטִי, שֶׁבְּהִתְפַּשְּׁטוּת זֹאת כָּל הָאוֹרוֹת הִתְפַּשְׁטוּ בְּפַעַם אַחַת, וְהִסְתַּלְּקוּ בְּפַעַם אַחַת, **וְהַתְפַּשְּׁטוּת** הָאוֹר **הַשְּׁנִיָּה וְהַסְתַּלְּקוּתוֹ** הַמְבוֹאָר בְּשַׁעַר זֶה, שַׁעַר מַטִי וְלֹא מַטִי, שֶׁהַהִתְפַּשְּׁטוּת וְהִסְתַּלְּקוּת הָאוֹרוֹת נַעֲשָׂה בִּשְׁלַבִּים וּבְהַדְרָגָה. הָרַב ז"ל מְבָאֵר בְּסוּגְיָה זֹאת כִּי בְּהִתְפַּשְּׁטוּת הַשְּׁנִיָּה יָצְאוּ עֲשָׂרָה אוֹרוֹת מִפֹּה דא"ק, וְזֶה הֶפֶךְ מַה שֶּׁכָּתַב בְּפֶרֶק [182] ג' דְשַׁעַר הָעֲקוּדִים כִּי רַק ט' אוֹרוֹת יָצְאוּ בְּהִתְפַּשְּׁטוּת הַשְּׁנִיָּה. **וְגַם בֵּאַרְנוּ שֶׁזֶּה הַתְפַּשְּׁטוּת וְהִסְתַּלְּקוּת הַשְּׁנִיָּה נִקְרָא מַטִי וְלֹא מַטִי, וְלָכֵן נִקְרָא הַכְּלִי הַהוּא עֲקוּדִים, לְפִי שֶׁהוּא כְּלִי** [183] **אֶחָד** שֶׁאוֹרְכוּ מִפֹּה דא"ק עַד הַטַּבּוּר דֵּלֵיהּ, **וְהוּא מְקַשֵּׁר וְעוֹקֵד עֶשֶׂר**

שְׂפַת אֱמֶת ש"א פ"ז ש"ה ע"ב – כִּי לְסִבַּת הֱיוֹתָהּ בִּכְלִי אֶחָד, אֵין כֹּחַ בִּכְלִי הַזֶּה לִסְבֹּל הָאוֹר, אִם לֹא בְּהִיוֹתוֹ מַטִי וְלֹא מַטִי וְכוּ'. הִקְשָׁה הָרַשַׁ"ךְ זלה"ה בָּזֶה וז"ל - קָרֵי לְעֶנְיוּת דַּעְתִּי דְּבִשְׁלָמָה אִם כְּשֶׁהוּא בְּחִינַת לֹא מַטִי אוֹ הָיָה שֶׁהָאוֹר יוֹצֵא מִן הַכְּלִי לַחוּץ, הָיָה נִיחָא הַטַּעַם שֶׁנָּתַן שֶׁאֵין כֹּחַ בִּכְלִי לִסְבֹּל הָאוֹר, וּלְכָךְ יוֹצֵא הָאוֹר מִתּוֹכוֹ וְעוֹמֵד בַּחוּץ, אֲבָל לְפִי הָאֱמֶת שֶׁבְּחִינַת מַטִי וְלֹא מַטִי הַכֹּל הוּא בְּתוֹךְ הַכְּלִי, שֶׁכְּשֶׁהוּא מַטִי בַּחָכְמָה אָז הוּא לֹא מַטִי בַּבִּינָה, שֶׁאוֹר הַבִּינָה עָלָה לְכְלִי הַחָכְמָה. וְכֵן כְּשֶׁהוּא לֹא מַטִי בַּחֶסֶד, אָז הוּא לֹא מַטִי בַּגְּבוּרָה. נִמְצָא כָּל הַבְּחִינַת מַטִי וְלֹא מַטִי הַכֹּל הוּא תּוֹךְ הַכְּלִי, עַד כָּאן לְשׁוֹנוֹ. וְאַחֲרֵי נְשִׁיקַת יְדֵי וְרַגְלֵי קֻדְשׁוֹ, נִרְאֶה לְעֶנְיוּת דַּעְתִּי כִּי אֱמֶת הוּא שֶׁכָּל בְּחִינוּת אֵלּוּ אוֹרוֹת דְעֲקוּדִים הוּא, בְּחִינַת כְּלִי אֶחָד, אַךְ בְּוַדַּאי שֶׁחֵלֶק אֶחָד מִן הַכְּלִי רָאוּי לְהִתְלַבֵּשׁ בּוֹ אוֹר הַמַּלְכוּת, וְשָׁוֶה לְעֶרְכּוֹ וּלְחֶלְקוֹ אֶחָד לְאוֹר הַיְּסוֹד, וְכֵן כּוּלָם. וְכֵיוָן שֶׁבְּחִינַת לֹא מַטִי הוּא שֶׁכָּל אֶחָד מִסְתַּלֵּק וְעוֹלֶה לְחֵלֶק כְּלִי שֶׁלְּמַעְלָה מִמֶּנּוּ יָכוֹל לְסָבְלוֹ הָעֶלְיוֹן וּלְקַבְּלוֹ בְּתוֹכוֹ, מַה שֶּׁאֵין כֵּן אֵלּוּ הָיוּ נִכְנָסִין וְעוֹמְדִין בְּקֶבַע כָּל אֶחָד בְּחֵלֶק כְּלִי שֶׁלּוֹ, וְכֵן נִרְאֶה מִדִּבְרֵי רז"ל רֵישׁ פֶּרֶק ב' וז"ל - וְאַחַר כָּךְ חָזַר לִהְיוֹת בְּחִינַת לֹא מַטִי, שֶׁחָזַר וְיָצָא מִשָּׁם הָאוֹר הַנּוֹגֵעַ לַכֶּתֶר, אַךְ הַתִּשְׁעָה אוֹרוֹת אֲחֵרִים נִשְׁאֲרוּ שָׁם בַּכֶּתֶר, כִּי יֵשׁ כֹּחַ בַּכֶּתֶר לְסָבְלָם כוּ', יעו"ש. וְאִם שָׁגִיתִי אִתִּי תָּלִין מְשׁוּגָתִי.
181

כֶּרֶם שְׁלֹמֹה ש"ז פ"א אוֹת ט"ז – דְּהַיְינוּ בְּכָל הָעֶשֶׂר סְפִירוֹת בְּבַת אַחַת נִתְפַּשְּׁטוּ, וְכֵן בְּעֵת הַהִסְתַּלְּקוּת נִסְתַּלְּקוּ בְּפַעַם אַחַת, וּבְבַת אַחַת מִכָּל הָעֶשֶׂר סְפִירוֹת. מַה שֶּׁאֵין כֵּן בַּשְּׁנַיִם, שֶׁבְּכָל סְפִירָה וּסְפִירָה יֵשׁ הַתְפַּשְּׁטוּת וְהִסְתַּלְּקוּת, וְלָזֶה לְאֵלּוּ הַשְּׁנַיִם הֵם נִקְרָאִים מַטִי וְלֹא מַטִי, וְלֹא הָרִאשׁוֹנִים, וְכַוָּנַת הָרַב ז"ל לוֹמַר, כִּי בְּכָל מָקוֹם שֶׁנִּכְתָּב בְּחִינַת מַטִי וְלֹא מַטִי, הוּא עִנְיָן זֶה הַשְּׁנַיִם, שֶׁהֵם בְּחִינַת מַטִי וְלֹא מַטִי, הוּא עַל עִנְיָן זֶה הַשְּׁנַיִם שֶׁהֵם הַב' אַחֲרוֹנִים מֵהָאַרְבַּע הַנִּזְכָּרִים כָּאן בְּעִנְיָן הָעֲקוּדִים.
182

ע"ח ש"ו פ"ג מ"ת דכ"ה ע"ד – וְאִם תֹּאמַר כַּאֲשֶׁר יַחֲזוֹר הָאוֹר הַזַּךְ לֵירֵד וּלְהִתְפַּשֵּׁט בִּכְלִי, יַחֲזוֹר וְיִזְדַּכֵּךְ הַכְּלִי כְּבָרִאשׁוֹנָה, וְיִתְבַּטֵּל מְלִיּוֹת בְּחִינַת כְּלִי)בַ"א וְיִתְבַּטְּלוּ מְלִיּוֹת בְּחִינַת כֵּלִים(, הַתְּשׁוּבָה בָּזֶה הוּא כְּמוֹ שֶׁנִּתְבָּאֵר בְּמָקוֹם אַחֵר כִּי לֹא חָזְרוּ כָּל הָעֶשֶׂר סְפִירוֹת שֶׁנִּתְעַלּוּ לִמְקוֹרָם לַחֲזוֹר וְלֵירֵד כּוּלָם. **אָמְנָם הַתֵּשַׁע תַּחְתּוֹנִים לְבַדָּם יָרְדוּ, וְהָעֶלְיוֹנָה שֶׁהוּא הַכֶּתֶר נִשְׁאֲרָה תָּמִיד עִם הַמַּאֲצִיל**, וּבָזֶה נִמְצָא שֶׁאוֹר הַחָכְמָה הוּא שֶׁחָזַר לְהִתְלַבֵּשׁ בִּכְלִי הַכֶּתֶר, וְכֵן כָּל שְׁאָר הַסְּפִירוֹת, וִיכוֹלִין הַכֵּלִים לְקַבֵּל הָאוֹר הַמְמוּעָט מִמֶּנּוּ עַתָּה, מִמַּה שֶּׁהָיָה לָהֶם בַּתְּחִלָּה.
183

ע"ח ש"ו פ"א מ"ת דכ"ד ע"ב – אַחַר כָּךְ בָּאוּ הַטְּעָמִים הַתַּחְתּוֹנִים שֶׁמִּתַּחַת הָאוֹתִיּוֹת, וְהֵם בְּחִינַת אוֹרוֹת הַיּוֹצְאִים דֶּרֶךְ הַפֶּה שֶׁל א"ק מִשָּׁם וְלַחוּץ, וְהִנֵּה בְּכָאן נִתְחַבְּרוּ הָאוֹרוֹת חִבּוּר גָּמוּר, כִּי הֲרֵי הֵם יוֹצְאִים דֶּרֶךְ צִינּוֹר אֶחָד לְבַד. וְהַטַּעַם כִּי כָּל מַה שֶּׁהָאוֹרוֹת מִתְרַחֲקִים וּמִתְפַּשְׁטִין לְמַטָּה כָּךְ יֵשׁ יְכוֹלֶת כָּךְ לְהַשִּׂיגָם וּלְקַבְּלָם, לָכֵן אֵין חֲשָׁשׁ אִם נִתְחַבְּרוּ הַמַּקִּיפִים עִם הַפְּנִימִים יַחַד, וְהִנֵּה כֵּיוָן שֶׁכְּבַר נִתְחַבְּרוּ הָאוֹרוֹת הַמַּקִּיפִים וּפְנִימִים יַחַד, לָכֵן

אורות בתוכו. **ובזה גם כן נתבאר איך הכלי נקרא כלי אחד לבדו,**
והאורות נקראים **עשׂר, לפי**[184] **שׂכשׂנסתלק האור**[185] בהסתלקות הראשונה כדי לעשות את
הבחינה הזאת של כלי זה, אז נסתלק האור בבת אחת, ולא בשלבים, לכן גם הכלי נעשה בבת אחת **(ישׂ סילוק**
אחד לעשׂות את **הכלי כנ"ל (נ"א הסתלקות ההוא נעשה כלים כנ"ל), ואז**
נסתלק האור בבת אחת), ולכן הכל נקרא כלי אחד לבד, ולא עׂשׂר
כלים. מה שׂאין כן באורות שׂבתוכם ר"ל בתוך הכלי, **שׂכאשׂר יזזׂרו**
להתפשׂט מפה דא"ק ב**התפשׂטות האמיתית שׂהוא** צ"ל שהיא ה**התפשׂטות השׂנׂיה,**
הנׂה אינו מתפשׂט האור מפה דא"ק **בפׂעם אזזת בתוך הכלי כמו שׂנסתלק** בפעם
אחת בהסתלקות הראשונה, **אלא נכנס** לכלי ויוצא מהכלי, **עׂשׂר**[186] **יצׂיאות** מהכלים דעקודים,
ועׂשׂר הכׂנסות בכלים דעקודים, **נכנס ויוצא עׂשׂר פׂעׂמים**, נכנס אור **אזזׂד** שהוא אור
החכמה הכולל בתוכו את שאר האורות שמתחתיו ב**כלי דכתר** ויוצא ומסתלק מכלי דכתר לפה דא"ק, **ואור אזזׂד**
שהוא אור הבינה הכולל את שאר האורות שמתחתיו נכנס ב**כלי הזזׂכמה** ויוצא ומסתלק מכלי דחכמה לכלי דכתר,
וכן בׂכולם ר"ל בשאר האורות דעקודים המתפשטים ומסתלקים. **ולסיבה זו נׂקׂרא עׂשׂר אורות**
המתפשטים ומסתלקים בעשרה שלבים, **אבל הכׂלי** דעקודים **בׂבת אזזׂת נׂעׂשׂה, על ידי**
הסתלקות ראשׂונׂה שׂנסתלק בׂפׂעׂם אזזׂת, ולכן יקׂרא כלי אחד. הרב ז"ל רומז
בסוגיה זאת את ד' הבחינות של ההתפשטות וההסתלקות בד' אותיות שם הוי"ה, כאשר ב' הבחינות של ההתפשטות הם
אותיות י"ו דהוי"ה, והם בחינת אור ישר, ובחינת הזכר[187]. וב' הבחינות דהסתלקות שהם אותיות ה"ה דהוי"ה, הם

מכאן התחיל להתהוות בחינת כלים, אלא שהם זכים בתכלית הזכות כמו שנבאר, לפיכך עדיין לא נתגלה כאן
רק **בחינת כלי אחד לבד, אבל האורות הם נחלקים לעשׂר, ואׁלו האורות נקראו עקודים.** ופירוש הענין כי
הנה כתיב - וארא בחלום והנה העתודים העולים על הצאן, עקודים, נקודים, וברודים. וגם כתיב - כי ראיתי
את כל אשר לבן עושה לך. ובפסוק זה רמוז כל בחינות אלו שאנו מדברים בכאן, כי לבן הוא סוד לובן העליון,
אשר הוא קודם כל האצילות הזה, והוא)היה(העושה כל אלו הבחינות שהם עקודים, נקודים, ברודים לצורך
האצילות שיאציל אחריהם, אשר הוא נקרא בשם יעקב, והתחיל בעקודים כי הם האור היוצאים מפה דא"ק,
אשר בהם התחיל גילוי הויות הכלים. **להיות עׂשׂר אורות פנימים ומקיפים, מקושרים ומחוברים יחד, בׂתוך**
כלי אחד, אשר לסבה זו נקרא עקודים. מלשון ויעקד את יצחק, ר"ל ויקשור וכמו שנבאר בע"ה.
184

בית לחם יהודה שׂ''ז פ''א – לפי שכשנסתלק האור בסילוק ראשון לעשות כלי הנ"ל אז נסתלק בבת אחת
ולכן הכל וכו'. כך צריך לגרוס. ובע"ח כתב יד הגרסא לפי שכשנסתלק האור הסתלקות הראשון אשר לסיבת
הסתלקות ההוא נעשה כלי הנזכר אז היה הסתלקות האור ההוא כולו בבת אחד, ולכן נקרא הכל וכו'.
185

הגהות וביאורים)ג(– בסילוק אחד אשר לסיבות הסתלקות ההוא נעשה כלי הנזכר, אז היה הסתלקות האור
דהוא כולו בפעם אחד, ולכן וכו'.
186

בית לחם יהודה שׂ''ז פ''א – עשרה יציאות ועשרה הכנסות. כל ה' יציאות האור שבכלי הכתר כולהו בחדא
יציאה חשיב להו, וכן כל ה' הכנסות שבו הנזכר בפרק ב' שבסמוך, כולהו בחדא הכנסה חשיב להו, וכן בשאר
הספירות, וכמסיים אחד בכתר ואחד בחכמה וכו'.
187

בחינת האור החוזר, ובחינת הנקבה[188]. **צריך לדעת** כי השיעור קומה בסוגיא זאת לא מכניס[189] הרב ז"ל את בחינת אור הכתר בחשבון שם הוי"ה, מפני שאור הכתר התפשט מפה דא"ק והסתלק בחזרה לשם, ולא התפשט בהתפשטות השניה, והיה בו רק בחינת התפשטות והסתלקות ראשונה, שהם הב' הבחינות הראשונות. **והנה**[190] [191]ד' **בחי**נ**ות אלו**

ע"ח ש"ו פ"ח דכ"ב מ"ב דכ"ט ע"א – והענין שבהתפשט האור להאיר למטה, הוא שיש לו חשק להשפיע תוספת ל"ג לתועלת) נשמות חדשות בתחתונים, מה שלא היה עד עתה, ואם כן יהיה האור רחמים גמורים, כי לולי שהתחתונים ראויים אל הרחמים, לא היה יורד ומתפשט למטה להאיר תוספת נשמות שלא היו עד עתה, **ולכן נקרא אור זה אור ישר**, שבא ביושר מעילא לתתא, כי כן דרכו ויושרו להאיר בתחתונים, ומטבע החסד והרחמים הוא להיות מטיבים בעולם, ונקרא אור של רחמים גם כן לסיבה הנ"ל, **ונקרא אור זכר**, כי כן דרך הזכר להשפיע לזולתו, שהיא הנקבה.
188

ע"ח ש"ו פ"ח דכ"ב מ"ב דכ"ט ע"ב – אמנם כשאין התחתונים ראוים, האורות מסתלקים וחוזרין למעלה, שאינם רוצים להאיר למטה. אמנם עם כל זה לא יחפוץ המאציל ב"ה בהשחתת העולם, ומאיר לתחתונים שיעור חיות ומזון ושפע הראוי לעצמן בלבד, ולא להוציא תוספת נשמות חדשות, וכיון שהשפעת אור זה בלתי רצונו, הנה הוא ממשיך אליהם אור מחיצוניותו בלבד, שהוא אור מספיק לחיות העולמות די הכרחן ולא יותר, על כן נקרא אור חיצוניות, ונקרא אור האחור, שהוא היפך פניו בכעס עמהם בסוד - דומה דודי לצבי, ומאיר להם אור ההכרח עם היותו מסתלק, ואינו נותן להם האור אלא בהפיכת האחוריים אל התחתונים. ונקרא אור דין לסבה זו, **ונקרא אור חוזר**, כי בעת חזרתו והסתלקות למעלה שלא להשפיע בהם שפע גדול, אז נמשך להם אור ההכרחי הזה. **ונקרא אור נקבה** לב' סבות על דרך הנ"ל, אם לפי שהוא כדרך טבע הנקבה שמקבלת ואינה משפעת, ואם בסבה שאין בה כח להוליד נשמתין כמו הזכר, אלא בחינת המזון לבד, כמו שכתוב - ותתן טרף לביתה וגו'.
189

כרם שלמה ש"ז פ"א אות י"ח – והוקשה לו לרב ז"ל, כי ד' בחינות האלו שהם ההתפשטות וההסתלקות הם שייכים כאן מן מקום הכתר ולמטה, ואלו הד' אותיות של ההוי"ה הם רומזים לחכמה ובינה, ולז"א ומלכות דוקא, ולא לכתר, ולמה נחסר רמז מעשה הכתר מכאן. לזה תירץ זה הוא בכוונה מכוונת נרמזו אלו הארבע בחינות מן החכמה ולמטה ולמטה דווקא, מפני שארבע בחינות אלו יחד אינם שייכים כי אם מחכמה ולמטה דוקא ולא בכתר, כי בכתר לא שייך כי אם שתי בחינות מאלו בלבד, שהם הב' התפשטות והסתלקות הראשונה, ובכתר יש שם אחר שהוא י"ה, כי הוי"ה הוא מחכמה ולמטה בלבד.
190

יפה שעה)ג(– והנה אלו ד' בחינות הם מציאות ד' אותיות הוי"ה, כי **י"ו** הם בחינות התפשטות, **וה"ה** הם בחינות ההסתלקות, כו'. פירוש כי באורות לבד יש מציאות ד' בחינות, כנגד ארבע אותיות הוי"ה, שני התפשטות ושני הסתלקות, ואין זה דומה למה שאמרו רז"ל בשער העקודים פרק ה' ז"ל - והנה הם ד' בחינות אור, והם סוד ד' בחינות טנת"א, יע"ש. כי שם מנה הרשימו בסוד תגין **וא"ו** דהוי"ה, והכלי בסוד **ה"א** אחרונה.
191

כרם שלמה ש"ז פ"א אות י"ח – מה שכתב ד' בחינות, פירוש אלו הנ"ל, שהם התפשטות ראשונה והסתלקות ראשונה, והתפשטות שניה והסתלקות שניה, הם נרמזים בד' אותיות הוי"ה, והם כסדר הזה. כי ב' ההתפשטות שהם בחינת הראשונה והשלישית הם נרמזים בב' אותיות י"ו דשם הוי"ה, שהם אות ראשונה ואות שלישית, והטעם מפני שאלו הב' אותיות הם בחינת זכרים, שבהם נרמזים אבא וברא, שהם חכמה וז"א, שהם משפיעים ומורידים השפע והמוחין בסוד מ"ד ממעלה למטה, והם כעין אלו הב' התפשטות שהם מתפשטים האורות האלו של העקודים ממעלה למטה, ולכן הם נרמזים בב' אותיות שהם י"ו, שהם חכמה וז"א, שעל ידם מתפשטים האורות ממעלה למטה. וב' בחינות האחרים, שהם בחינת הב' והד', שהם הב' ההסתלקות, הם נרמזים בב' אותיות האחרות של הוי"ה, שהם הב' ההי"ן של הוי"ה, שהם אות השניה ואות רביעית, מפני ששתי אותיות אלו הם נקבות, שהם אימא וברתא, שהם בינה ומלכות, שהם מעלים המ"ן ממטה למעלה, והם כעין הב' ההסתלקות, שההסתלקות של אלו האורות הם מועלים בכאן במקום המ"ן, ודי בזה. ולכן הם נרמזים בב'

שהם התפשטות והסתלקות הראשונה, והתפשטות והסתלקות השניה **הם מציאות ד' אותיות הוי"ה** שם הוי"ה
ב"ה, והוא שיעור קומה שלם, **כי**[192] אותיות י"ו שהם האות[193] הראשונה והאות השלישית דשם הוי"ה **הם ב'**
בחינות של **התפשטות,** שהם ההתפשטות הראשונה וההתפשטות השניה, וב' אותיות י"ו דהוי"ה הם בחינות
הזכר[194], שהם חכמה וז"א, המשפיעים שפע ומוחין ממעלה למטה, שפע של בחינת מ"ד. **ושני אותיות ה' ה'** דשם

אותיות הנקבות, שהם ב' ההי"ן, שהם בינה ומלכות. שעל ידם מעלים האורות בסוד מ"ן ממטה למעלה, שהוא
הוא ההסתלקות.

192

בית לחם יהודה ש"ז פ"א – כי י"ו הם ב' בחינות התפשטות וכו'. כי התפשטות האור למטה נקרא אור ישר,
ונקרא זכר. וסילוק האור נקרא אור חוזר, ונקרא נקבה, כמו שכתוב בפרק ח' דעקודים, יעו"ש. ולכן ב' אותיות
י"ו שהם זכרים, הם רומזים להתפשטות. ושני ההי"ן שהם נקבות הם רומזים להסתלקות.

193

תרשים א – כ"ז.

194

דברי קודשו של הרב ז"ל הם הלכה למעשה בסידור הלחמים דסעודות שבת.

תרשים א – כ"ח.

שער הכוונות, דרושי קידוש ליל שבת, דרוש א', ענין השולחן – ונחזור לענין הראשון בענין סדר י"ב
לחמים, כי תכוין שד' לחמים שמצד ימין שהם ב' על גבי ב', הנה הם ארבעה אותיות הוי"ה אחת, אבל ב'
הלחמים התחתונים הם שני ההי"ן שהם הנקבות, וב' לחמים העליונים הם ב' אותיות י"ו שהם הזכרים, כי
הזכרים הם למעלה והנקבות תחתיהם, וכן על דרך זה ד' לחמים השמאלים הם הוי"ה אחרת שניה על דרך
הנזכר ממש. ותכוין כי ב' לחמים האמצעים הסמוכים לצד ימין **הם בסוד ב' אותיות י"ה, י' על ה', והב'**
אמצעים הסמוכים לצד שמאל הם ב' אותיות ו"ה, ו' על ה'. וברצותך לומר ברכת המוציא, אז תקח ב'
לחמים העליונים שבד' אמצעים ותחבר שניהם בב' ידיך, וב' שולי הלחמים יהיו דבוקים זה בזה, וב' פנים מב'
צדדיו שלהם יהיו פן זה מצד ימין, ופן זה מצד שמאל, ואז יתראו כאלו הב' לחמים נעשו לחם אחד ובו ב' פנים
מב' צדדיו, ויהיה כדמיון לחם הפנים שבמקדש. ותכוין כי הלחם שביד ימינך הוא אות י' של הוי"ה, והלחם
שביד שמאלך אות ו', ותברך אז ברכת המוציא, ובה' של המוציא תכוין אל אימא עילאה, ובה' של הארץ תכוין
במלכות, ובמלת לחם תכוין בת"ת. גם במלת לחם תכוין אל הלחם הנזכר שהוא בחי' י"ג נימין הנ"ל, ואחר
כך תבצע מן הלחם הימני שהוא כנגד אות י' של הוי"ה כנזכר, והוא כנגד החכמה, אשר משם נמשך המזון
המעולה מכל השאר, ותבצע ממנו תחלה שיעור כזית ותאכלנו אתה, ותכוין שהכזית הזה הוא כנגד אות י' של
הוי"ה, שהוא הזכר, ואחר כך תבצע בציעה שניה כשיעור כביצה ותן לאשתך, ותכוין שהיא כנגד אות י'
אחרונה של אדנ"י, שהיא בנוקבא דז"א, ותכוין שיתחברו ויעשו שם יאהדונה"י, ואחר כך תבצע ותן לשאר
בני הסעודה היושבים שם.

בן איש חי, שנה שניה, פרשת וירא, הלכה ט"ו – צריך לבצוע על שתי ככרות בכל סעודה משלוש סעודות,
ויהיו שלמות זכר למן, דכתיב ביה "לחם משנה". וגם הנשים, אם אוכלים לבדם, חייבים גם כן בשתי ככרות
וכנזכר בפוסקים ז"ל. מיהו, לפי דעת רבינו האר"י ז"ל, צריך לסדר בשולחן י"ב ככרות בכל סעודה משלוש
סעודות, כזה [ציור]. **ובארבע ככרות האמצעים יכוון שהם כנגד ארבע אותיות שם הוי"ה ב"ה, ושתים**
העליונות הם כנגד אות יו"ד ואות וא"ו, שהם אותיות הזכרים, ושתים שתחתיהם, הם כנגד שני ההי"ן,
שהם אותיות הנקבות. ה"א ראשונה תחת אות יו"ד שבצד ימין, וה"א אחרונה תחת אות וא"ו שבצד שמאל.
וכשתברך ברכת המוציא, תיקח ב' ככרות העליונות, שהם כנגד אותיות יו"ד וא"ו, ותחברם יחד דבוקים אחור
באחור, ובזה נעשים ככר אחד שיש לו שני פנים משני צדדיו, שיהיה בזה כדמיון לחם הפנים שבמקדש.
ותאחזם בין שתי ידיך, שתהיה ימינך על פני ככר היו"ד ושמאלך על פני ככר הוא"ו, ובעוד שתי ככרות אלו
בידיך, צריך שיהיו מונחים בידיך כנגד ב' ככרות התחתונים, שהם כנגד שתי ההי"ן, **כדי שישפיעו הזכרים**
בנקבות. ותברך אז ברכת המוציא בעודם בין ידיך. ואחר שתגמור הברכה, תבצע מלחם הימני, שהוא כנגד
אות יו"ד, שיעור כזית, ותטבלנו שלושה פעמים במלח ותאכלנו, ותכוין לשם מצוות סעודת שבת. וגם תכוין

הוי"ה ב"ה שהם האות השניה והאות הרביעית דשם הוי"ה **הם ב' בחינות** של **הסתלקות,** שהם ההסתלקות הראשונה וההסתלקות השניה, וב' אותיות ה"ה דשם הוי"ה, הם בחינות הנקבה, שהם הבינה והמלכות, המעלים את בחינת המ"ן. **וכבר** [195] **ידעת כי** הקוץ [196] דאות י' דהוי"ה רומז לבחינת הכתר דאותו שיעור קומה, והוא בחינת [197] המלכות דשיעור קומה היותר עליון, בסוד [198] נעוץ סופן בתחילתן, לכן **שם הוי"ה אינו**

דכזית זה הוא כנגד אות יו"ד דשם הוי"ה. ואחר שתאכל ותטעום מכזית זה, אז תכף תבצע עוד מכבר הנזכר שיעור כביצה ותיתן לאשתך, ותכוון כי זה הוא כנגד אות יו"ד של שם אדנ"י, ותכוון אז לשם השילוב של הוי"ה אדנ"י, שהוא שם יאהדונה"י. והוא הדבר אשר יסד רבינו האר"י ז"ל בפיוט שלו- למבצע על ריפתא, כזית וכביעתא, תרין יודין נקטא, סתימין ופרישין. אחר כך תבצע לשאר המסובין. ותזהר בעת שתבצע את כזית שלך וכביצה של אשתך, שלא תשמיט כזר השני, שהוא כנגד אות וא"ו, מידך, אלא תבצע בעודו מחובר בידיך עם אותו ככר שאתה בוצע ממנו. וסדר זה תעשהו בשלוש סעודות. ואם לא נמצא לך י"ב ככרות, תסדר ארבע ככרות, אך ודאי מצווה רבה להשתדל לסדר י"ב ככרות כפי הציור שרשמנו לעיל. וסדר זה הוא המיוסד על פי דברי רבינו האר"י הקדוש זלה"ה כנזכר בשער הכוונות.
195

כרם שלמה ש"ז פ"א אות י"ט – וזה מה שכתב וכבר ידעת כי שם הוי"ה אינו מתחיל כי אם מחכמה ולמטה, ר"ל כידוע בכל מקום. כי אות י' חכמה, ואות ה' בינה, ואות ו' ז"א, ואות ה' מלכות. אבל הכתר אינו בכלל אלו האותיות, ולזה יש לו שם בפני עצמו שהוא שם י"ה, ואף על פי שבעלמא כי הכתר נרמז בקוץ היו"ד, נמצא שהוא נרמז בכלל הד' אותיות ההוי"ה, זהו רמז בעלמא, דהיינו כמו שהכתר הוא נעלם, כך נרמז בדבר הנעלם שהוא קוץ של היו"ד, אבל באמת יש לו שם בפני עצמו, שהוא שם י"ה.
196

ע"ח שי"ד פ"י דע"ב ע"ד – דע כי כל שם מאלו הנזכר בפרק ז' כולל כל עשר ספירות שבאותה ספירה, המשל בזה כתר דאבא הוא הוי"ה פשוט, ונחלק לעשר ספירות דכתר ההוא, **קוץ י' הוא הכתר**, י' חכמה, ה' בינה, ו' ו'ק, ה' מלכות, הרי עשר ספירות שבכתר דאבא דפנים.
ע"ח ח"ב ש"מ דרוש י"ג דפ"ה ע"ג – וכל הוי"ה מהם כוללת כל עשר ספירות של היכל ההוא, כנודע שאין הוי"ה שאינה כוללת עשר ספירות, **כי קוץ של י' כתר** של אותו היכל, י"ה או"א, ו' ו'ק, ה' מלכות.
נהר שלום די"א ע"ב – כי מן האין סוף נמשך ונתפשט ניצוץ אחד, שהוא בחינת אלהו"ת, וזה הניצוץ נתלבש בכח ניצוץ אחד נברא מכח עוצם הארתו, והוא נשמה דקה מאד מאד, והיא נקרא יחידה, וזו יחידה יש בה שורשי כל העשר ספירות בהעלם ודקות גדול שאי אפשר להיות לנאצלים יותר דקות ממנו. ועל הניצוץ הנזכר נאמר בנים אתם להוי"ה אלהיכ"ם, ואני אמרתי אלהי"ם אתם, ויעל אלהי"ם מעל אברהם, האבות הם המרכבה. והיא נשמתא דחיי נשמתא דכולא דבעי לאשלפא לה מדרגא לדרגא, כמבואר אצלינו במקום אחר בהקדמה, עיין שם. וב' בחינות האלו הם הנקראים תהו ובוהו, אשר למעלה מהתוהו אין עוד זולתי האפס המוחלט, שהוא הא"ס, שאין בו תפיסת המחשבה. וב' נצוצות אלו נקראים **בחינת כתר הכולל, והם הנקראים בחינת עתיק ואריך שבכתר, והם קוץ היו"ד דהוי"ה הכולל**, ובו שורש כל הארבע אותיות דהוי"ה, וממנו נאצלו ד' אותיות הוי"ה, שהם חב"ת"ם, והם טנת"א, והם הם אבי"ע, והם הם ד' יסודות אש, רוח, מים, עפר, והם נחלקים באופן זה, כי אות יו"ד דהוי"ה היא כללות הרוחניות שהם הנרנ"ח, ואות ה' דהוי"ה היא כללות הגוף, שהם העשר ספירות שיש בהם מדה וגבול, כמו שכתוב בהיכלות רבי ישמעאל בשיעור קומה שהוא רל"ו אלפים רבבות פרסאות כו'. וגוף זה מלובש תוך אות הו' דהוי"ה, שהם הלבושים כמו שכתבו ז"ל - בעשרה לבושים נתלבש הקב"ה כו'. ולבושים אלו הם תוך בחינת הבתים, שהיא אות ה' אחרונה דהוי"ה, והם ז' היכלות, שהם בחינת העולם ההוא בעצמו, שהם השמים, והארץ, והאויר שביניהם, שבהם יושב האדם העליון, שהם נשמה וגוף ולבושי מלכות נתונים בהיכל מלך עליון, שהוא כללות העולם ההוא. באופן כי אות י' שהיא החכמה, היא הנשמה. ואות ה' ראשונה שהיא הבינה, הוא הגוף. ואות ו' שהוא ז"א, הוא הלבוש. ואות ה' אחרונה שהיא המלכות, הוא ההיכל. וכל אות כלולה מכל הד' בחינות נשמה, גוף, לבוש, והיכל. **וקוץ היו"ד שהוא הכתר**, הוא שורש לכל הד' אותיות, ויש בו ד' שרשים לד' בחינות הנזכרות, דכל אות מד' אותיות ההוי"ה.
197

מתחזיל אלא ב**אור ה**חכמה **ולמטה** בסוד הפסוק[199] כולם בחכמה עשית. **והטעם** שאור הכתר לא נכלל בשיעור קומה זה, **לפי שד' בחינות אלו** של התפשטות והסתלקות **לא שייכים אלא** ב**אור ה**חכמה **ולמטה.** שבכל אחד מהאורות חו"ב חג"ת נהי"ם היו ב' בחינות של התפשטות, וב' בחינות של הסתלקות, **אבל**[200] ב**אור ה**כתר **לא יש בו רק ב' בחינות בלבד** שהם בחינת ההתפשטות הראשונה מפה דא"ק, וההסתלקות הראשונה לפה דא"ק, ר"ל כאשר האורות דעקודים יצאו מפה דא"ק בהתפשטות השניה, נשאר[201] אור הכתר בפה דא"ק מתחת לעשרה שורשים דעקודים, יוצא כי כל אחד מהאורות דחכמה ולמטה הוא בחינת הוי"ה אחת שלימה[202], כי ההתפשטות הראשונה היא בחינת אות י' דהוי"ה, וההסתלקות הראשונה היא בחינת אות ה' הראשונה דהוי"ה, ההתפשטות השניה היא בחינת אות ו' דהוי"ה, וההסתלקות השניה היא בחינת אות ה' השניה דהוי"ה, לעומת זה באור הכתר היה רק בחינה אחת של התפשטות והסתלקות, **וכנגדן** נקרא[203] כל עולם העקודים **י"ה הו"ה**[204] ר"ל אותיות י"ה הם כתר, ואותיות הוי"ה הם חכמה בינה ז"א ומלכות, **וזה סוד**

תרשים א – כ"ט.

198

ספר יצירה, פרק א' משנה ו' – עשר ספירות בלימה, מדתן עשר שאין להם סוף, **נעוץ סופן בתחילתן** ותחילתן בסופן, כשלהבת קשורה בגחלת, שאדון יחיד הוא ואין שני לו, ולפני אחד מה אתה סופר.

199

תהילים ק"ד כ"ד – מה רבו מעשיך הוי"ה **כלם בחכמה עשית** מלאה הארץ קנינך.

200

בית לחם יהודה ש"ז פ"א – אבל בכתר לא ישבו רק ב' בחינות בלבד. לפי שאור הכתר שנסתלק בראשונה הוא נשאר במאציל, ואם כן אין בו רק ב' אותיות י"ה, שהם הכנסה וסילוק.

201

ע"ח ש"ז פ"ג מ"ק דל"ב ע"ד - ועוד טעם אחר, כי הלא כאשר אור בחינת הכתר נשאר למעלה כנ"ל, **כי מעולם לא נכנס עוד תוך הכלים אלו**, רק נשאר בסוף העשרה שרשים של האורות למעלה.

202

תרשים א – ל.

203

כרם שלמה ש"ז פ"א אות י"ט – ומה שכתב וכנגדן נקרא י"ה הוי"ה, ר"ל כל העשר ספירות כולם נקראו י"ה הוי"ה, י"ה בכתר, והוי"ה בחכמה ולמטה.

204

אותיות י"ה הם בחינת הכתר, כאשר לשם י"ה יש ג' בחינות של מילויים, האחד יו"ד ה"י, השני הוא יו"ד ה"ה, והשלישי הוא יו"ד ה"א, כאשר מכים ר"ל מכפילים מילוי אות יו"ד במילוי אות ה"י, הגימטריא היא ש'. והכאת מילוי אות יו"ד במילוי אות ה"ה, הגימטריא היא ר'. והכאת מילוי אות יו"ד במילוי אות ה"א, הגימטריא היא ק"כ. הגמטריא של שלושת ההכאות הנ"ל, שהם ש' ר' ק"כ הם גמטריא כתר.

תרשים א – ל"א.

וכן הוא בסידור נהר שלום למרן הרש"ש.

תרשים א – ל"ב.

פרי עץ חיים, שער מקרא קודש, פרק ג', קידוש ליום טוב – בפסוק אל"ה מועד"י הוי"ה. ראשי תבות אמ"י, שהם אורות נה"י אימא. אות"ם במועד"ם, ראשי תבות א"ב, שהם נה"י דאבא. מקראי גימטריא שכ"ה דינין ממתקים, עם שם הוי"ה. קדש הם ת"ד, גימטריא ד' יודי"ן דע"ב. כל אחד כלול מעשר, ועם ד' אותיות השורש, גימטריא קדש. אש"ר, נוטריקון - א' אלהי"ם פשוט, ש' אלהי"ם דיודי"ן, ר' אלהי"ם ברבוע. ומיתוקם על ידי תקראו, דאינון ג' שמהן - י"ה, אהי"ה, אדנ"י. **ושם י"ה חשבינן ליה בגימטריא כתר, כזה - יו"ד פעם ה"י גימטריא ש', יו"ד פעם ה"ה גימטריא ר', יו"ד פעם ה"א גיטריא ק"ך, הרי כתר.**

הפסוק[205] **כִּי בְּיָ"ה הֲוָי"ה צוּר עוֹלָמִים,** ר"ל צור[206] מלשון צייר **לְפִי שֶׁבָּהֶם הִתְחַזִּיל** המאציל **לְצַיֵּיר וְלִבְרוֹא אֶת הָעוֹלָם מִתֹּזְלָה, שֶׁהוּא סוֹד** העולמות[207] דַעֲקֻדִים, **אֲשֶׁר הֵם** ר"ל הספירות והפרצופים דעולם העקודים בסוֹד שמות יָ"ה הֲוָי"ה, כִּי שם יָ"ה בכתר שהוא פרצוף א"א דעקודים, **ושם הֲוָי"ה בִּשְׁאָר**[208] הספירות **וּפַרְצוּפִים כֻּלָּם,** כאשר אות י' דהוי"ה פרצוף אבא, והוא החכמה דעקודים. אות ה' הראשונה דהוי"ה פרצוף אימא, והיא הבינה דעקודים. אות ו' דהוי"ה פרצוף ז"א, והוא חג"ת נה"י דעקודים. אות ה' האחרונה דהוי"ה נוקבא, והיא המלכות דעקודים ◆ הרב ז"ל מבאר את הסיבה שלכתר יש ב' אותיות, שהם יָ"ה, ולתשעה בספירות התתחתונות יש ד' אותיות הוי"ה, **צריך לדעת** כי גם בחינת התפשטות האור היא **חיסרון** בערך התתחתונים, לכן כל ד' הבחינות של ההתפשטות וההסתלקות נקראים חיסרון. **ועוד צריך לדעת** כי לכאורה הרב ז"ל סותר ז"ל את עצמו, כאן בפרקין נראה לפי פשט דברי קודשו כי אור הכתר יצא ראשון מפה דא"ק בהתפשטות הראשונה, ובשער העקודים הרב ז"ל מבאר[209] כי אור המלכות יצא ראשון מפה דא"ק, ואור הכתר יצא אחרון, בסוד[210] הפסוק[211] אני ראשון ואני אחרון. **בעומק העניין** ידוע כי הצמצום הראשון של אור הא"ס

אֶמֶת לְיַעֲקֹב נִינוֹ, מַעֲרֶכֶת כ"ף, אוֹת ד' דַמ"ד ע"ד – כתר בחינת הכתר הוא מג' מלויין שם י"ה דיודי"ן דההי"ן ודאלפי"ן. דהיינו יוד פעמים ה"י ש'. יו"ד פעמים ה"ה ר'. יו"ד פעמים ה"א ק"ך. סך הכל כמנין כת"ר.
205

יְשַׁעְיָהוּ כ"ו ד' – בטחו בהוי"ה עדי עד, כי בי"ה הוי"ה צור עולמים.
206

גְּמָרָא בְּרָכוֹת ד"י ע"א – ברכי נפשי את הוי"ה, וכל קרבי את שם קדשו, אמר ליה בא וראה שלא כמדת הקדוש ברוך הוא מדת בשר ודם, מדת בשר ודם צר צורה על גבי הכותל ואינו יכול להטיל בה רוח, ונשמה, קרבים, ובני מעים, והקדוש ברוך הוא אינו כן, צר צורה בתוך צורה, ומטיל בה רוח, ונשמה, קרבים, ובני מעים. והיינו דאמרה חנה - אין קדוש כהוי"ה כי אין בלתך ואין **צור** כאלהינ"ו. מאי אין **צור** כאלהינ"ו, אין **צייר** כאלהינ"ו.
207

כֶּרֶם שְׁלֹמֹה שַׁ"ז פ"א אוֹת י"ט – וזה מה שכתב, וזה סוד כי בי"ה הוי"ה צור עולמים. מביא ראיה כי יצירת העולם הזה שהיא שורש העולמים שלמטה, היא נבראת בב' שמות האלו, שהם י"ה הוי"ה, ולא בהוי"ה לחוד, אלא בכל הב' שמות שהם י"ה בכתר, ושם הוי"ה מהחכמה ולמטה, דהיינו אות י' בחכמה, אות ה' בבינה, אות ו' בחג"ת נה"י, ואות ה' במלכות. ולזה כוונתו מה שכתב לפי שבהם התחיל לצייר העולם מתחילה, פירוש כי הוקשה לו, היה לו לומר כי צור הוי"ה צור עולמים, שהוא המאציל העליון צייר העולמות, ומהו כי בי"ה הוי"ה צור עולמים, שמובן מזה בכח שם י"ה הוי"ה צייר העולמות. לזה אמר שהאמת כן הוא, כי המאציל העליון **צייר העולמות אלו של העקודים, כי הם עולמים רבים כנודע.** בשם י"ה הוי"ה, והוא י"ה בכתר, הוי"ה בשאר ספירות, וקבע בהם שם י"ה הוי"ה, הואיל ונוצרו על ידו.
208

הַגָּהוֹת וּבֵיאוּרִים)ד(– בכתב יד איתא ספירות.
209

ע"ח שַׁ"ו פ"ג מ"ת דכ"ו ע"ג – והנה כל העשר ספירות יצאו, אבל לא יצאו יחד כולם, **רק תחלה יצאה בחינת מלכות** מעולם העקודים היפך מעולם הנקודים, וכמו שנבאר במקומו בע"ה, ומלכות זו יצאה בבחינת נפש לבד, כי אין לך ספירה שאין לה בחינת נר"ן כנודע, ואמנם לא יצאו עתה רק בבחינת נפש לבד, והנה תחלה יצאה מלכות בבחינת נפש, ואחר כך כאשר יצאה בחינת היסוד, לא נתגלה)בחי' היסוד(ביסוד רק בחינת נפש לבד לעצמו......עד שיצאו כל הו"ק שהוא מיסוד עד החסד, ואז נגמר בחינת הרוח כולו של מלכות....ואחר כך יצאה הבינה בבחינת נפש לבד לעצמה, ובחינת רוח לז"א, ובחינת נשמה למלכות. ואחר כך יצאה החכמה בבחינת נפש לעצמה, ובחינת רוח לבינה, ובחינת נשמה לז"א, ובחינת חיה למלכות. אחר כך יצאה הכתר בחינת נפש לעצמה, ובחינת רוח לאבא, ובחינת נשמה לאימא, ובחינת חיה לז"א, ובחינת יחידה למלכות. **והרי כי בבוא כתר שהוא אחרונה מכולם,** לא יצאה כי אם בבחינת נפש לבד.
210

עשה רשימו[212] לכל העולמות ולכל הפרצופים ולכל הספירות של כל עולם ועולם, כך שגם לעולם העקודים היה רשימו
של הכלים קיים וטבוע במקומו מזמן הצמצום הראשון כאשר האין סוף צמצם את עצמו[213] לעשות את בחינת המקום

ע"ח ש"ו פ"ג מ"ת דכ"ו ע"ב – ואמנם עתה בחזרה היה הכתר חוזר בתחלת כולם, נמצא שיצא שיצא אחרון
ונכנס ראשון, והמלכות היה להיפך, כי יצאה ראשונה ונכנסה אחרונה. **וזה סוד הפסוק - אני ראשון ואני
אחרון**, וביאור זה הפסוק יצדק בין בספירת הכתר בין בספירת המלכות, אלא שזה היפך זה, והוא כמו שנודע
כי אנ"י הוא כינוי אל המלכות, ובהפוכו אי"ן כנוי אל הכתר.
[211]

ישעיהו מ"ד ו' – כה אמר הוי"ה מלך ישראל וגאלו הוי"ה צבאו"ת **אני ראשון ואני אחרון** ומבלעדי אין
אלהי"ם.
[212]

מבוא שערים ד"ב ע"א – אך קשה, אם כן על מה זה נסתלק הא"ס לגמרי, וצמצם עצמו לעשות אותו המקום
כולו פנוי לגמרי, בלתי קו כלל, והיה די שינית אותו הבחינה של אותו הקו הפנימי העתידה לחזור ולהמשיך
בתוכו ולא תסתלק משם, ומה שבין הב' האורות לבד שם היה לצמצם עצמו, להאציל שם העולמות, ולמה
הוצרך הא"ס להסתלק לגמרי, ואחר כך לחזור ולהתלבש בפנים דרך הקו הנזכר. והתשובה בזה מבוארת כי
הנה הטעם הצמצום היתה כדי להסתלק משם המקום ההוא אור הא"ס, **ועל ידי כך יוכלו הכלים של הא"ק
להצטייר שם** כנ"ל פרק א', כי אם היות שאין בחינת הכלים נזכר עד אצילות וכו', עם כל זה שרשי הכלים
ברשימו והעלם מתחילין מכאן, דאם לא כן במה יפרד א"ק מהא"ס הזה, ובהכרח שמא"ק ואילך התחילו
העולמות להתברר, כי זה היה כוונת האצילות כנזכר, ולכן כיון שכוונת המאציל היה להתחיל מכאן התחלת
הכלים בהעלם נמרץ, לכן סילק כל האור וגם למעלה, כי הנה הסיבה שאין הדינים והכלים נגלים בא"ס, הטעם הוא
כי רוב האור ההוא אור מבטל. ואם כן היה הא"ס היה נשאר שם בסוד אור פנימי, ואור מסבב, לא היו הכלים
מתהווים בנתים, והיו מתבטלין מרוב הארה. **אמנם אחר כך שכבר נתהוו הכלים ונצטיירו,** אז אף אם יחזור
הא"ס דרך הקו ההוא, לא יתבטלו. **כיון שכבר נתגשמו והקדישו, וגם כי לא היה חוזר האור למקומו ממש
כבתחלה.** אלא באמצע דרך הקו הנ"ל.

שער גן עדן, אורח צדיקים, פתח ג' דרך ב' ד"ג ע"ב – הטעם מה שאמרנו שהאור ניתק מן הנקודה מעט
מעט, ולא בפעם אחת זה היה כדי **שישארו רושם של האור שניתק במקום פנוי**, שלא יעלה הרושם עם
האור. והמשל למים, אם תשפוך מים על איזה דבר המשופע ברדיפה גדולה, אף שיהיה איזה גומא מעט באותו
דבר, או איזה מקום נמוך, לא ישארו בהם שום טפת מים מכח הרדיפה, אבל אם המים נשפכים לאט לאט, אזי
ישארו הרבה מים בכל מקומות הנמוכים, כן היה בדבר הזה באור הגדול, **שהוא ממש מאור אין סוף, וניתק
מן הנקודה מעט מעט, כדי שישארו אחריו ברכה, והוא רושם אורות מה שנסתלקו,** שהרשימו נשאר
במקומו במקום פנוי כדי שלא ישאר המקום רק מכל וכל, בסוד לא זה שכינה עד שעשתה רושם, כמו שאמרנו
למעלה שזה האור שהוא מנקודת המלכות הוא סוד שכינה, ובכל מקום שהשכינה שם שם מקומה, אף שתעלה
למעלה, נשאר רשימה במקומה **כדי שתוכל לשוב למקומה הראשון,** כי אין השכינה שורה על דבר רק, בסוד
הכתוב - אם רוח המושל העלה עליך מקומך אל תנח. וכן הכתוב אומר - ונתתי חכמה בלב כל חכם לב, יהיב
חכמה לחכימין.

שער גן עדן, דרך אמת, פתח א', דרך ז' דכ"א ע"ד – לכן תדע שעצם מהותה של מלכות מן עולם המלבוש,
נעשה מהרישום שנשאר מנקודת המלכות שהיתה נגוזה באין סוף, ומרישומו נעשה המלכות דאצילות
שאנו עסוקים בו, ומדרישום דרישום רישומו נעשה המלכות דבריאה, וכן כל המלכות של כל פרצוף, וכל
עולם, וכל ספירה, שהיא כלולה מעשר, כולם נעשו זה מזה, והכל מהרשימו ראשונה שנשאר מנקודת המלכות,
שהיתה כלולה באין סוף.

ביאורים לספר אוצרות חיים לרמח"ל [ג] – **ולא היה שום חלל,** חלל נקרא מה שהוסר ממנו הבלתי
תכליות. **והרשימו הנשאר הוא אויר פנוי, ואין חלל בלא רשימו,** כדלקמן. אך בבחינה מה שנסתלק נקרא
חלל, **ובחינה שנשאר נקרא רשימו,** והיינו אויר קדמון, כאויר שבין עצם לעצם בעולם הזה.
ביאורים לספר אוצרות חיים לרמח"ל [ח] – **עד שנמצא עולם האצילות וכל העולמות נתונים תוך החלל
הזה.** הבלתי תכליות לא היה מניח שום מציאות לנמצאים. אבל השיעור הוא נותן להם מציאות, וזה השיעור עצמו
סודו מלכות, והוא הנותן מציאות לכל הנמצאות כנ"ל. **והרשימו הנשאר הוא הוא שרש הכלי,** ושם מושרש
ענין הדין, בסוד הרע שצריך לחזור לטוב.

הנקרא חלל. ולכן מה שמבאר הרב ז"ל בפרקין כי האור המתפשט בהתפשטות הראשונה מתפשט בכלי הכתר, הכוונה היא כי זה הוא אור ספירת המלכות היוצא ראשון מפה דא"ק, ומתלבש[214] בכלי הכתר, ר"ל **ברישימו של כלי הכתר אשר נעשה בצמצום הראשון**, ואחריו אור ספירת היסוד יוצא מפה דא"ק, ומתלבש ברשימו דכלי דכתר, ודוחק את אור המלכות לרשימו דכלי החכמה, וכן בכולם עד שיוצא אור הכתר ומתלבש ברשימו של הכלי שלו, וכל אור ואור מהספירות דעקודים מתלבשים ברשימו של הכלי שלהם שנעשה בצמצום הראשון[215]. התירוץ[216] הנפלא הזה, ויישוב

דעת ותבונה פ"ד דל"ג ע"א – וכבר ידעתה כי הנרנח"י אינם מתלבשים בגוף, זולת על ידי אמצעות מלבוש זך לכל אחד מהם, והכל נקרא עצמות, כי כן א"ק שהוא בחינת כל העצמות יש לו גוף זך, שבא מתלבש עצמותו וכו', עיין שם. **והנה זה הגוף הזך של א"ק נעשה מהרשימו שנשאר בחלל המקום הזה**, שבו נאצלו כל העולמות.

ספרי כ"ק אדמו"ר מוהרש"ב מליובביץ, המשך תער"ב, חלק שני, העת"ר – והנה מה שנתהווה על ידי הצמצום הוא התהוות הכלים כו', **וכידוע דשרש האור הוא מן הקו, ושרש הכלים הוא מהצמצום ורשימו כו'**, שעל זה אמרו גם כן כברייתו של עולם ברישא חשוכא והדר נהורא ברישא חשוכא, היינו בחינת הכלים שמבחינת שם אלהי"ם, והדר נהורא בחינת האורות שמבחינת שם הוי"ה כו', וצריך להבין למה בחינת הכלים שמבחינת שם אלהי"ם, והדר נהורא בחינת האורות שמבחינת שם הוי"ה כו', וצריך להבין למה בריישא חשוכא, הרי מבואר בעץ חיים שער העקודים פרק א' דהתחלת גילוי הויות הכלי הוא בעקודים, ומבואר שם פרק ב' שזהו על ידי בחינת מטי ולא מטי דהאור, והוא דליהיות דמהתעבות האור.
213

ע"ח ש"א ענף ב' מ"ב די"א ע"ג – והנה אז צמצם את עצמו אין סוף בנקודה האמצעית אשר בו, באמצע אורו ממש)אמר מאיר בערכינו אמר הרב זה, וקל למבין(, וצמצם האור ההוא ונתרחק אל צדדי סביבות הנקודה האמצעית, ואז נשאר מקום פנוי ואויר וחלל רקני מנקודה אמצעית ממש.
214

ע"ח ש"ז פ"ב מ"ב דל"ב ע"א – ואמנם טעם למה עתה נכנסו כל התשע אורות יחד בכלי הכתר, מה שאין כן בהתפשטות הראשונה, כי נכנסו אחד לאחד כנ"ל, **שנכנס אור המלכות בכלי של כתר, ואחר כך נדחה אור הזה למטה במקום החכמה, ואחר כך נכנס אור היסוד בכתר, וכן על דרך זה עד שנכנסו כל עשר אורות כשיעור העשר כלים.** הטעם הוא מובן עם הנ"ל, כי מתחלה שהיה אור הכתר עמהם, וגם כולם היו מאירים מצדו, לכן לא היה כח בשום כלי מהם לקבל אור אחד לבד, אבל עתה שאור הכתר אינו נכנס עתה תוך הכלי, והוא נשאר למעלה, והופך אחוריו למטה, כמו שנבאר בע"ה, לכן עתה יש כח ליכנס כל האורות ביחד תוך כלי אחד, כי כל התשע אורות הנכנסים עתה בכתר הם קטנים מן אור הכתר הראשון, ויש כח לקבלם. וכן כשנכנסו כל הה' אורות בתוך כלי של חכמה, יש בה כח לקבלם, כי כולם קטנים מאור החכמה)נ"א הראשונה(, ועל דרך זה בכולם.
215

תרשים א – ל"ג.
216

כרם שלמה ש"ז פ"א אות י"ט – מה שכתב כי אז התחיל האור להתפשט בכתר ראשון לכולם, אף על פי שלעיל בפרק ג' אמר שהמלכות נאצלה תחלה, בסוד אני ראשון ואני אחרון, ואיך אומר כאן שהכתר נאצל תחילה, ודוחק לומר שהרב ז"ל כאן מדבר על ההתפשטות השנייה, כי פשט דברו מה שכתב בפרק א' הוא על התפשטות ראשון, ועוד בהתפשטות השנייה כבר הכתר כבר עלה בשורשו, ושוב לא ירד. ועוד דוחק לומר שכאן הרב ז"ל מדבר על שכאן הרב ז"ל מדבר על שורשם שהוא בתוך הפה דא"ק קודם יציאתם לחוץ, ועל זמן זה אומר שהכתר יצא ראשית, כי לפי פשט דבריו מדבר על יציאתם לחוץ. אלא נראה לומר שלעולם **אור המלכות יצאה תחלה**, כמו שכתוב לעיל בפרק ג' משער העקודים, ומה שכתב כאן כי אז התחיל האור להתפשט בכתר ראשון מכולם, מדבר על **אור המלכות שנכנס בהרשימו של כלי של הכתר**, אשר נודע **כי הרשימו של הכלים של כל העולמות כבר נאצלו בעת הצמצום הראשון**, ואין זה הכלי הגמור של אותו עולם, אלא הרשימות של הכלים, דהיינו כח אחד של הכלים אשר לא יקראו כלים, כי אם אחר גמר עשיית כל עולם כפי בחינתו, וכאן גם כן היה הרשימו של העשר כלים של העקודים אשר עתידים להיות כאן במקום הזה הכלים של העשר ספירות, כל אחד במקום הראוי לו כבר היו, נמצא שהרשימו זה של הכתר. וכן הרשימו של התשע ספירות כבר היו נמצאים, ולזה האור הראשון שיצא של העקודים, שהוא אור ספירת המלכות, נכנס

66

הסתירה בדברי הרב ז"ל, הוא לגאון הקבלה מו"ר בעל הכרם שלמה. **והטעם** לזה הוא **כי הנה למטה בתשע ספירות** דעקודים מהחכמה עד מלכות **יש**[217] **בהם ד' חסרונות** ובכתר יש ב' חסרונות, (ל"ג **האור אשר זה עצמו יגרום כינוי [נ"א שינוי] השם באור העליון לשיוכל לקרות בשם הוי"ה, לד' חסרונות אלו אשר**)[218] **ואלו הם** החסרונות, **האחד** החסרונות **הוא התפשטות האור** בפעם הראשונה, כי[219] אז **התחיל האור** דספירת המלכות[220] **להתפשט** ברשימו[221] דכלי ה**כתר** שנעשה בצמצום הראשון, ואור ספירת המלכות היה **ראשון** האורות המתפשטים בהתפשטות הראשונה **מכולם, ואז כל** הרשימו דכלים של כל **התשע** ספירות **שלמטה ממנו** שנעשה בצמצום הראשון **היו חסרים מאותו אור** המלכות הנמצא ברשימו של כלי הכתר, **באופן זה כי בעת שנתהווה האור** דמלכות **במציאות**

במקום כלי הכתר, ואחר כך בבוא אור היסוד, נדחה אור המלכות מן מקום כלי הכתר ויֹשב בכלי החכמה, וכן אחר כך בבוא אור הכתר ישב במקומו הראוי לו דהיינו בכלי הכתר. עד שנדחה אור המלכות בכלי המלכות.
217

בית לחם יהודה ש"ז פ"א – יש בהם ד' חסרונות. גם להתפשטות האורות קרי להו חסרונות, כל זמן שלא נתפשטו מחכמה ולמטה, כמו שכתוב בסמוך. והחסרונות הם בכלים ולא באור, ובחינת השינוי הוא באורות ולא בכלים.
218

הגהות וביאורים)ה(– נ"א לא גריס כל זה.
219

בית לחם יהודה ש"ז פ"א – כי אז התחיל האור להתפשט בכתר ראשון מכולם, ואז כל הט' שלמטה ממנו היו חסרים מאותו האור. מבואר מדבריו שבחינת הכלים דעקודים היו נאצלים ועומדים מקמי יציאת אורות העקודים, ומשום הכי כשנכנס אור המלכות דעקודים בכלי הכתר, עדיין היו ט' הכלים שלמטה ממנו חסרים מאותו האור. וצריך עיון, והא בכולהו שער העקודים וגם בפרקין מבואר שבחינת הכלים הם נעשים משיורי האורות בזמן שחזרו למקורם, כי אז נשאר האור העב והגס. ויותר מזה כתב בפרק ד' דשער הנקודות וז"ל - כי בעקודים יצאו האורות תחלה, ואחר כך נעשו כלים, יעו"ש. ומאחר שעדיין לא נעשו כלים התחתונים כלל, אם כן היכי שייך לומר ואז כל התשע שלמטה ממנו היו חסרים מאותו האור. ודוחק לפרש דקאי על מקום העתידים לעמוד שם הט' כלים דעקודים, דאם כן אמאי יקרא החסרון בכלים ולא באורות, והלא אפשר לתרץ בהיפך, שהאורות היו חסרים מן הכלים מאחר שעדיין אין למטה לא אורות ולא כלים. ועיין עוד בסוף פרק ב' דבסמוך, ד"ה מה שאין כן.
220

כרם שלמה ש"ז פ"א אות י"ט – ומה שכתב שנכנס בכלי הכתר, לא בכלי הגמור של הכתר, אלא בהרשימו של כלי הכתר אשר הוא תמיד במקום הזה מתחילה מעת הצמצום הראשון. אם כן שפיר הוא מה שכתב הכא כי התחיל האור להתפשט בכתר ראשון לכולם, מדבר על אור המלכות בהרשימו של כלי של הכתר, וזה נקרא עכשיו האור שלו לפי שעה. נמצא בעוד שהאור נתפשט בכלי הכתר, היו שאר הכלים חסרים מן האור, ולזה נקראים הם חסרים מן האור. והרי הוא חסרון אחד להתשע ספירות התחתונים, ולא בכתר.
221

כרם שלמה ש"ז פ"א אות י"ט – ואחזור ואומר כי לא כלים ממש, אלא הרשימו של הכלים, והכי מוכח לקמן בהדיא בסוף פרק ב' משער זה, וז"ל - ואמנם טעם למה עתה נכנסו כל התשע אורות יחד בכלי הכתר, מה שאין כן בהתפשטות הראשונה, כי נכנסו אחד לאחד כנ"ל, שנכנס אור המלכות בכלי של כתר, ואחר כך נדחה אור זה למטה במקום החכמה, ואחר כך נכנס אור היסוד בכתר, וכן על דרך זה עד שנכנסו כל העשרה אורות כשיעור העשרה כלים וכו'. וקשה, אימתי אמרנו שאור המלכות נכנס בכלי הכתר, ואחר כך נדחה במקום החכמה וכו', אלא הדבר הוא כמו שאמרנו, שלעולם אור המלכות הוא יצא לחוץ תחילה.

הרשימו של כלי **הכתר עדיין** כל **השאר** התשע רשימו דכלים שנעשו בצמצום הראשון **היו חסרים**
מאור המלכות, **והרי** זה חסרון אזזר **בהתפשטות הראשונה בתשעה** הרשימו של
הכלים מהחכמה עד המלכות, **ואין** חסרון זה **נוהג** ברשימו של כלי **הכתר** הנעשה מהצמצום
הראשון. **גם** אחרי שהסתלקו כל האורות דעקודים בהסתלקות הראשונה לפה דא"ק, וחזרו לצאת מפה דא"ק
בהתפשטות השניה[222], אור ספירת הכתר נשאר בפה דא"ק ותשע האורות של הספירות מהחכמה עד
המלכות יצאו מפה דא"ק והתלבשו בכלי הכתר דעקודים, לכן **יהיה חסרון זה פעם שניה** בכלים
דתשע ספירות התחתונות, מפני שחסרים הם מהאורות שלהם, **ו**חסרון זה **לא** נמצא **ב**כלי **הכתר** מפני
האור הממלא אותו, **הרי שיש ב' חסרונות בתשע** הכלים של ה**ספירות** התחתונות **ולא ב**כלי
הכתר, כי כאשר **לא נאצל שום אור** מפה דא"ק **לא יקרא** זה חסרון, **אך אזור**
שהתחזיל כבר זה האור להתפשט מפה דא"ק, **ונתפשט ב**כלי ה**כתר תחזלה, אז**
תשע ה**ספירות** התחתונות יקראו חסרי האור ההוא, לפי שקדם אור המלכות
להתלבש ברשימו של כלי **הכתר** בהתפשטות הראשונה, וקדמו האורות של החכמה עד המלכות להתלבש בכלי
הכתר בהתפשטות השניה **אליהם** ר"ל לכלים דתשע הספירות התחתונות. **אך**[223] הצד השוה בן בכלי הכתר לבין
הכלים של התשע הספירות התחתונות הוא **השני** חסרונות אזזרים, (צ"ל **היו נוהגים**) הם בין
ב**כלי ה**כתר בין **ב**כלים של **תשע ספירות** התחתונות, והחסרון **הוא**[224] בב' ה**בחזינות** של

<hr>

222

כרם שלמה ש"ז פ"א אות י"ט –וכן בהתפשטות השניה כשנתפשטו כל אחד במקום הראוי לו, דהיינו אור
החכמה בכלי הכתר, ואור הבינה בכלי החכמה וכו', גם כן בהכתר נכנס ראשון לכולם, והיו שאר תשע ספירות
תחתונות חסרים לפי שעה מזה, ולזה אלו השני חסרונות נוהגים בתשע ספירות התחתונים, ולא בכתר.

223

כרם שלמה ש"ז פ"א אות י"ט – אבל הב' חסרונות האחרים נוהגים בין בכתר בין בשאר תשע ספירות
האחרים, והם הב' הסתלקות, דהיינו הסתלקות הראשון שהוא בעת עשיית הכלים, והסתלקות שניה שהוא בעת
מטי ולא מטי. וזה מה שכתב - אך הב' חסרונות אחרים היו נוהגים הם בין בכתר בין בתשע ספירות, והוא
בחינות הסתלקות, כי זה נקרא חסרון אמיתי, בין אל התשע ספירות ובין אל הכתר עצמו, עד כאן לשונו.

224

בית לחם יהודה ש"ז פ"א – והוא ב' בחינות הסתלקות, כי זה יקרא חסרון האמיתי בין אל הט' ספירות ובין
אל הכתר עצמו. אין הכוונה על אור הכתר עצמו, כי אור הכתר לא היה בו רק הסתלקות אחד בלבד, שכיון
שעלה למאציל שוב לא ירד. אלא הכוונה על כלי הכתר עצמו, שהיה בו ב' הסתלקות, אחד בסילוק האורות
בפעם הראשונה, והשני הוא בהסתלקות אור החכמה בבחינת מטי ולא מטי. ודע כי ב' אותיות **י"ה** דבכלי
הכתר הם רומזים על ב' הסתלקות שבכלי הכתר, ולא על ההתפשטות וההסתלקות שבו, וכמבואר בהדיא
בשער הקדמות דף מ"ז ע"ד וז"ל - כי הנה בכלי הכתר לא היה בו חסרון ומניעת אורו ממנו אלא ב' פעמים,
שהם ב' בחינות של הסתלקות האור מן הכלים, וכנגד ב' פעמים של ב' חסרונות אלו נרמזו ב' אותיות י"ה בכלי
הכתר, ונקרא כך כנזכר לעיל יעו"ש. וראיתי בכתב יד חכם רבי אליהו סלמאן מני ז"ל שהקשה, אם כן ראוי
להקרא הכתר ב' ההי"ן, כי הכי ההי"ן הם המורין על ב' ההסתלקות, ואפשר שלא מצינו שם בשני ההי"ן, לכך
נקרא י"ה, ודוחק. אי נמי והוא הנכון שידוע די"ו הם זכרים, וההי"ן הם נקבות, והנה בט' ספירות שיש שם
אופן התפשטות אז אור ההסתלקות נעשה נוקבא אליו, אבל בכתר דליכא אלא אור ההסתלקות, אם כן מוכרח
הוא לעשות אותם בחינת דכרא ונוקבא, ולכן אחד נעשה זכר, והשני נוקבא, ונקרא י"ה, עד כן לשונו. ולא
זכיתי להבין תירוץ הנכון, דאיך יהיה חסרון התפשטות האור דט' ספירות בחינת זכרים, מאחר שבחינת

הסתלקות האורות לפה דא"ק, ההסתלקות הראשונה נעשתה שחזרו כל האורות דעקודים, מכל הכלים שלהם לפה דא"ק כדי להשתלם[225] בחמשה הבחינות דנרנח"י ובמקיפי חיה ויחידה, והחסרון השני הסתלקות האורות מכל הכלים דעקודים בפעם השניה בסוד מטי ולא מטי, ואפילו שכאשר האורות מסתלקים למאציל הם משאירים רשימו[226] בכלי שלהם, עם כל זאת כאשר עצמות האור מסתלק מהכלי זהו חסרון בכלי. **כי זה** הסתלקות האורות דעקודים מהכלים שלהם **נקרא חסרון אמיתי, בין אל** הכלים של **התשע ספירות** התחתונות, **ובין אל** הכלי ד**כתר עצמו**, וזה הצד השוה בין כל הכלים דעקודים. **לסכום** לכלי הכתר יש ב' בחינות של חיסרון, והם החסרון שנעשה בעת הסתלקות האורות בהסתלקות הראשונה ובהסתלקות השניה, וזה חיסרון אמיתי לכלי הכתר. לכלים של התשע ספירות התחתונות יש ד' חסרונות, ב' חסרונות כאשר האור מתפשט תחילה בכלי הכתר, בהתפשטות הראשונה ובהתפשטות השניה, וחיסרון זה לכלים של התשע ספירות התחתונות, כי רק בכתר הכתר יש אור, והם חסרים ממנו. וב' חסרונות הם כאשר מסתלקים האורות מהכלים דתשע הספירות התחתונות למאציל כמו שמסתלק האור מכלי הכתר, וחיסרון זה הוא חיסרון האמיתי לכלים דתשע הספירות התחתונות. **ונבאר ענין זה מה** שכתוב **כי בזיונות אלו** של העשר ספירות דעולם העקודים **נקראו כי בי"ה הוי"ה צור עולמים, והענין**[227] כי זה סוד הפסוק[228] סולו לרוכב בערבות בי"ה שמו

החסרון פירושו הוא דליכא עדיין אור כלל. ויש לתרץ בפשיטות כי בהסתלקות הראשון דכתר, לפי שהיו כבר יו"ד אורות שלימים בעקודים, משום הכי נרמז באות יו"ד, להורות שזה ההסתלקות הוא בזמן שהיו עשרה אורות בעקודים, מה שאין כן בסילוק השני, שלא היו כי אם ט' אורות בלבד, כי הכתר נשאר במאציל, לכן נרמז סילוק השני באות ה' ראשונה כדינו. וכמו כן בחסרון הט' ספירות דהתפשטות הראשון שרמוז באות יו"ד, לפי שגם אור הכתר היה שם, והיו עשרה.
225

ע"ח ש"ו פ"ג מ"ת דכ"ה ע"ג – דע כי בעת שיצאו לא יצאו שלימים וכמו שנבאר בע"ה, וטעם הדבר הוא כי כוונת המאציל היה לעשות עתה התחלת הויות הכלים)נ"א בתחלה הויות הכלי(, להלביש האור לצורך המקבלים שיוכלו לקבל, ולכן בהיות שיצאו **בלתי שלימים וגמורים חזרו לעלות לשורשן להתתקן ולהשתלם**, ועל ידי כך נעשה כלי כמו שנבאר........ ואמנם בבוא כתר נמצא המלכות שלימה מכל ה' אורות פנימיים שהם נרנח"י, ועתה היו חסרים עדיין כל הספירות כנ"ל שיצאו חסרים בלי תשלומין, והיה זה ממש בכוונה גמורה כנ"ל, **ולכן הוצרכו לחזור ולעלות אל המאציל לקבל ממנו תשלומיהן.**
226

ע"ח ש"ו פ"ה מ"ת דכ"ו ע"ד – ונבאר עתה ענין חזרתם והסתלקותם למעלה, איך על ידי כך נעשו הכלים. והענין הוא כי כאשר נתעלו האורות למעלה נשאר למטה האור העב והגס, שהוא בחינת הכלי כנ"ל, **והנה יש בטבע האורות להשאיר רושם שלהם למטה במקום שהיו שם בראשונה**, ולכן כל האורות האלו **בעת עלותם הניחו רשימו למטה במקום שהיו שם בראשונה**, כיצד הנה הכתר הניח רשימו להאיר אל החכמה, וכן חכמה לבינה, ובינה לז"א, וז"א לנוקבא. כי לעולם בטבע העליון להאיר לתחתון, ויש לו חשק להאיר בו, כמו חשק אמא לבנים, ולכן מניח ומשאיר רשימו בו, נמצא שכולם מניחין רשימו חוץ מן המלכות, כי אין ספירה אחרת תחתיה להאיר בה, ולכן אין המלכות משארת רשימו למטה.
227

בית לחם יהודה ש"ז פ"א – והענין כי זה סוד פסוק סולו לרוכב בערבות. כי פסוק כי בי"ה הוי"ה, אין שום הכרח לפרש שהוי"ה הוא כמוס בי"ה, דאפשר לאמר דהכי קאמר דבשני חסרונות דכלי הכתר. ובד' חסרונות דט' ספירות יצר המאציל את כלי העקודים. ומהיכא היתי לפרש שבשם י"ה כמוס שם הוי"ה דבסיפי דקרא, ומשום הכי הביא פסוק סולו, דהתם אי אפשר לפרש הכי, דמאידך קרא נשמע נמי להאי קרא.
228

תהילים ס"ח ה' – שירו לאלהי"ם זמרו שמו סלו לרכב בערבות בי"ה שמו ועלזו לפניו.

מבואר בספר[229] הזהר הקדוש, **ויֵשׁ לְדִקְדֵּק בְּפָסוּק דַהֲוָה לָהּ** היה צריך **לוֹמַר יְ"ה שְׁמוֹ, מַאי** למה כתוב **בִּי"ה שְׁמוֹ, אַךְ**[230]]דל"א ע"א 61[**הָעִנְיָן הוּא כִּי כֹּל הַשֵּׁם** הוי"ה **כָּלוּל בַּשֵּׁם** יָ"ה, **וְזֶהוּ בִּי"ה שְׁמוֹ, כִּי** שם **י"ה בְּמִילוּאוֹ הוּא יוֹ"ד הֵ"א** שהוא מילוי אלפי"ן, והוא **בְּגִימַטְרִיָּא כ"ו, שֶׁהוּא** בגימטריא שם **הוי"ה, הֲרֵי** נמצא **כִּי בְּשֵׁם** יְ"ה **הוּא שֵׁם הוי"ה מַמָּשׁ, וְשֵׁם יְ"ה** נרמז[231] **בַּכֶּתֶר**[232]**, לְרַמֵּז**[233] **אֵיךְ מִמֶּנּוּ** ר"ל מהמילוי דשם יְ"ה **יָצָא שֵׁם הוי"ה, וּבוֹ**[234] ר"ל בשם יְ"ה **כְּלוֹלִין כָּל ד' אוֹתִיּוֹת הוי"ה** המתפשטים בתשע הספירות התחתונות דעקודים.

---

[229]

זהר תרומה דקס"ה ע"ב תרגום והסבר – **רבי אלעזר אמר, האי קרא הכי אצטריך לְמֵימר** פסוק זה כך היה צריך לומר – **סלו לרוכב על ערבות** ר"ל סולו למי שרוכב על הערבות ולא סולו לרוכב בערבות, **מאי בערבות** למה כתוב הערבות ולא על הערבות, ועוד כתוב בפסוק **בי"ה שמו, בי"ה הוא מבעי ליה** והיה צריך לכתוב בי"ה הוא, **מאי שמו** למה כתוב שמו, **אלא האי קרא על סתימא דכל סתימין עתיקא דכל עתיקין אתמר** אלא הפסוק הזה מדבר על הסתום מכל הסתומים, העתיק על כל העתיקים, **ההוא דלא אתגליא ולא אתידע כלל** ההוא שלא מתגלה כלל, והוא הכתר שהוא השורש לתשע הספירות התחתונים, **דאיהו רוכב בערבות** הוא רוכב ומתלבש בערבות, שהם התשע הספירות התחתונות, ולא רק רוכב וחופף עליהם.

[230]

כרם שלמה ש"ז פ"א אות כ' – והענין כי כל התשע ספירות התחתונות שבהם שם הוי"ה, הם נאצלו מן הכתר, וממנו יונקים, וזה להיות שבו יש כח של כל התשע ספירות התחתונות, וזה נרמז גם כן בהמספר של שם י"ה, שמילואה היא גימטריא כ"ו, זה הוא כוונתו כאן עם שהשלשון הוא יתר וחסר. והוא מבואר באורך הלשון הזה בשער ההקדמות וז"ל שם בדף ט' ע"ב - והם י"ה בכתר, הוי"ה בתשע ספירות התחתונים וכו'. זהו סוד פסוק סולו לרוכב בערבות בי"ה שמו, וכבר ידעת קושיית ספר הזוהר דהוה ליה למימר י"ה שמו, אבל עניינו הוא סולו לשם ההוי"ה הרוכב בערבות, אשר כל שמו הנזכר הוא נכלל בשם י"ה שהוא בכתר.

[231]

אור עינים, אות י' דע"ה ע"ב – י"ה, שם י"ה ב"ה החשבינן ליה לבחינת כתר כזה, יו"ד פעמים ה"י עולה ש'. יו"ד פעמים ה"א עולה ק"ך. יו"ד פעמים ה"ה עולה ר'. סך הכל עולה מנין כתר.

[232]

הגהות וביאורים)א(– כיצד, י"ה בג' מילואין, יו"ד פעם ה"י הוא ש'. יו"ד פעם ה"ה הוא ר'. יו"ד פעם ה"א הוא ק"ך. בגימטריא כתר. מבוא שערים שער ג' ח"ב פי"ז. אמת ליעקב.

[233]

בית לחם יהודה ש"ז פ"א – לרמוז איך ממנו יצא שם הוי"ה. יותר מבואר בשער הקדמות דף ט' ע"ד וז"ל - לרמוז שכל ט' ספירות התחתונות שמחכמה ולמטה הנקראים ד' אותיות הוי"ה, כולם נאצלו על ידי כתר עליון שעליהם, והוא כולל לכולם, והוא הנקרא י"ה, וכולל בו כל שם הוי"ה שבהם, יעו"ש.

[234]

כרם שלמה ש"ז פ"א אות כ' – פירוש כי הכתר נקרא י"ה, והתשע ספירות נקראים שמו, הוא שם הוי"ה וכו'. וזהו גם כן מה שכתב, הרי כי בי"ה שמו שהוא שם הוי"ה, ר"ל כי בי"ה שהוא הכתר כלול בו כל התשע ספירות שהם נרמזים בשם הוי"ה.

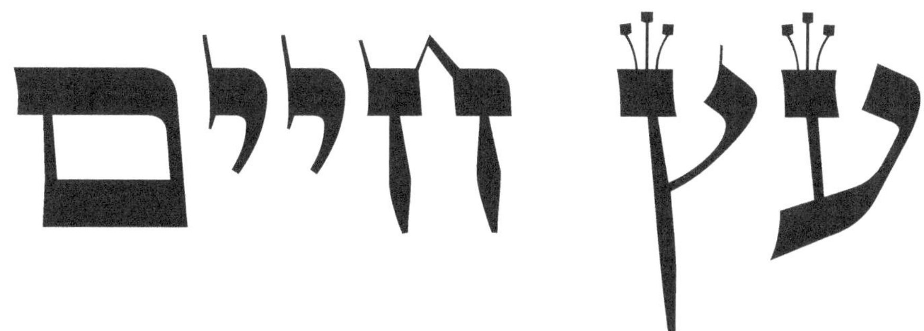

עץ חיים

לרבינו חיים וויטאל

שקיבל ממרן האר"י זלה"ה

שער ז'

שער מטי ולא מטי

פרק א'

חלק התרשימים טבלאות וציורים

שמחת חיים

הקדמה קצרה

דע כי כל התרשימים הציורים והטבלאות, הם אך ורק לשכך את האוזן, ולשבר את העין. וכל הציורים הם לא שלמים.

כתב הרי"ח הטוב ברב פעלים ח"ב בסוד ישרים ה' - אך דע לך כי סדר התלבשות המחצבים שכתב מהרח"ו בשערי קדושה עד עולם הזה שאנחנו עומדים בו. וכן סדר התלבשות הפרצופים אשר בכל מחצב ומחצב, וסדר התלבשות העולמות זה בזה, והיושר והעיגולים, לא אית אינש דכיל למנלע רזא דנא, איך היא עשוי, איך הוא עומד, ולא אפשר לשכל אנושי לצייר כל הנזכר על אמתיתם, ועל בוריין מפני כי שכל האנושי בהיותו עצור ומונח בגוף גשמיי, אי אפשר לי להשיג דבר רוחני, והוא זה דומה לאדם סומא מן הבטן שלא ראה מאורות מימיו, דודאי אי אפשר לו לצייר מראות השמש והירח הנראין לעיני הבריות, וכל שכן מה שיש למעלה למעלה.

וכן כתב ברב פעלים ח"א בסוד ישרים א' - סוף דבר הכל נשמע, ה' אחד ושמו אחד, ואין לו גוף ולא דמות הגוף, ואין לו שום ציור, ותמונה ודמיון כלל ועיקר, וגם כל העולמות וספירות הקדושים למעלה אין להם ציור ודמיון של גופים האלה כלל, ואין מי שיוכל לידע איך הוא עמידתם וסדרם, איך עומדים עולמות היושר ועולמות העיגולים, ואיך מתחברים זה עם זה, ואיך נמשך השפע מזה לזה, ואיך הוא תוארם ומראיהם, ואיך הוא מהות השפע המחיה אותם, ומקיים אותם, וכמה הוא שיעור אורכם וגובהן ורחבם, ואיך הם נכללים זה בזה, ומלבישים זה לזה, כי בכל זאת אין שום שכל אנושי יוכל לדעת, ולהבין, ולהשיג, כלל ועיקר.

הרב ז"ל כתב בשער אח"פ תחילת פ"א וז"ל - כבר ידעת כי אין בנו כח לעסוק קודם אצילות עשר ספירות, ולא לדמות שום דמיון וצורה כלל ח"ו, אך לשכך האזן, אנו צריכים לדבר דרך משל ודמיון, לכן אף אם נדבר במציאות ציור שם למעלה, אין הדבר רק לשכך האזן. אמנם דע כי עשר ספירות דאצילות הם שתי עניינים. האחד הוא התפשטות הרוחניות, והשני הוא כלים ואברים אשר העצמות מתפשט בהם. והנה צריך שיהיה לכל זה שורש למעלה לשתי בחינות אלו, ולכן צריכין אנו לדבר בסדר המדרגות מראש עד סוף, והנה נתחיל ונאמר כי הלא הא"ס ב"ה אין בו שום ציור כלל ח"ו כמבואר.

הרב ז"ל כתב בשער טנת"א פ"א - והנה אף על פי שאנו מכנים וקוראים כאן כנויים אלו כגון אדם ראש אזנים וכיוצא אינו רק לשכך האזן לשיובנו הדברים לכן אנו מכנים כנויים אלו במקום גבוה, עד כאן לשונו.

וכן הרמ"ק בפרדס רימונים ש"ו פ"א - ונצטיירו להם המקובלים צורות ביריעות גדולות וקראום אילן. הרב ז"ל כתב בסוף ש"ה פ"ד וז"ל - ואמנם דבר גלוי הוא כי אין למעלה גוף ולא כח גוף חלילה. וכל הדמיונות והציורים אלו לא מפני שהם כך חס ושלום. אמנם לשכך את האוזן לכשיוכל האדם להבין הדברים העליונים הרוחניים בלתי נתפסים ונרשמים בשכל האנושי, לכן ניתן רשות לדבר בבחינת ציורים ודמיונים, כאשר הוא פשוט בכל ספרי הזוהר. וגם בפסוקי התורה עצמה כולם כאחד עונים ואומרים בדבר הזה כמו שאמר הכתוב עיני ה' המה משוטטים בכל הארץ. עיני ה' אל צדיקים. וישמע ה'. וירח ה'. וידבר ה'. וכאלה רבות וגדולה מכולם מה שאמר הכתוב ויברא אלהים את האדם בצלמו בצלם אלהים ברא אותו זכר ונקבה וגו'. ואם התורה עצמה דברה כך גם אנחנו נוכל לדבר כלשון הזה, עם היות שפשוט הוא שאין שם למעלה אלא אורות דקים, בתכלית הרוחניות, בלתי נתפשים שם כלל, וכמו שאמר הכתוב כי לא ראיתם כל תמונה, וכאלה רבות.

ואמנם יש עוד דרך אחרת כדי להמשיך ולצייר בה הדברים העליונים, והם בחינת כתיבת צורת אותיות, כי כל אות ואות מורה על אור פרטי עליון, וגם תמונת זו דבר פשוט הוא כי אין למעלה לא אות, ולא נקודה, וגם זה דרך משל וציור לשכך את האוזן כנזכר. ולכן נבאר עתה הקדמה הנזכר על דרך ציור האותיות גם כן, ובבחינת ציורים אלו, הן ציור האדם, והן ציור אותיות, שתיהן מוכרחים להבין ענין האורות העליונים, כאשר תראה ספרי הזוהר בנויים על שתי בחינות הציורים האלה, עד כאן לא.

ולכן גם אנחנו הרשינו לעצמינו לצייר ציורים, תרשימים וטבלאות, אך ורק כדי לשכך את האוזן, ולשבר את העין, כדי להבין את הסוגייה.

אח"י

תרשימים שַעַר ז' פרק א'

סדר שמות ההיכלות והשערים בעץ חיים

שם היכל	שער	שם השער	א	ב	ג	ד	ה	ו	ז	ח	ט	י	יא	יב	יג	יד	טו
אדם קדמון	א	עיגולים ויושר	א	ב	ג	ד	ה										
	ב	השתלשלות י"ס דרך עגו'	א	ב	ג												
	ג	סדר אצילות למהרח"ו	א	ב	ג												
	ד	אח"פ	א	ב	ג	ד	ה										
	ה	טנת"א	א	ב	ג	ד	ה	ו	ז								
	ו	עקודים	א	ב	ג	ד	ה	ו	ז	ח							
	ז	מטי ולא מטי	א	ב	ג	ד	ה										
נקודים	ח	דרושי נקודות	א	ב	ג	ד	ה	ו									
	ט	שבירת הכלים	א	ב	ג	ד	ה	ו	ז	ח							
	י	תיקון	א	ב	ג	ד	ה										
	יא	מלכים	א	ב	ג	ד	ה	ו	ז	ח	ט	י					
הכתרים	יב	עתיק	א	ב	ג	ד	ה										
	יג	א"א	א	ב	ג	ד	ה	ו	ז	ח	ט	י	יא	יב	יג	יד	
או"א	יד	או"א	א	ב	ג	ד	ה	ו	ז	ח	ט	י					
	טו	זווגים	א	ב	ג	ד	ה	ו									
	טז	הולדת או"א וזו"ן	א	ב	ג	ד	ה	ו	ז								
ז"א	יז	ז"א	א	ב	ג	ד											
	יח	רפ"ח נצוצין	א	ב	ג	ד	ה	ו									
	יט	אב"ד	א	ב	ג	ד	ה	ו	ז	ח	ט	י					
	כ	המוחין	א	ב	ג	ד	ה	ו	ז	ח	ט	י	יא	יב			
	כא	לידת המוחין	א	ב	ג												
	כב	מוחין דקטנות	א	ב	ג												
	כג	מוחין דצלם	א	ב	ג	ד	ה	ו	ז	ח							
	כד	פרקי הצלם	א	ב	ג	ד	ה	ו	ז								
	כה	דרושי הצלם	א	ב	ג	ד	ה	ו	ז	ח							
	כו	צלם	א	ב	ג	ד											
	כז	פרטי עי"מ	א	ב	ג	ד											
	כח	עיבורים	א	ב	ג	ד	ה										
	כט	נסירה	א	ב	ג	ד	ה	ו	ז	ח	ט						
	ל	פרצופים	א	ב	ג	ד	ה	ו	ז								
	לא	פרצופי זו"ן	א	ב	ג	ד	ה										
	לב	הארת המוחין	א	ב	ג	ד	ה	ו	ז	ח	ט						
	לג	אונאה	א	ב	ג	ד	ה										
נוק' דז"א	לד	תיקון הנוקבא	א	ב	ג	ד	ה	ו	ז								
	לה	הירח	א	ב	ג	ד	ה										
	לו	מעוט הירח	א	ב	ג	ד											
	לז	יעקב ולאה	א	ב	ג	ד	ה										
	לח	לאה ורחל	א	ב	ג	ד	ה	ו	ז	ח	ט						
	לט	מ"ן ומ"ד	א	ב	ג	ד	ה	ו	ז	ח	ט	י	יא	יב	יג	יד	טו
	מ	פנימיות וחצוניות	א	ב	ג	ד	ה	ו	ז	ח	ט	י	יא	יב	יג	יד	טו
	מא	החשמל	א	ב	ג												
אבי"ע	מב-א	דרושי אבי"ע	א	ב	ג	ד	ה	ו	ז	ח	ט	י	יא	יב			
	מב-ב	כללות אבי"ע	א	ב	ג	ד											
	מג	ציור עולמות אבי"ע	א	ב	ג	ד											
	מד	שמות	א	ב	ג	ד	ה	ו	ז								
	מה	מקיפין	א	ב	ג	ד											
	מו	כסא הכבוד	א	ב	ג	ד	ה	ו									
	מז	סדר אבי"ע	א	ב	ג	ד	ה	ו									
	מח	קליפות	א	ב	ג	ד											
	מט	קליפת נוגה	א	ב	ג	ד	ה	ו	ז	ח	ט						
	נ	קיצור אבי"ע	א	ב	ג	ד	ה	ו	ז	ח	ט	י					

טבלת ערכים

עולמות	אדם קדמון	אצילות	בריאה	יצירה	עשיה
פרצופים	ע"י וא"א	אבא	אמא	ז"א	נוקבא
ספירות	כתר	חכמה	בינה	חג"ת נה"י	מלכות
הוי"ה	קוץ של י'	י	ה	ו	ה
אורות	יחידה	חיה	נשמה	רוח	נפש
מילוי	שורש הוי"ה	ע"ב - יוד הי ויו הי	ס"ג - יוד הי ואו הי	מ"ה - יוד הא ואו הא	ב"ן - יוד הה ור הה
טנת"א	שורשים	טעמים	נקודות	תגין	אותיות
נקודות	קמץ	פתח	צרי	סגול, שוה, חולם חיריק, קבוץ, שורוק	אין ניקוד
אדם	גולגולתא	מוח ימין	מוח שמאל	גוף וברית	עטרת היסוד
מל"ץ	מ - מקיף, יחידה	ל - מקיף, חיה	מוח	לב	כבד
שנגל"ה	שורש	נשמה	גוף	לבוש	היכל
ר"ב פרצופים	ער"ן ואו"ן	או"א עלאין	ישסו"ת	זו"ן	יעו"ר
כל צמצא	אורות	מוחין	צלמים	לבושים	כלים
אברים	מוח	עצמות	גידין	בשר	עור
חושים	מוח	ראיה	שמיעה	ריח	דיבור
מחצבים	א"ס	ספירות	נשמות	מלאכים	חושך
צלם	מ' מקיף ב'	ל' מקיף א'	צ' מוח	צ' לב	צ' כבד
דחצ"מ	אלוקות	מדבר	חי	צומח	דומם
יסודות	יולי	מים	אש	רוח	עפר
רקיעים	ערבות	ערבות	ערבות	מכון, מעון, זבול שחקים, רקיע	וילון
גלגלים	גלגל השכל	גלגל היומי	מזלות	ככבים	לבנה
היכלות	קודש קודשים	קודש קודשים	קודש קודשים	אהבה, זכות, רצון, נוגה, עצם השמים, לבנת הספיר	לבנת הספיר
מילוי הוי"ה		מו - וד יוי י	לז - וד יאו י	יט - וד אא או א	כו - וד הוה
אהי"ה		קס"א - אלף הי יוד הי	קס"א - אלף הי יוד הי	קמ"ג - אלף הא יוד הא	קנ"א - אלף הה יוד הה

תרשים א - א

א"ק
אורך אזני
מצח
עין
אוזן
חוטם
פה
שבולת הזקן
חזה
טבור
מ"ה חדש
אור שיצא דרך העין
לעולם נקודים
לעולם ברודים
כתר
כתר
בינה
חכמה
בינה
חכמה
דעת
דעת
חסד
גבורה
חסד
גבורה
תפארת
תפארת
נצח הוד
הוד
נצח
יסוד
יסוד
מלכות
מלכות
עולם נקודים
עולם ברודים

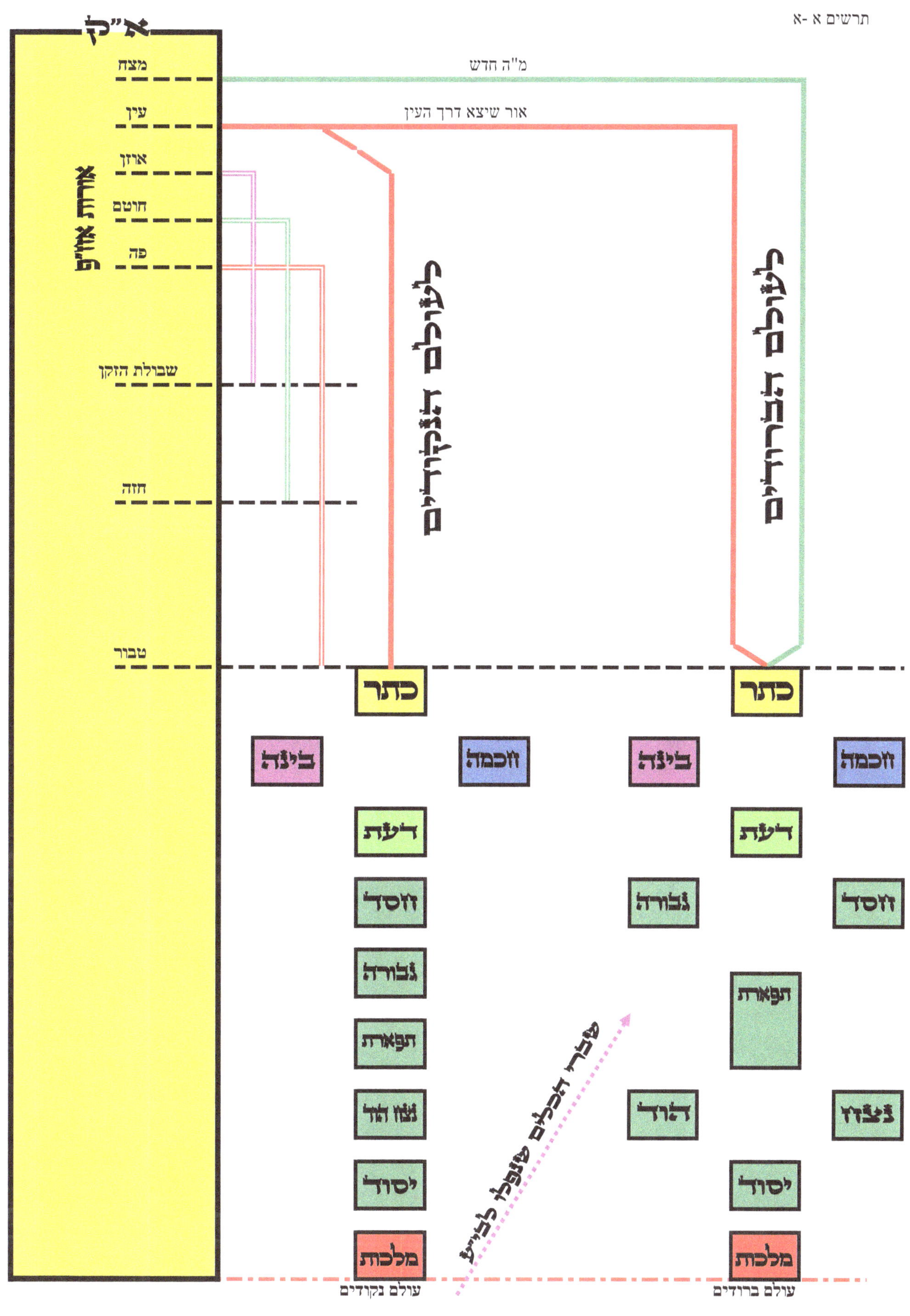

תרשים א - ב

תרשים א -ג

נקודות הכסף – וידוי, ויעבור, י"ג מידות, נפ"א

אָשַׁמְנוּ.
סח"ן דחכמה דפרצוף פנימי
בָּגַדְנוּ.
גנ"ה דבינה דפר' פנימי
גָּזַלְנוּ.
דמ"י דדעת דפר' פנימי
דִּבַּרְנוּ דֹפִי.
סח"ן דחסד דפרצוף פנימי
הֶעֱוִינוּ.
גנ"ה דגבורה דפר' פנימי
וְהִרְשַׁעְנוּ.
דמ"י דת"ת דפר' פנימי
זַדְנוּ.
סח"ן דנצח דפרצוף פנימי
חָמַסְנוּ.
גנ"ה דהוד דפר' פנימי
טָפַלְנוּ שֶׁקֶר.
דמ"י דיסוד דפר' פנימי
יָעַצְנוּ רָע.
סח"ן דחכמה דפרצוף אמצעי
כִּזַּבְנוּ.
גנ"ה דבינה דפר' אמצעי
כָּעַסְנוּ
גנ"ה דגבורה דפר' מילוי
לַצְנוּ.
דמ"י דדעת דפר' אמצעי
מָרַדְנוּ.
סח"ן דחסד דפרצוף אמצעי

מָרִינוּ דְבָרֶיךָ.
דמ"י דמ"ח דפר' מילוי
נָאַצְנוּ.
גנ"ה דגבורה דפר' אמצעי
נָאַפְנוּ.
סח"ן דנצח דפרצוף פנימי
סָרַרְנוּ.
דמ"י דמ"ח דפר' אמצעי
עָוִינוּ.
סח"ן דנצח דפרצוף אמצעי
פָּשַׁעְנוּ.
גנ"ה דהוד דפר' אמצעי
פָּגַמְנוּ.
גנ"ה דהוד דפר' מילון
צָרַרְנוּ.
דמ"י דיסוד דפר' אמצעי
צִעַרְנוּ אָב וָאֵם
דמ"י דיסוד דפר' מילון
קָשִׁינוּ עֹרֶף.
סח"ן דחכמה דפרצוף מילון
רָשַׁעְנוּ.
גנ"ה דבינה דפר' מילון
שִׁחַתְנוּ.
דמ"י דדעת דפר' מילון
תִּעַבְנוּ.
סח"ן דחסד דפרצוף מילון
תָּעִינוּ תִּעְתָּעְנוּ:

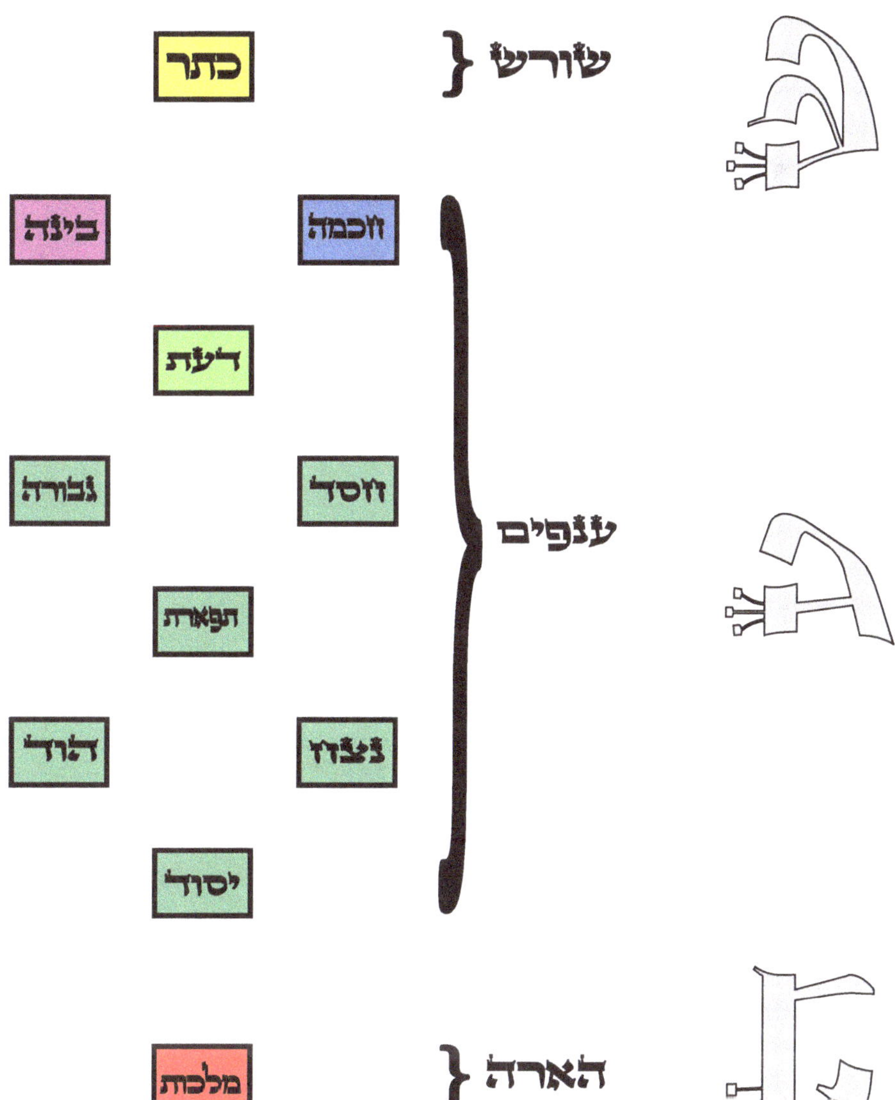
שׁורשׁ

כתר

חכמה
בינה
דעת
חסד
גבורה
תפארת
נצח
הוד
יסוד

ענפים

מלכות

הארה

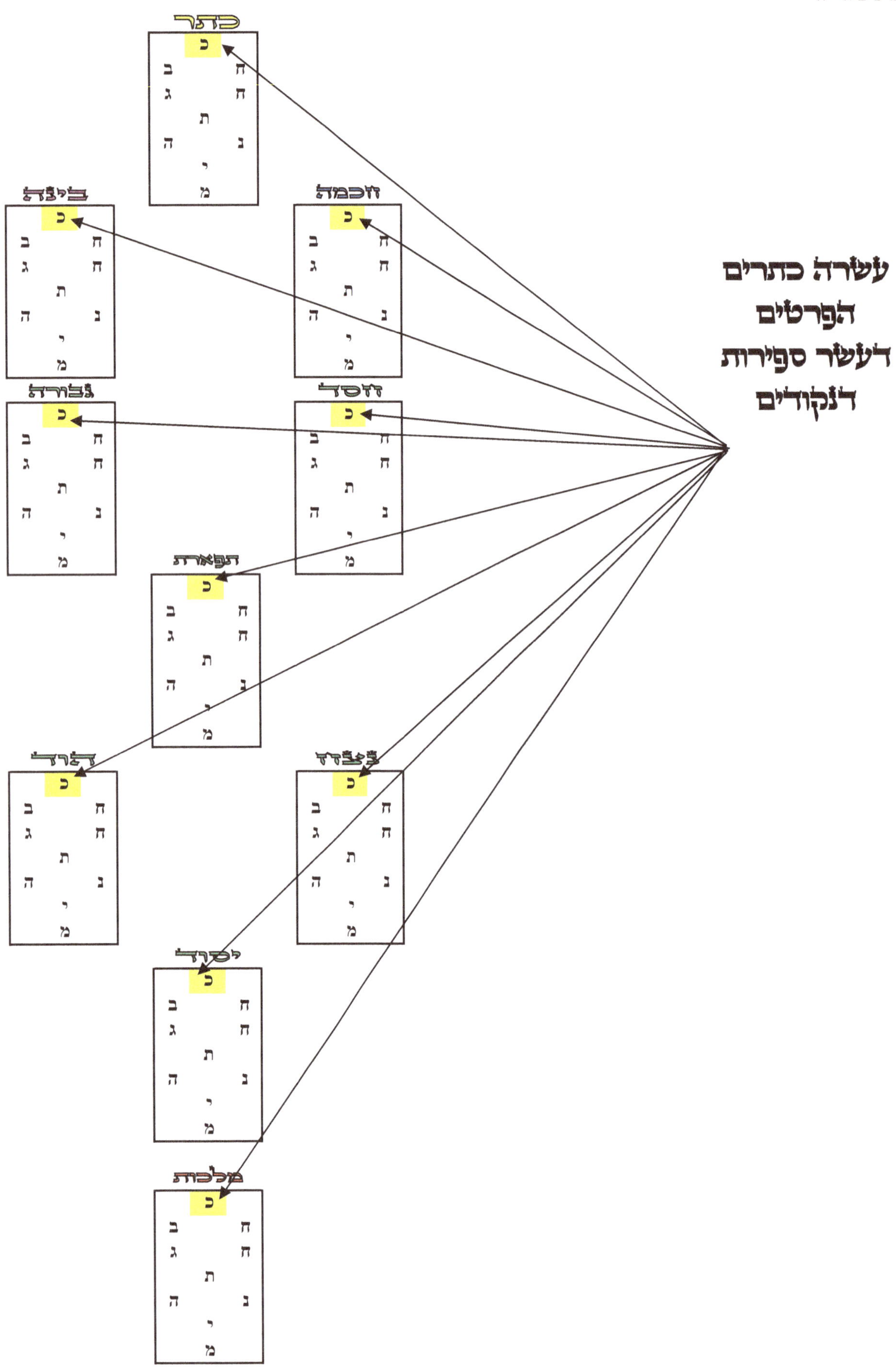
כתר
חכמה
בינה
חסד
גבורה
תפארת
נצח
הוד
יסוד
מלכות
עשרה כתרים
הפרטים
דעשר ספירות
דנקודים

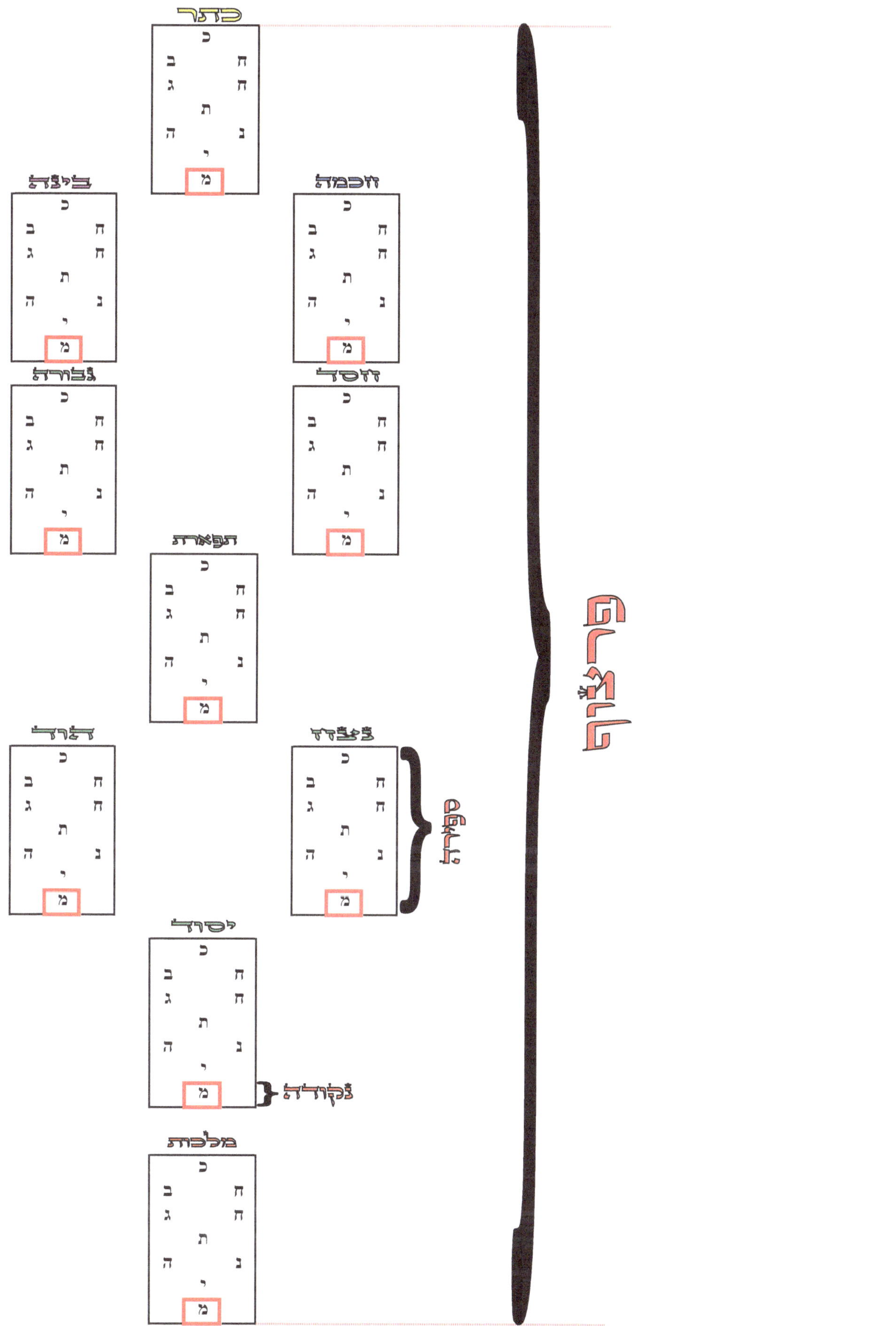
כתר
בינה
חכמה
גבורה
חסד
תפארת
הוד
נצח
יסוד
מלכות
קו אמצעי
העמודים
נקודה

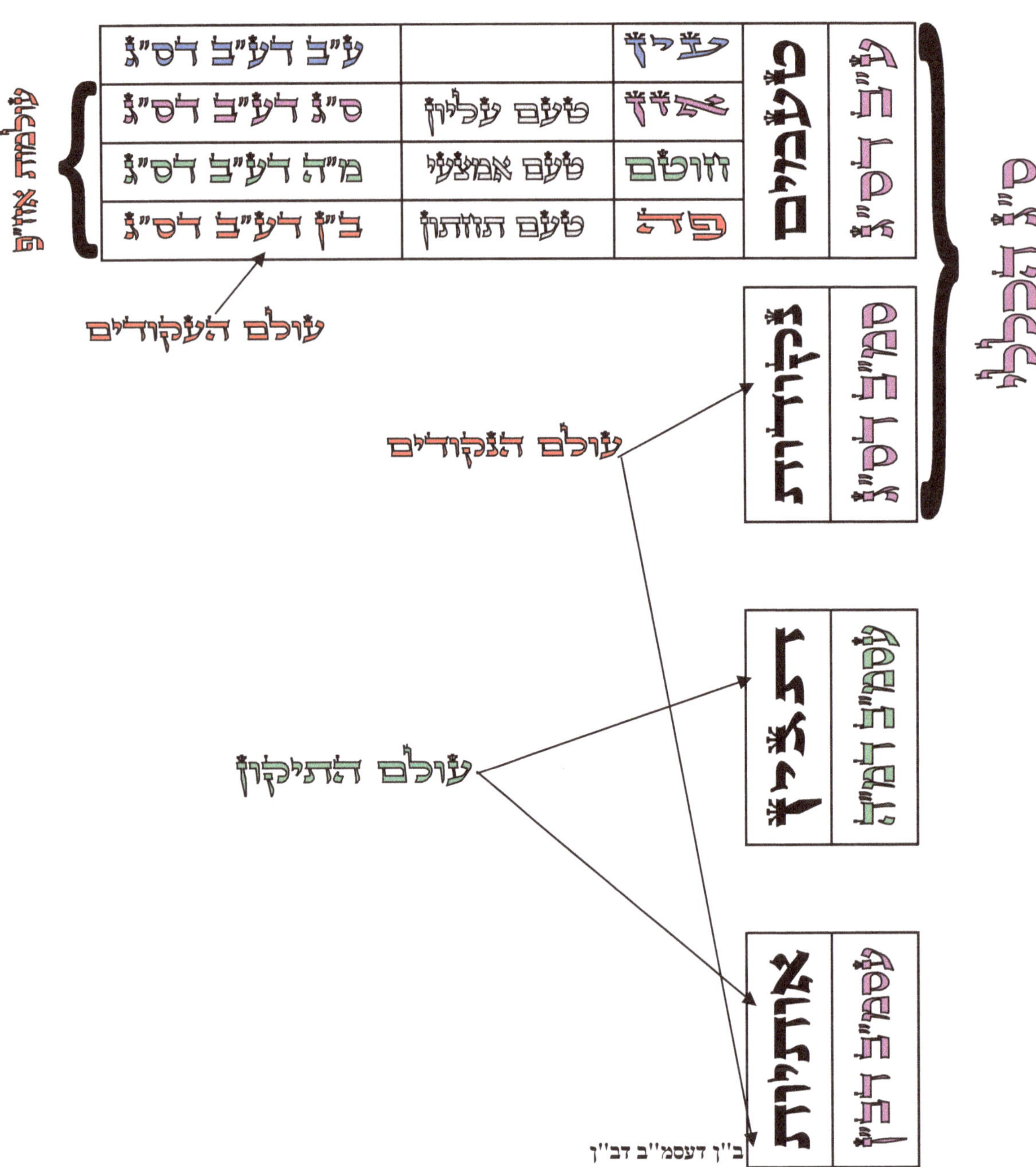
אורות הקרקפתא
עׁ"ב דעׁ"ב דס"ג
ס"ג דעׁ"ב דס"ג
מׁ"ה דעׁ"ב דס"ג
בׁ"ן דעׁ"ב דס"ג
טעׁם עׁליון
טעׁם אמצעׁי
טעׁם תחתון
עׁ"ב
אׁ"ד
חֹשׁם
פֹה
עׁולם העׁקודים
עׁולם הנׁקודים
עׁולם התיקון
ב"ן דעסמ"ב דב"ן

ההתפשטות הראשונה דעקודים

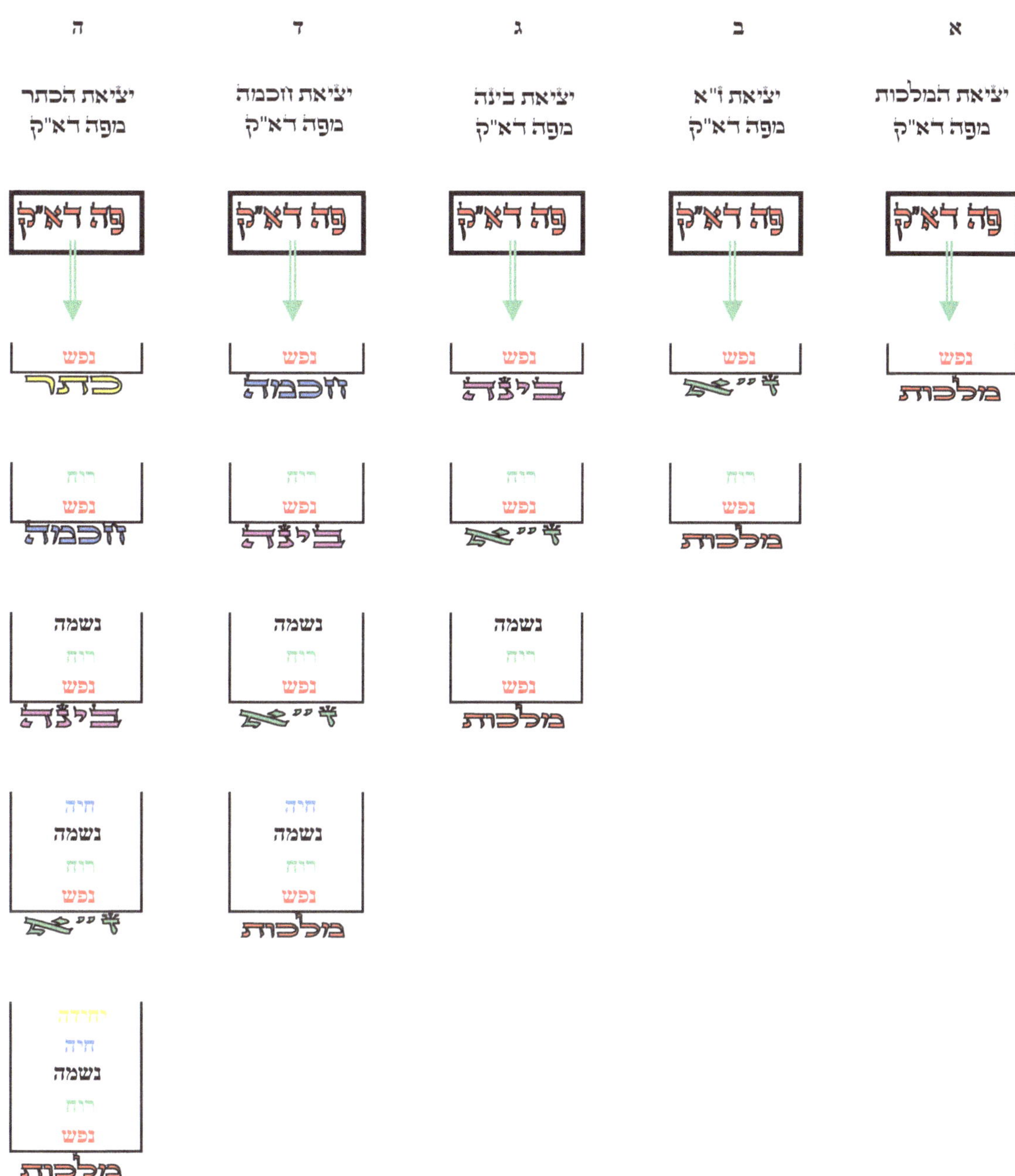

תרשים א - ט

הַהִסְתַּלְקוּת הָרִאשׁוֹנָה
דְעֲקוּדִים

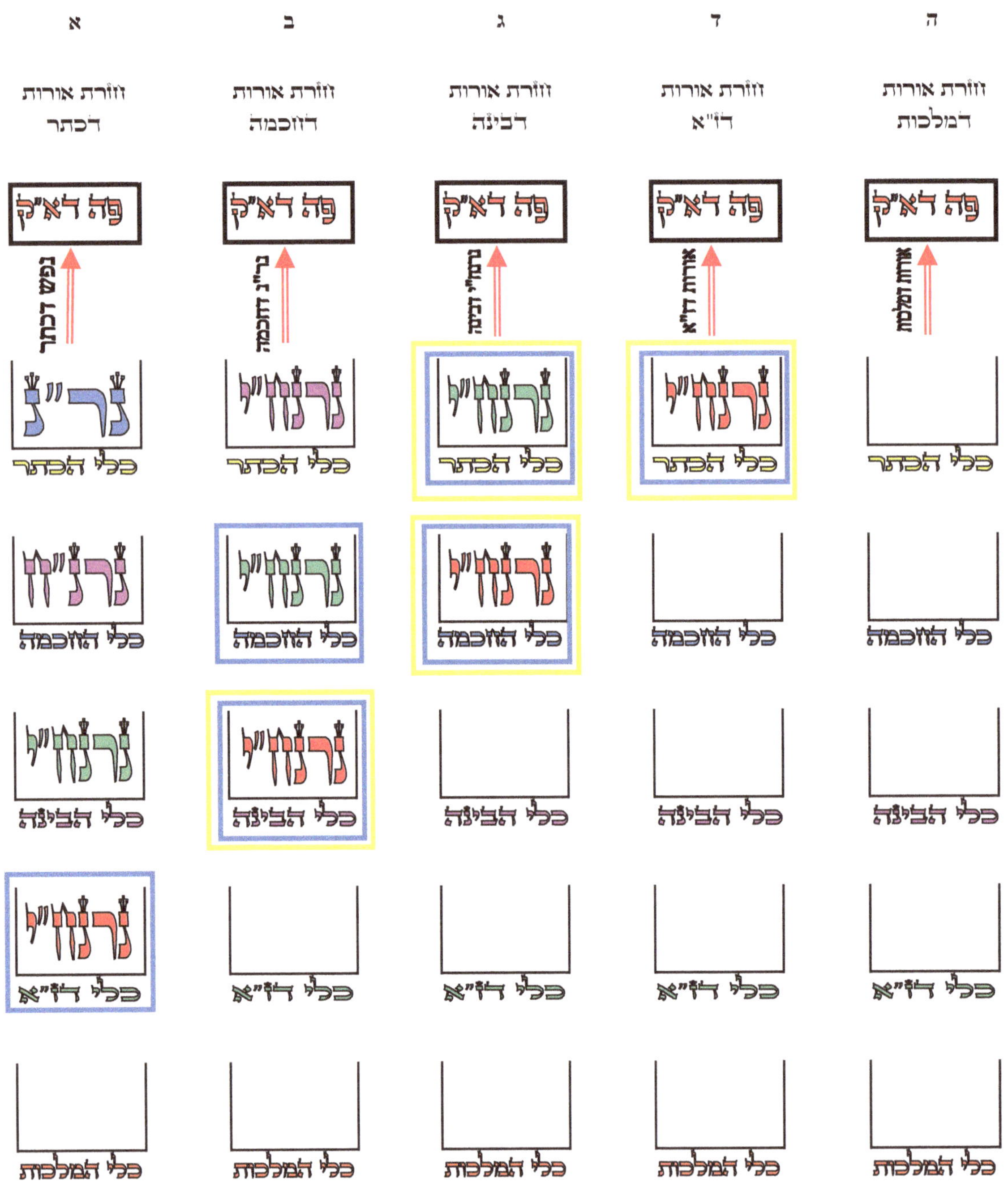

תַּרְשִׁים זֶה הוּא כְּלָלִי בְּיוֹתֵר
יֵשׁ עוֹד פְּרָטֵי פְרָטִים
כִּמְבוֹאָר בְּשַׁעַר הָעֲקוּדִים

תרשים א - י

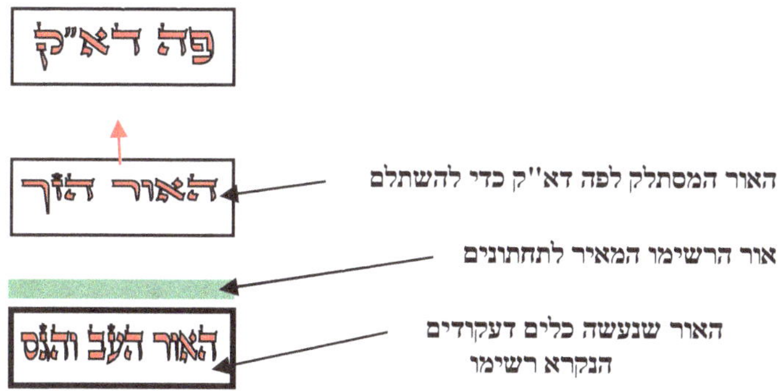

תרשים א - י"א

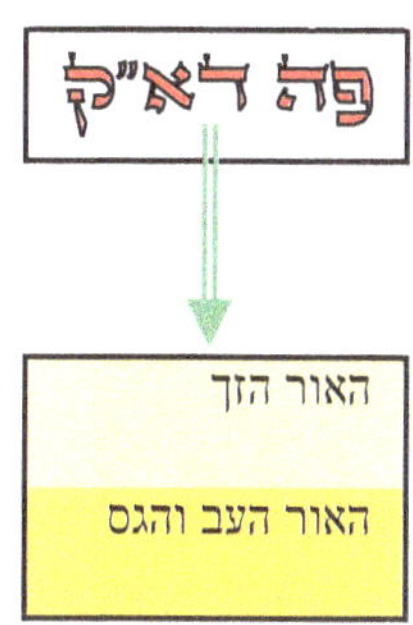

יציאת האור הזך עם האור העב והגס מפה דא"ק

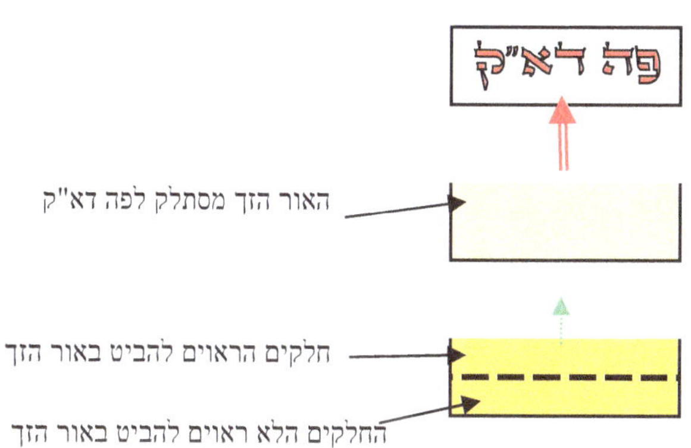

חזרת האור הזך לפה דאק וזלקים מהאור העב מביטים באור הזך, וזלקים לא

האור הזך מסתלק לפה דאק האור העב נפרד משורשו והופך פניו ועומד אזור באזור עם האור המסתלק לכלי הספירה שמעליו

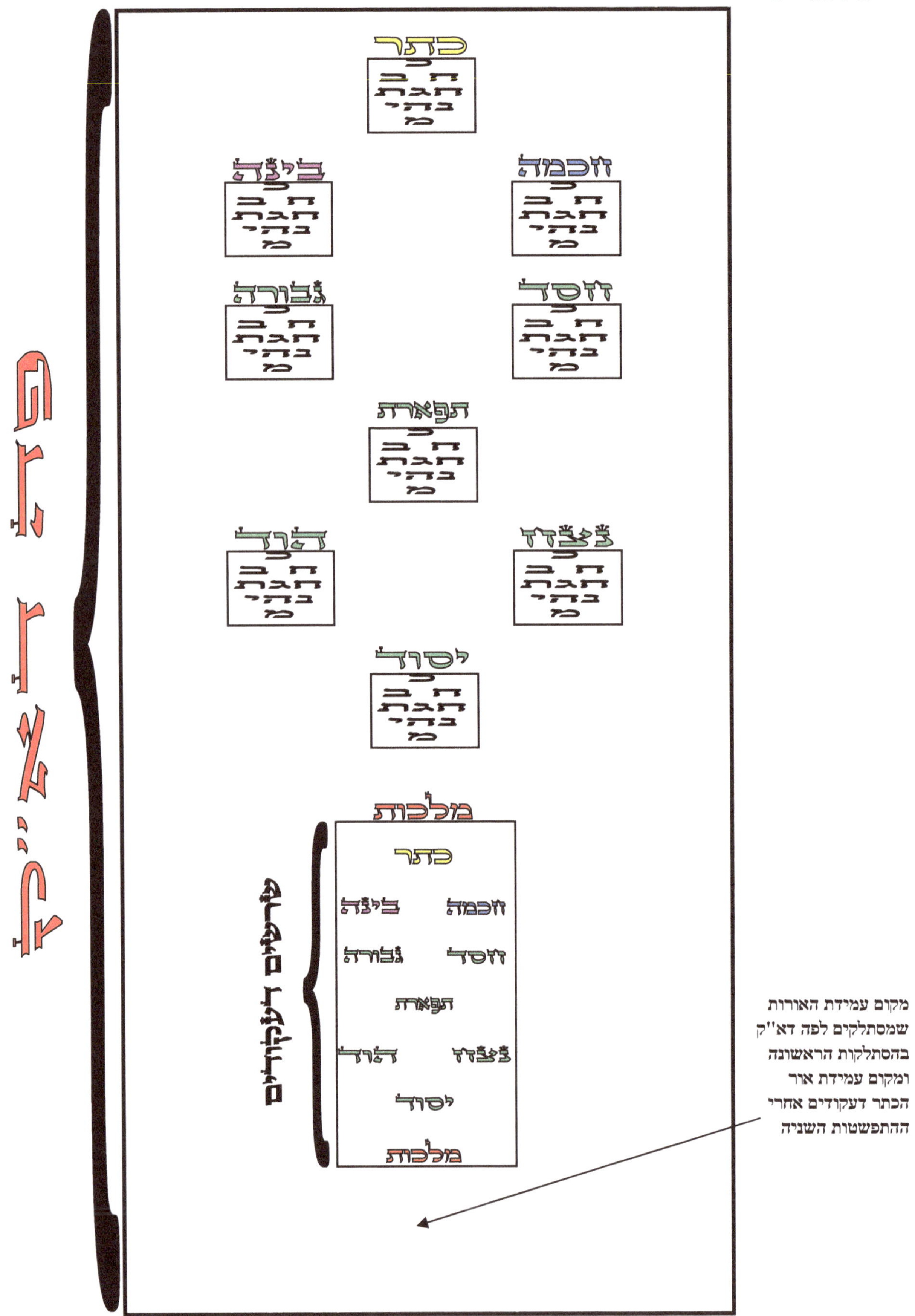

כתר
ח ב
ח ג ת
ב ת י
מ

בינה
ח ב
ח ג ת
ב ת י
מ

חכמה
ח ב
ח ג ת
ב ת י
מ

גבורה
ח ב
ח ג ת
ב ת י
מ

חסד
ח ב
ח ג ת
ב ת י
מ

תפארת
ח ב
ח ג ת
ב ת י
מ

הוד
ח ב
ח ג ת
ב ת י
מ

נצח
ח ב
ח ג ת
ב ת י
מ

יסוד
ח ב
ח ג ת
ב ת י
מ

מלכות
כתר
חכמה בינה
חסד גבורה
תפארת
נצח הוד
יסוד
מלכות

פרצוף העקודים

פה דא"ק

תרשים א - י"ב

מקום עמידת האורות
שמסתלקים לפה דא"ק
בהסתלקות הראשונה
ומקום עמידת אור
הכתר דעקודים אחרי
ההתפשטות השניה

תרשים א - י"ג

הספירות דעקודים יצאו מפה דא"ק

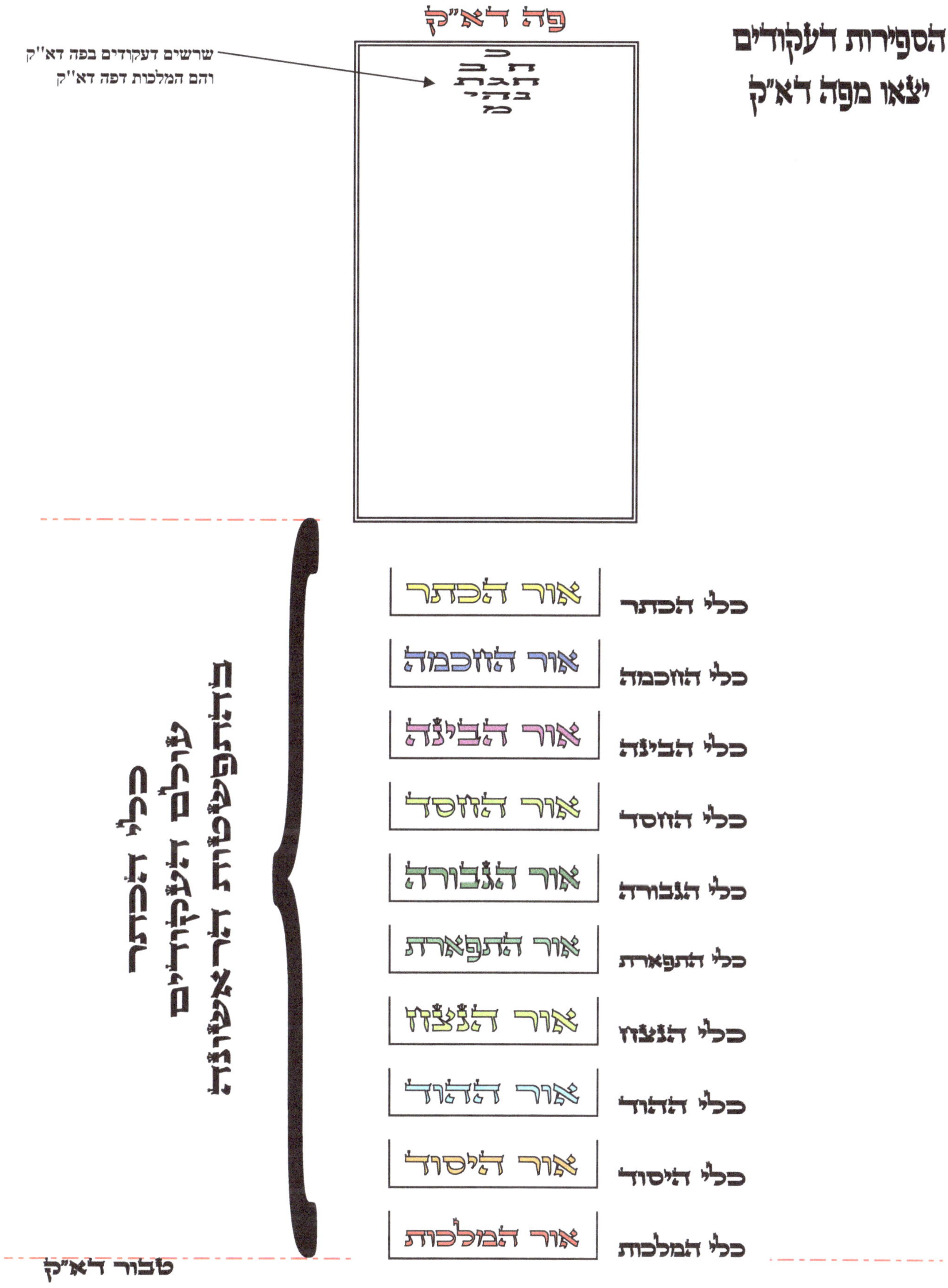

תרשימים שער ז' פרק א'

תרשים א - י"ד

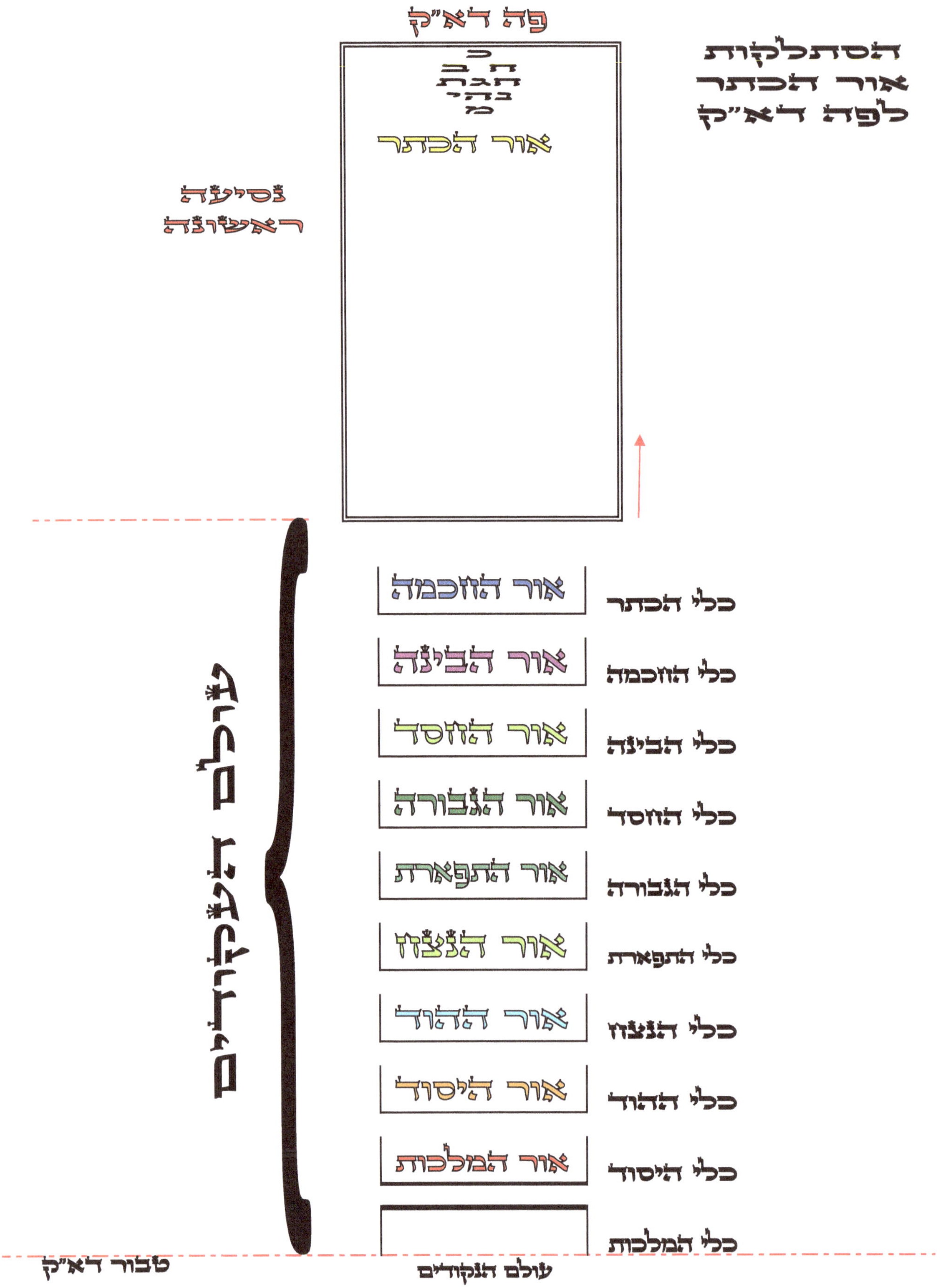

פה דא"ק
הסתלקות
אור הכתר
לפה דא"ק
כ
ח ב
חגת
נהי
מ
אור הכתר
נסיעה
ראשונה
עולם הנקודים
אור החכמה
כלי הכתר
אור הבינה
כלי החכמה
אור החסד
כלי הבינה
אור הגבורה
כלי החסד
אור התפארת
כלי הגבורה
אור הנצח
כלי התפארת
אור ההוד
כלי הנצח
אור היסוד
כלי ההוד
אור המלכות
כלי היסוד
כלי המלכות
טבור דא"ק
עולם הנקודים

תרשים א - ט"ו

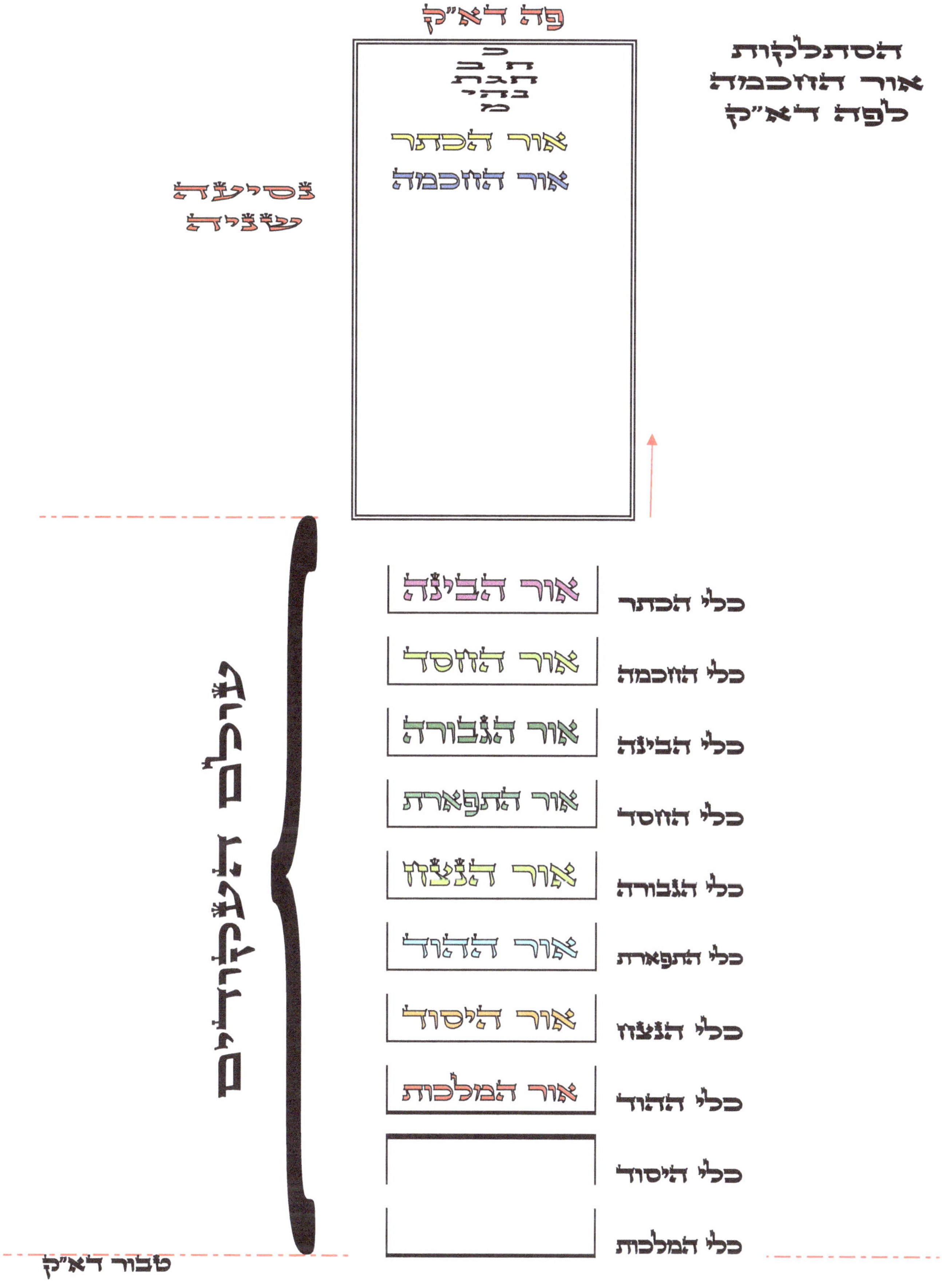
פה דא"ק
הסתלקות
אור החכמה
לפה דא"ק
כ
ח ב
חגת
נהי
מ
אור הכתר
אור החכמה
נסיעה
שניה
עולם העקודים
אור הבינה
כלי הכתר
אור החסד
כלי החכמה
אור הגבורה
כלי הבינה
אור התפארת
כלי החסד
אור הנצח
כלי הגבורה
אור ההוד
כלי התפארת
אור היסוד
כלי הנצח
אור המלכות
כלי ההוד
כלי היסוד
כלי המלכות
טבור דא"ק

תרשימים שער ז' פרק א'

תרשים א - ט"ז

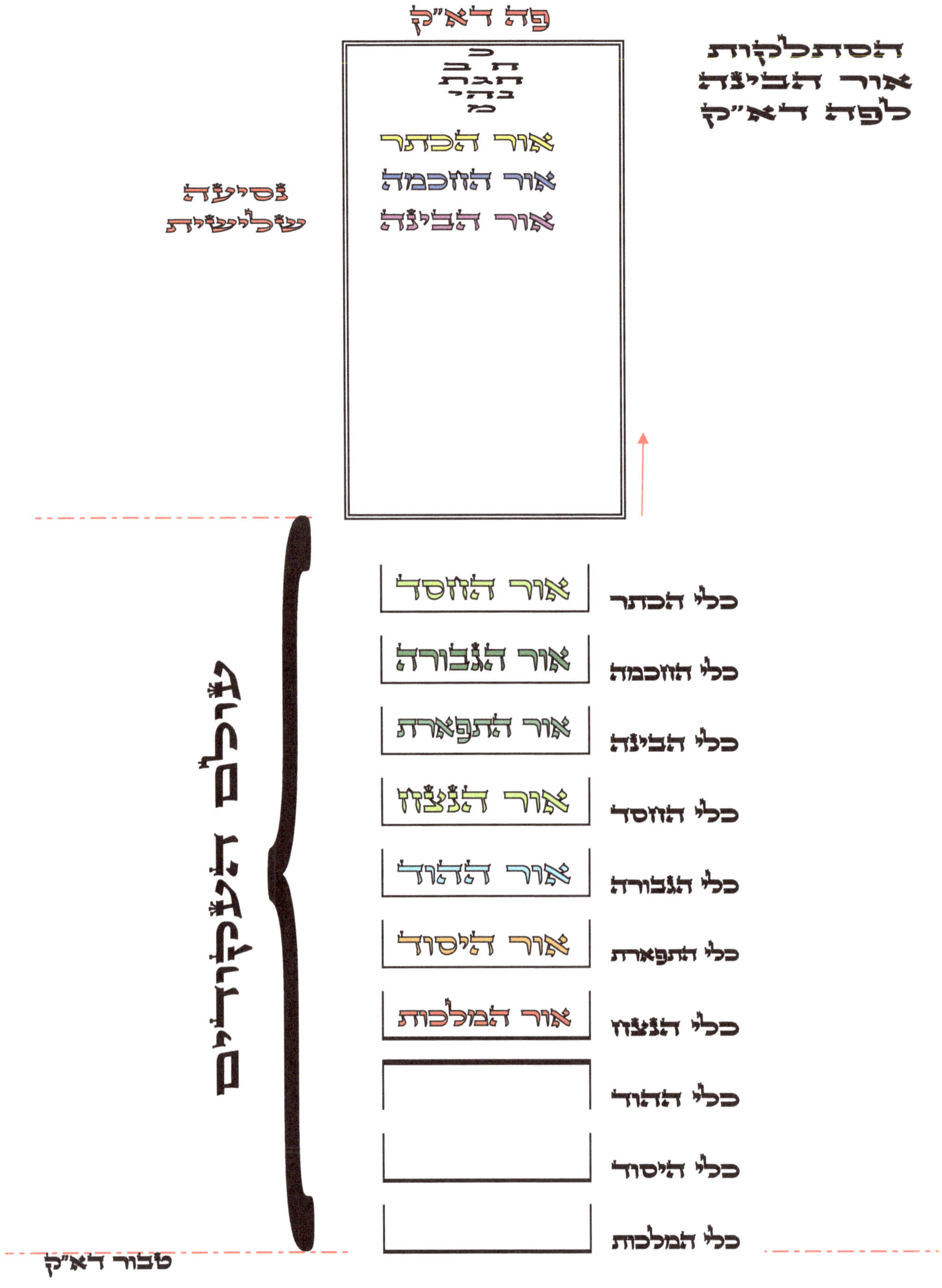
הסתלקות אור הבינה לפה דא"ק
פה דא"ק
כ
ח ב
חגת
נהי
מ
אור הכתר
אור החכמה
אור הבינה
נסיעה שלישית
אור החסד
כלי הכתר
אור הגבורה
כלי החכמה
אור התפארת
כלי הבינה
אור הנצח
כלי החסד
אור ההוד
כלי הגבורה
אור היסוד
כלי התפארת
אור המלכות
כלי הנצח
כלי ההוד
כלי היסוד
כלי המלכות
עולם העקודים
טבור דא"ק

פה דא"ק

הסתלקות אור החסד לפה דא"ק

נסיעה רביעית

כ חב"ת בג"ת מ

אור הכתר
אור החכמה
אור הבינה
אור החסד

אור הגבורה	כלי הכתר
אור התפארת	כלי החכמה
אור הנצח	כלי הבינה
אור ההוד	כלי החסד
אור היסוד	כלי הגבורה
אור המלכות	כלי התפארת
	כלי הנצח
	כלי ההוד
	כלי היסוד
	כלי המלכות

גוף המלכים

טבור דא"ק

תרשימים שער ז' פרק א'

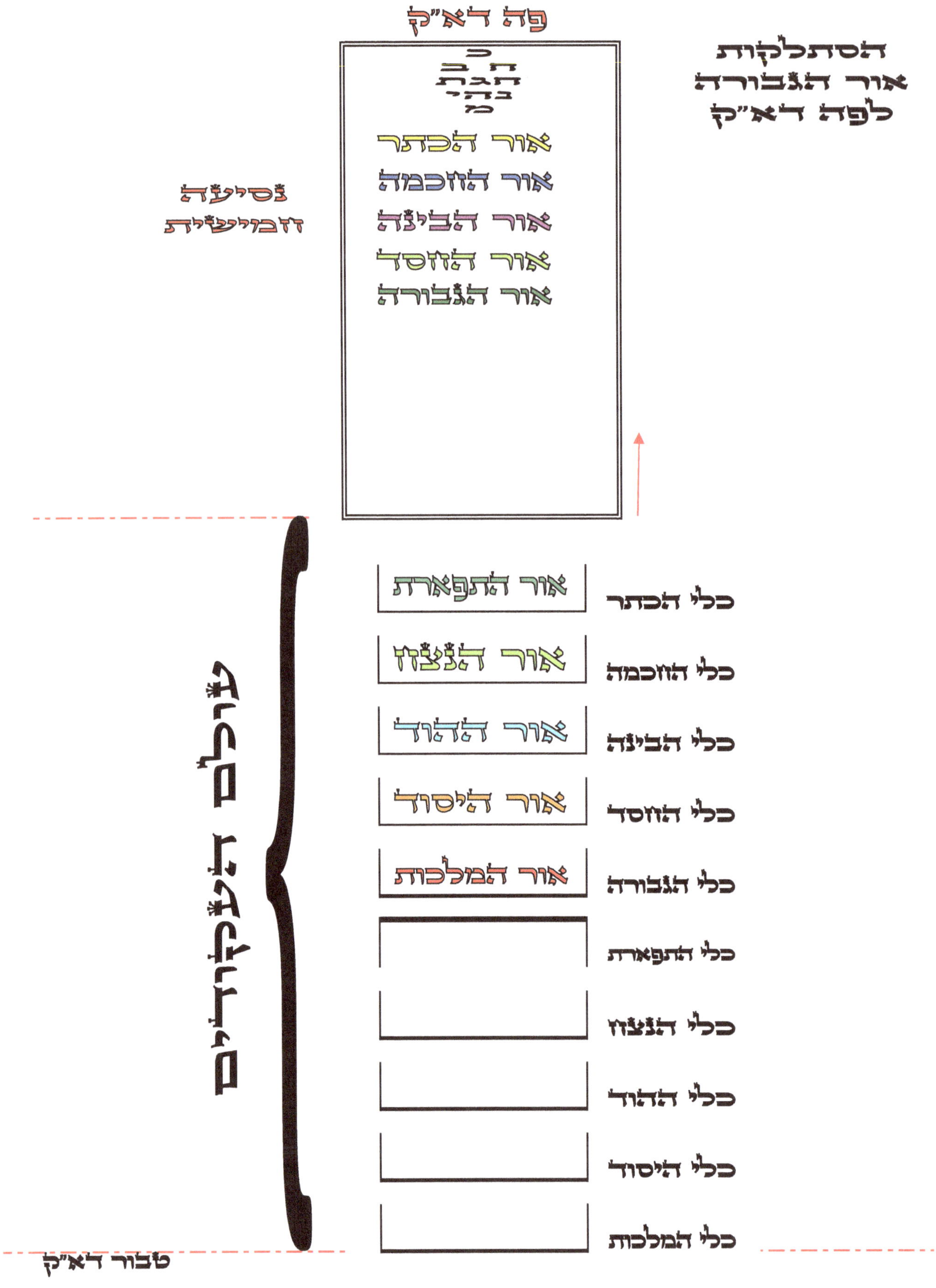
פה דא"ק
הסתלקות
אור הגבורה
לפה דא"ק
כ
ח ב
חגת
נהי
מ
אור הכתר
אור החכמה
אור הבינה
אור החסד
אור הגבורה
נסיעה
חמישית
אור התפארת
כלי הכתר
אור הנצח
כלי החכמה
אור ההוד
כלי הבינה
אור היסוד
כלי החסד
אור המלכות
כלי הגבורה
כלי התפארת
כלי הנצח
כלי ההוד
כלי היסוד
כלי המלכות
עולם העקודים
טבור דא"ק

פה דא"ק

כ
חב
חגת
נהי
מ

אור הכתר
אור החכמה
אור הבינה
אור החסד
אור הגבורה
אור התפארת

נסיעה
עשׂיעית

הסתלקות
אור התפארת
לפה דא"ק

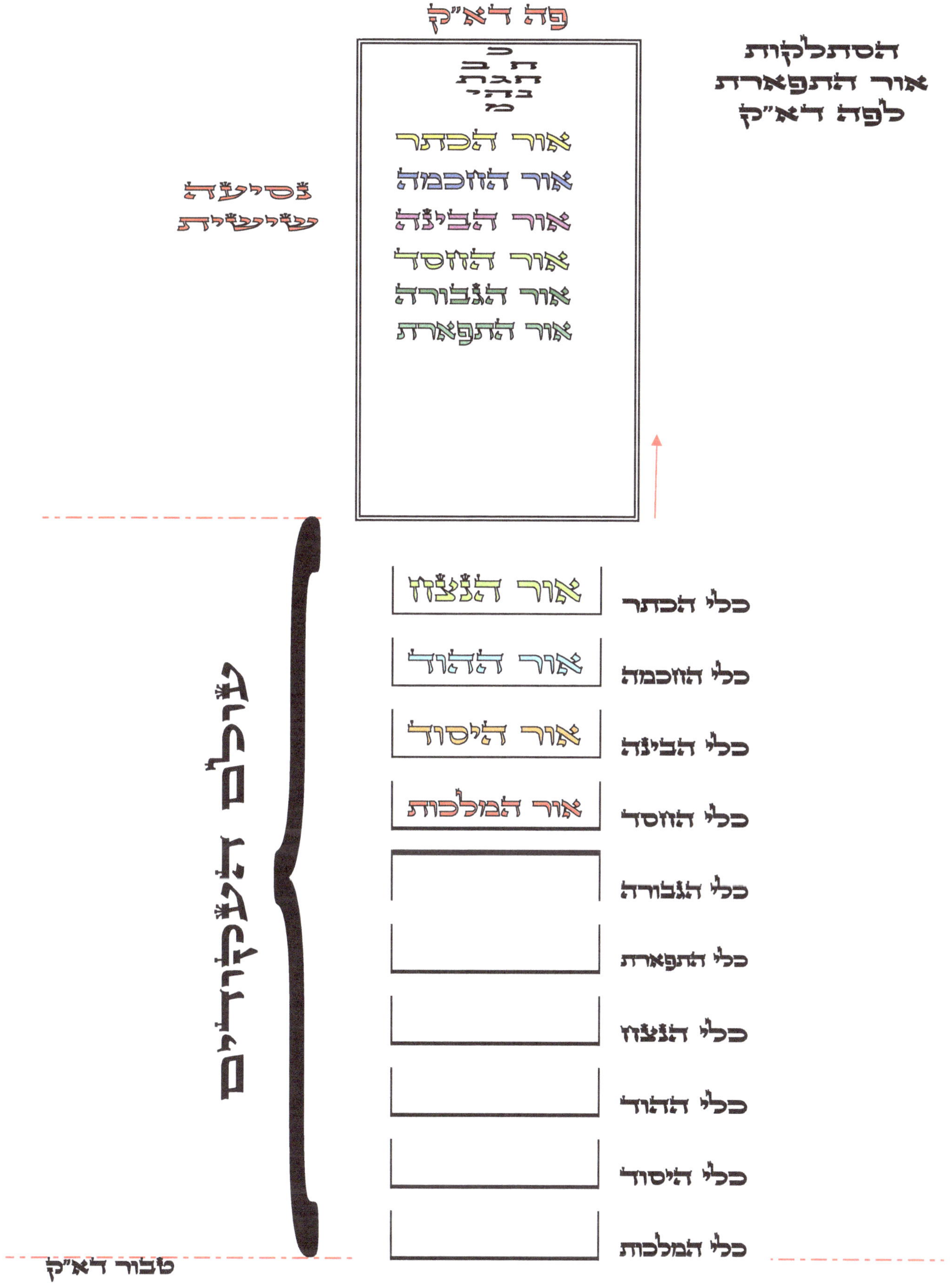

	כלי
אור הנצח	כלי הכתר
אור ההוד	כלי החכמה
אור היסוד	כלי הבינה
אור המלכות	כלי החסד
	כלי הגבורה
	כלי התפארת
	כלי הנצח
	כלי ההוד
	כלי היסוד
	כלי המלכות

צלם הנאצלים

טבור דא"ק

פה דא"ק

הסתלקות
אור הנצח
לפה דא"ק

נסיעה
שביעית

כ
חב"ד
בתי
מ

אור הכתר
אור החכמה
אור הבינה
אור החסד
אור הגבורה
אור התפארת
אור הנצח

עולם הנקודים

אור ההוד	כלי הכתר
אור היסוד	כלי החכמה
אור המלכות	כלי הבינה
	כלי החסד
	כלי הגבורה
	כלי התפארת
	כלי הנצח
	כלי ההוד
	כלי היסוד
	כלי המלכות

טבור דא"ק

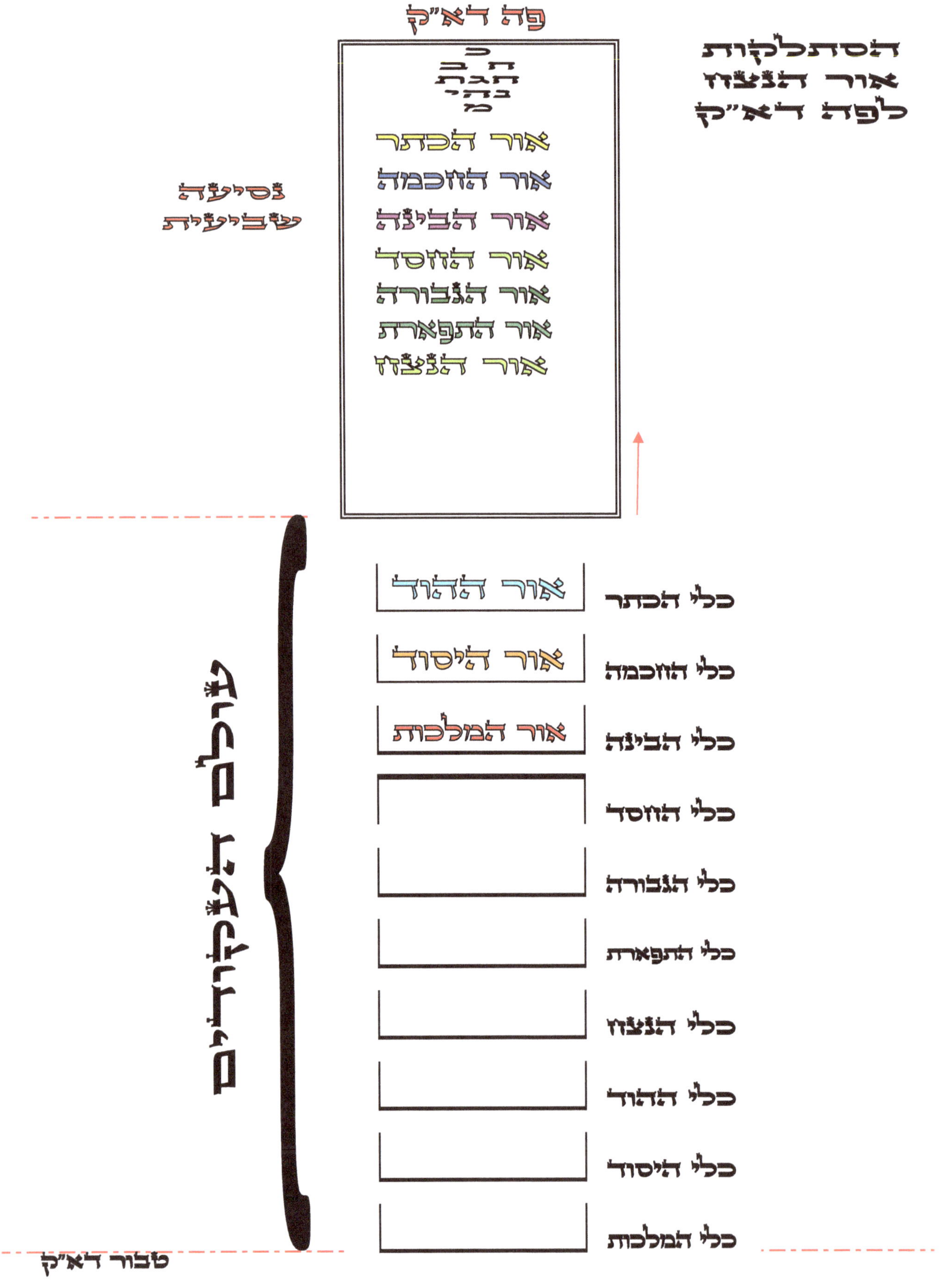

תרשימים שער ז' פרק א'

תרשים א - כ"א

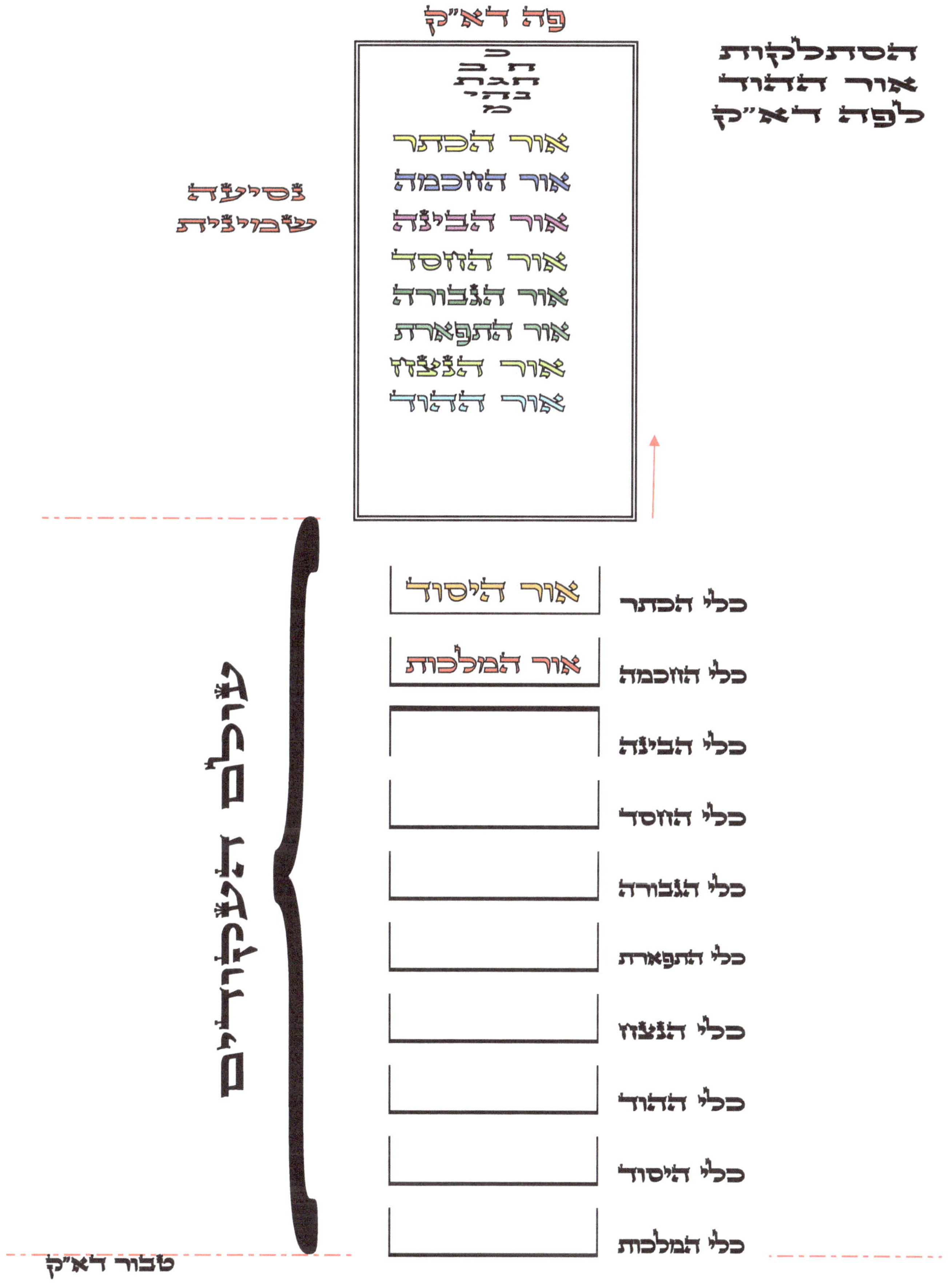
פה דא"ק
הסתלקות אור ההוד לפה דא"ק
כ
חב
חגת
נהי
מ
אור הכתר
אור החכמה
אור הבינה
אור החסד
אור הגבורה
אור התפארת
אור הנצח
אור ההוד
נסיעה שמינית
אור היסוד
אור המלכות
כלי הכתר
כלי החכמה
כלי הבינה
כלי החסד
כלי הגבורה
כלי התפארת
כלי הנצח
כלי ההוד
כלי היסוד
כלי המלכות
עולם העקודים
טבור דא"ק

תרשימים שער ז׳ פרק א׳

תרשים א - כ"ב

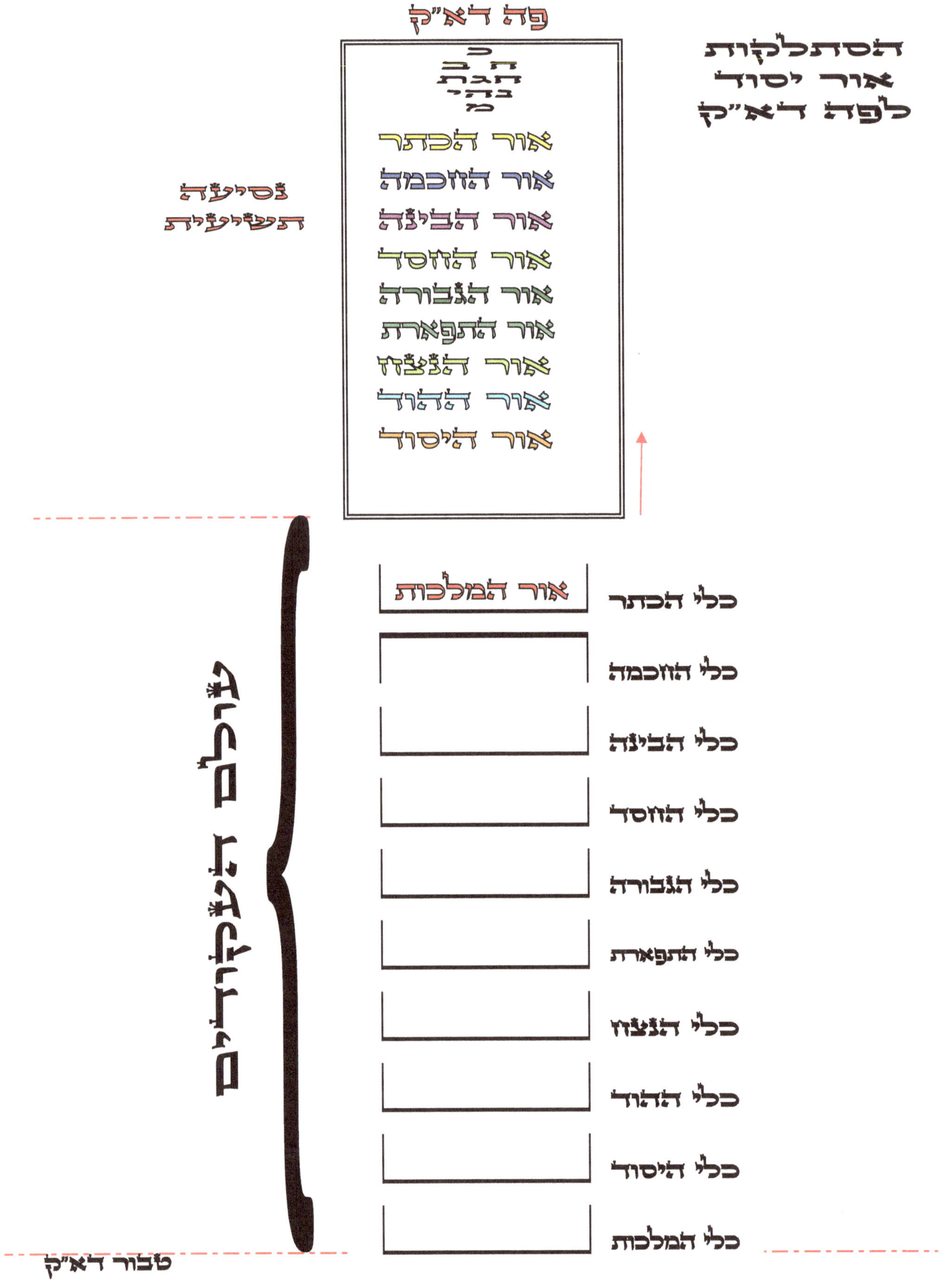
הסתלקות
אור יסוד
לפה דא"ק
פה דא"ק
כ
ח ב
חגת
נהי
מ
אור הכתר
אור החכמה
אור הבינה
אור החסד
אור הגבורה
אור התפארת
אור הנצח
אור ההוד
אור היסוד
נסיעה
תשיעית
אור המלכות
כלי הכתר
כלי החכמה
כלי הבינה
כלי החסד
כלי הגבורה
כלי התפארת
כלי הנצח
כלי ההוד
כלי היסוד
כלי המלכות
עולם הנקודים
טבור דא"ק

הסתלקות
אור המלכות
לפה דא"ק

פה דא"ק

כ
חב"ד
חג"ת
בת"י
מ

אור הכתר
אור החכמה
אור הבינה
אור החסד
אור הגבורה
אור התפארת
אור הנצח
אור ההוד
אור היסוד
אור המלכות

נסיעה
עשירית

כלי הכתר

כלי החכמה

כלי הבינה

כלי החסד

כלי הגבורה

כלי התפארת

כלי הנצח

כלי ההוד

כלי היסוד

כלי המלכות

גולם מעשרה כלים

טבור דא"ק

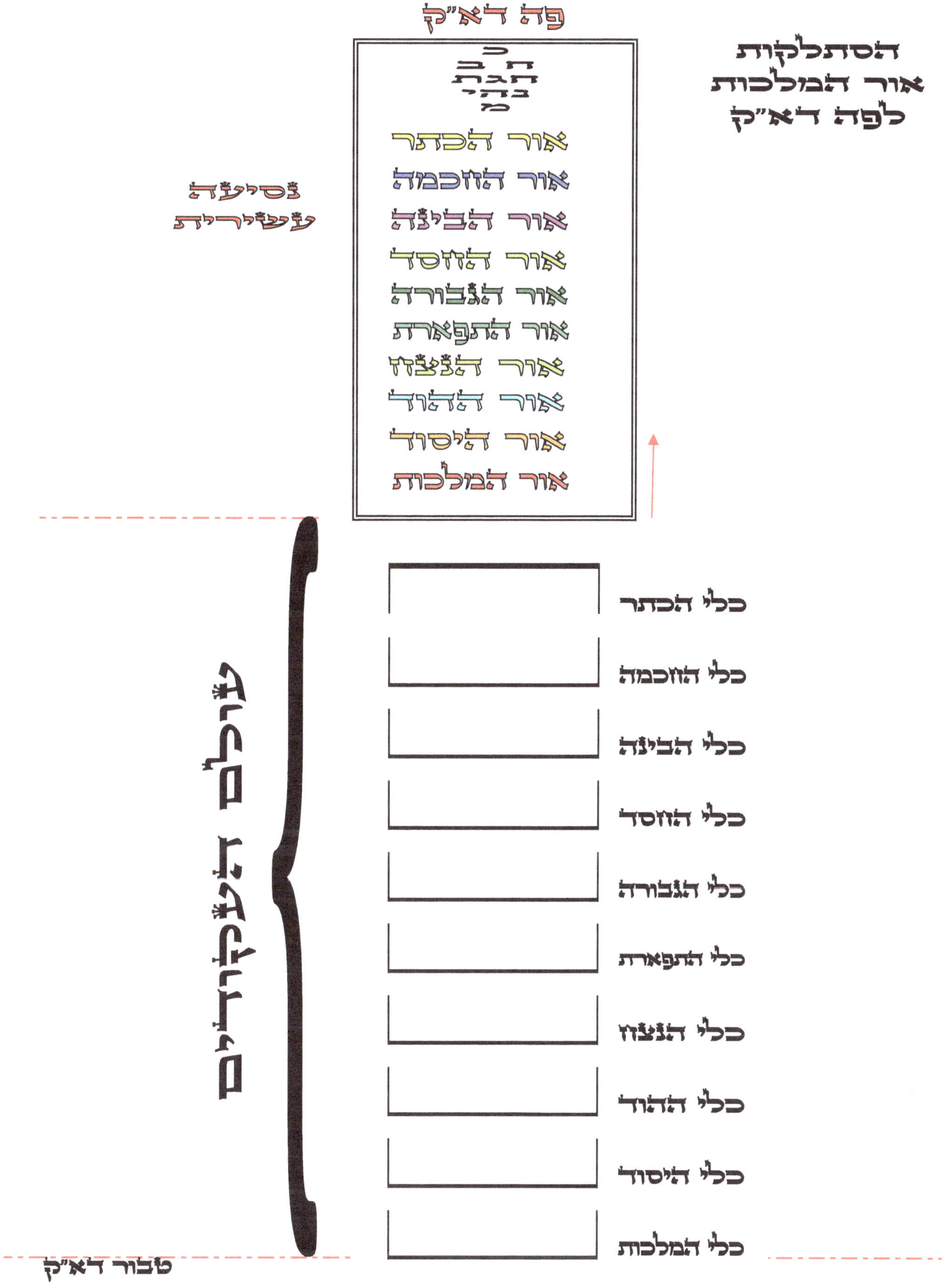

תרשים א - כ"ד

תרשים א - כ"ה

תרשים א - כ"ו

התפשטות ראשונה – כהמציא את עולם העקודים

הסתכלות ראשונה – כהמציא את בחינת הכלים

התפשטות שניה: כל אור יושב בכלי שלו

הסתכלות שניה – כדי שהכלים יקבכו אורות בהדרגה

תרשים א - כ"ז

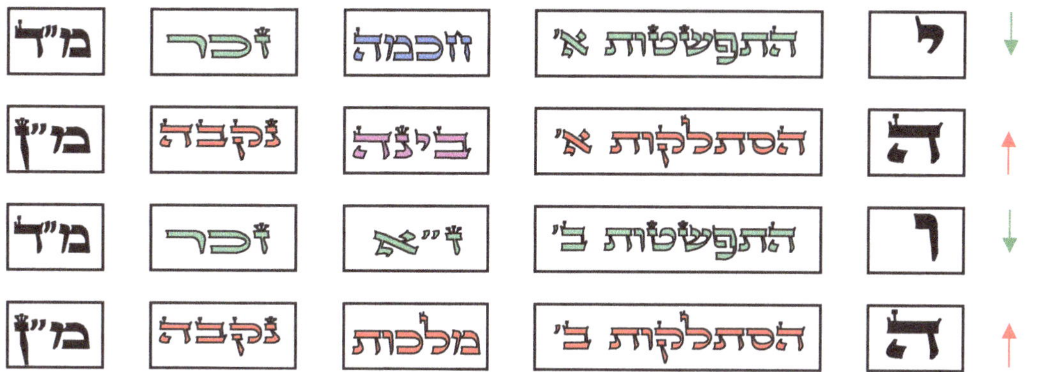

תרשים א - כ"ח

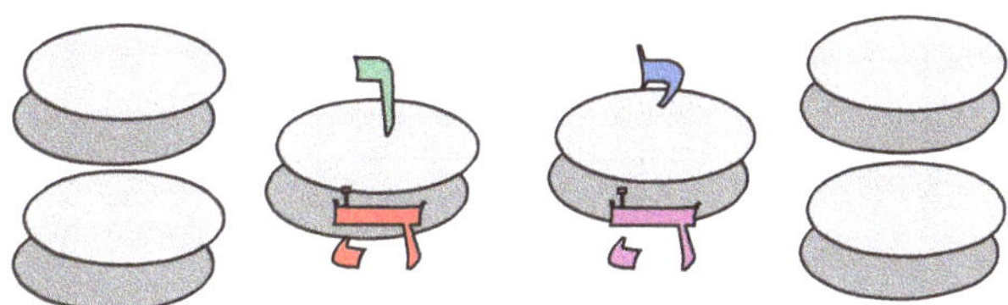

תרשים א - כ"ט

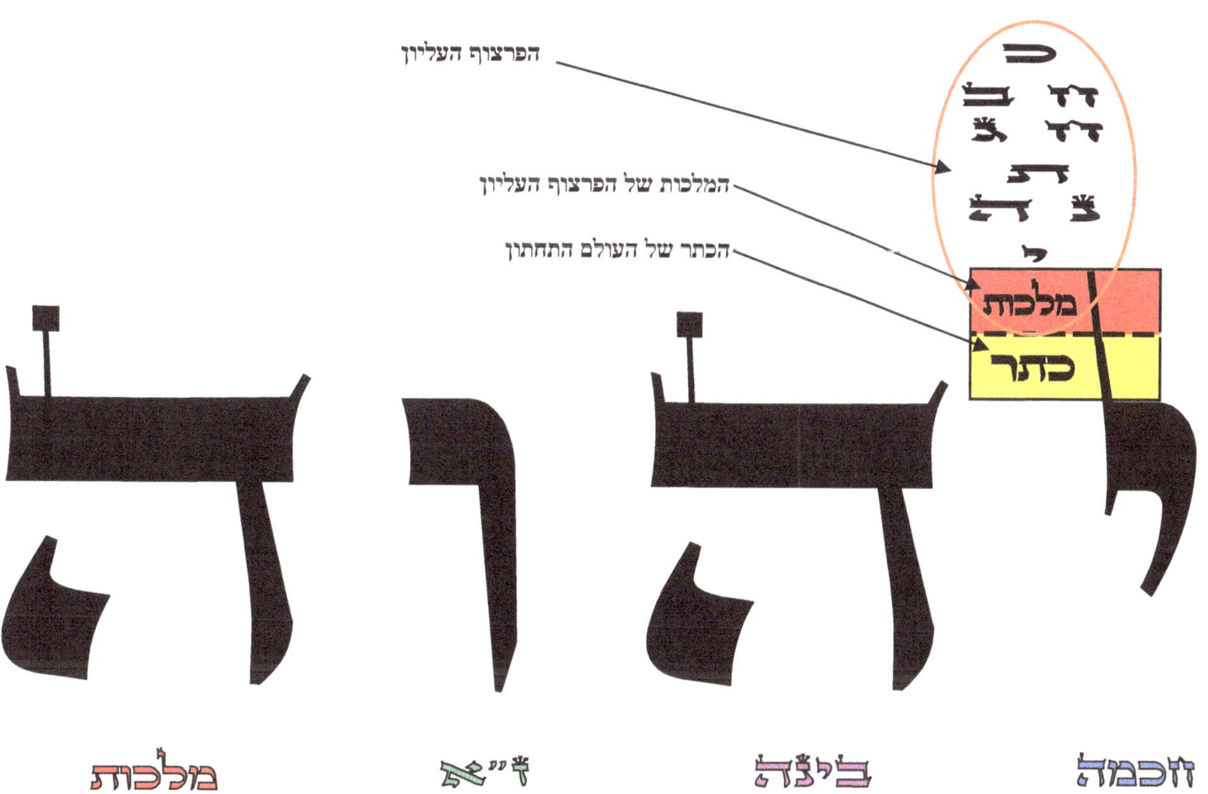

תרשימים שער ז' פרק א'

תרשים א - ל

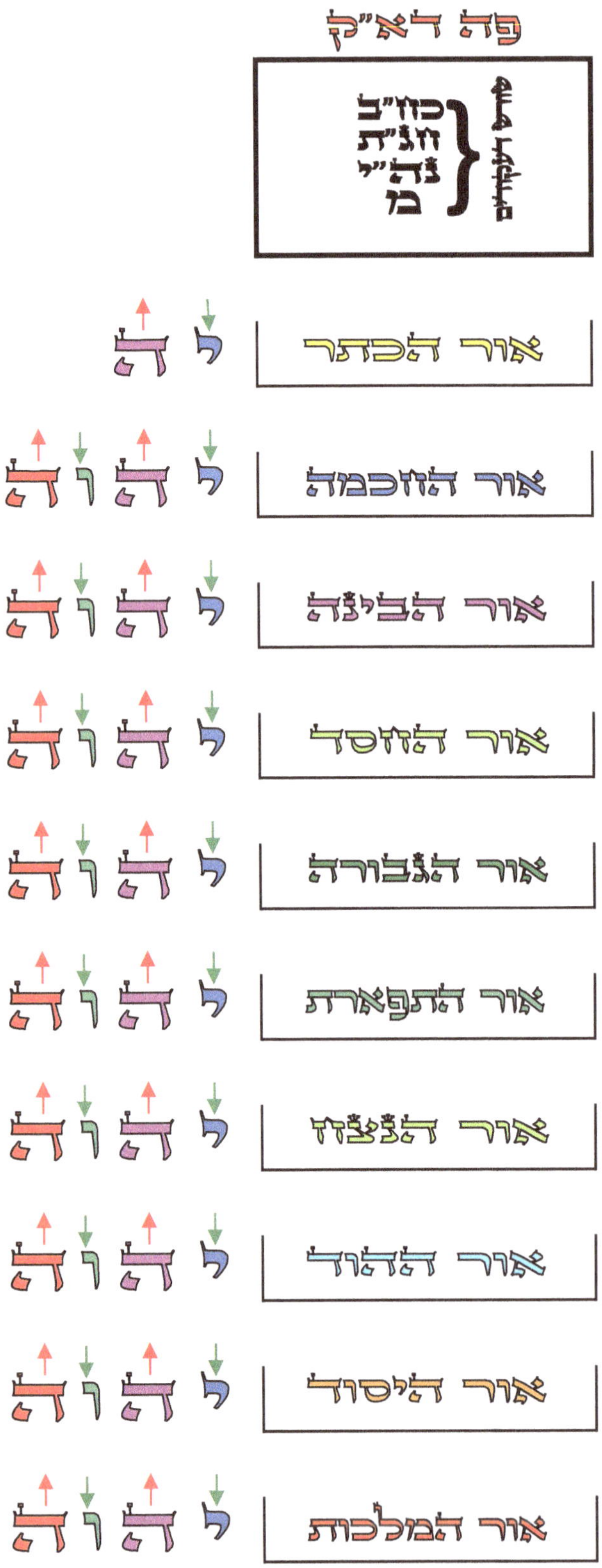

פה דא"ק
כח"ב
חג"ת
נה"י
מ
אור הכתר
י ה
אור החכמה
י ה ו ה
אור הבינה
י ה ו ה
אור החסד
י ה ו ה
אור הגבורה
י ה ו ה
אור התפארת
י ה ו ה
אור הנצח
י ה ו ה
אור ההוד
י ה ו ה
אור היסוד
י ה ו ה
אור המלכות
י ה ו ה

20X15= 300   עש   יו״ד פעם ה״י

20X10= 200   ר   יו״ד פעם ה״ה

20X6= 120   ק״כ   יו״ד פעם ה״א

—————

620   כתר

יו״ד פעמים ה״ה   יו״ד פעמים ה״י   יו״ד פעמים ה״י

הה הה הה הה הה הה הה הה הה הה   הי הי הי הי הי הי הי הי הי

הה הה הה הה הה הה הה הה הה הה   הי הי הי הי הי הי הי הי הי

יו״ד פעמים ה״א

הא הא הא הא הא הא הא הא הא הא

הא הא הא הא הא הא הא הא הא הא

נב   סידור רחובות הנהר

יו״ד פעמים ה״י

הי הי הי הי הי הי הי הי

הי הי הי הי הי הי הי הי

הי הי

גי' ש'

יו״ד פעמים ה״ה

הה הה הה הה הה הה הה

הה הה הה הה הה הה הה

הה הה הה הה הה הה

גי' ר'

יו״ד פעמים ה״ה

הה הה הה הה הה הה

הה הה הה הה הה הה

הה הה הה הה הה

יו״ד פעמים ה״י

הי הי הי הי הי הי הי הי

הי הי הי הי הי הי הי הי

הי הי

גי' ש'

גי' ר'

ס״ה גי' כתף והוא לאימא   ס״ה גי' כתף והוא לאבא

אלף הי הי יוד הי   יוד הי ויו הי

עוד יכוין כי הכתר שהוא א״א הנמשך לאו״א הם ג' י״ה בהכאה י״ה דיודי״ן בהכאה העולה ש' וי״ה דההי״ן בהכאה העולה ר' וי״ה דאלפין בהכאה העולה ק״כ וס״ה הוא כמנין כתר.

יציאת האורות מפה דא"ק
בהתפשטות הראשונה
לתוך הרשימו דכלים
הנעשה מהצמצום הראשון
דעקודים